川盐古道与社会整合、国家统制的关系研究

杨 亭◎著

西南大学文学院学术文库、国家社科基金项目『川盐古道与社会整合、国家统制的关系研究』（批准号：15XMZ031）、西南大学2019年度中央高校基本科研培育项目『赤水河流域民族文化遗产保护与乡村振兴的协同性研究』（SWU1909209）资助出版

科学出版社

北 京

内 容 简 介

本书以清代至民国时期的盐业档案、游记文献等资料为基础，以川盐古道作为研究对象，还原当时四川各大盐场的分布空间和制盐工艺流程，厘清其盐运的具体线路，探寻川盐古道发挥的功能性价值，以及同社会整合与国家统制之间关系。同时，本书也对盐道发生的汉族商人同其他族群关系、盐粮经济交换活动及其驿道、盐运交通等问题展开研究，把川盐古道的静态化描述，转向了一种动态化的呈现及表达，以期凸显盐道与国家以及不同地域社会的复杂关系。

本书可供晚清民国史等专业的师生阅读和参考。

图书在版编目（CIP）数据

川盐古道与社会整合、国家统制的关系研究 / 杨亭著. —北京：科学出版社，2021.11
　　ISBN 978-7-03-069926-8

　　Ⅰ. ①川⋯　Ⅱ. ①杨⋯　Ⅲ. ①盐业史–研究–四川–清代 ②盐业史–研究–四川–民国　Ⅳ. ①F426.82

中国版本图书馆 CIP 数据核字（2021）第 198187 号

责任编辑：任晓刚 / 责任校对：刘　芳
责任印制：张　伟 / 封面设计：润一文化

科学出版社出版
北京东黄城根北街 16 号
邮政编码：100717
http://www.sciencep.com
北京捷迅佳彩印刷有限公司 印刷
科学出版社发行　各地新华书店经销
*
2021 年 11 月第 一 版　开本：720×1000　1/16
2021 年 11 月第一次印刷　印张：18 1/4
字数：300 000
定价：98.00 元
（如有印装质量问题，我社负责调换）

目　录

下 编

导　论

盐运古道，是指在清代至民国时期，为便于运输四川各盐场的井盐到各指定的分销区，因之在各盐场和相应的指定销区之间形成的陆路和水路，以及水陆兼达的运输道路，被称为盐大路或盐运古道。

一、国内外相关研究的学术史梳理

欧美学者对川盐古道的研究较为薄弱，美国学者罗威廉在其力作《汉口：一个中国城市的商业和社会（1796—1889）》一书中，详尽地介绍了汉口作为商业中枢，对其他相关地区各种商品集散所发挥的重大作用。并在文中第三部分，重点介绍了汉口在太平天国前后的盐市，以及盐贸易与当地社会发展等问题，但对盐运水道的描述则较为简略①。日本的研究出现较早，且具有一定的深度。佐伯富的《盐与中国社会》《清代的盐法》《清代盐政之研究》等系列论文，都探讨了盐与经济发展的相关性问题。尤其是他在《盐业史研究》期刊上连载发表的《清代盐政之研究》一组论文，更是详尽地介绍了私盐的种类，以及私盐盛行的原因和影响，并从经济、政治等角度分析私盐盐价的变化情况及其原因。虽说这些成果涉及了盐路的争夺现象，却疏于考证与辨析②。森纪子在《川盐楚岸流通问题》一文中，对川盐的盐商以及川盐的盐政与官盐流通等问题进行了论析。另有部分韩国学者也对盐业这一话题进行研

---

① （美）罗威廉著，江溶、鲁西奇译：《汉口：一个中国城市的商业和社会（1796—1889）》，北京：中国人民大学出版社，2016年。

② 佐伯富：《清代盐政之研究》，《盐业史研究》1993年第2期；佐伯富：《清代盐政之研究（续）》，《盐业史研究》1993年第3期；佐伯富：《清代盐政之研究（续）》，《盐业史研究》1993年第4期；佐伯富：《清代盐政之研究（续）》，《盐业史研究》1995年第1期；佐伯富：《清代盐政之研究（续）》，《盐业史研究》1996年第1期；佐伯富：《清代盐政之研究（续）》，《盐业史研究》1996年第3期。

究，主要以李俊甲为代表，他在《太平天国时期川盐在湖南湖北市场的进出与银流通》①一文中，试图通过分析白银的流通，探讨川盐济楚对苏北地区和两湖地区所造成的影响，他认为正是川盐济楚，使得苏北地区和两湖地区的贸易形态走向崩溃，而苏北经济也因此遭受了巨大的冲击，此时的四川地区凭借川盐济楚，其经济得以迅速发展，并取代苏北地区，与两湖地区形成了新的有机统合关系，使其经济体系得以繁荣发展。同时，川商集团在盐业市场中，不仅获得了巨大的经济利益，而且在整个的银流通过程中，对地区社会也起到了一定的影响。

总体上讲，国外学者更多关注的是盐业贸易对城镇集市的兴盛所发挥的重要作用，以及中国盐政中的私盐问题，虽说以"他者"的立场提出了一些独到见解。不过从根本上看，对盐道的疏漏与偏离却是不争的事实。

相较而言，国内的研究取得了突出的成绩，主要围绕以下问题来探讨：

（1）对川盐产运销的记载与研究。曾担任过管理盐务官职的吴受彤的《四川盐政史》，书中重点分析盐政历史，尤其详细介绍了四川盐政的演变情形，内容覆盖史书、清盐法志、各产盐州县志书，以及川盐纪要和盐运等，并对川盐的生产销售和所缴税厘进行了专章记载②。林振翰的《川盐纪要》一书，是一部全面反映近代四川盐政的专著。本书把四川盐务分为沿革、产、运、销四部分，尤其是对产、运、销三方面的分析和论述，完整地体现出近代四川盐业的生产管理情况；有关盐场工具的绘图，对了解盐场的生产细节有着极大的帮助；对四川盐业遗存的风情也有记载，尤其对川江中的险滩数量、洪水期和枯水期的险滩情况也有详细记录③。丁宝桢编纂的《四川盐法志》，主要反映了清代四川的盐务情况，书中记载了四川盐井生产技术和盐井开凿工艺，包括井位勘察、开井口、钻凿工具、树立提卤井架、吸卤等④。曾仰丰的《川南盐务要览》一书，主要是作者的治盐经验总结⑤。台湾学者徐泓在《明代中期食盐运销制度的变迁》一文中，探讨了四川食盐专卖制度的原因、

① 李俊甲：《太平天国时期川盐在湖南湖北市场的进出与银流通》，《盐业史研究》2006年第1期。
② 吴受彤：《四川盐政史》，1932年。
③ 林振翰：《川盐纪要》，上海：商务印书馆，1919年。
④ （清）丁宝桢：《四川盐法志》，清光绪八年（1882年）刻本。
⑤ 曾仰丰：《川南盐务要览》，1927年。

专卖制度与社会发展关系等①。许世融在其硕士学位论文《宋代川盐的生产管理运销及其对社会经济之影响》中，探讨了两宋时期井盐对四川社会经济、国计民生、民族关系等方面的影响②。吉成名在《宋代食盐产地研究》一书中，全面梳理了宋代的五大食盐产地，弄清了它们的分布情况，并从自然和社会两个层面理清了宋代食盐产地的变迁及其原因，对研究宋代食盐产地的分布和变迁具有一定的现实意义③。

上述盐业史研究因偏重盐业生产的实录，以及各销岸水陆引的翔实记载，成为了当前研究四川盐业问题的重要参考文献，进而促进了川盐产运销机制的纵深研究。

（2）注重川盐销楚的专门性研究。吴铎的《川盐官运之始末》④一文，从历史维度揭示了四川盐政与盐官、盐商及运盐者之间的复杂关系。到 20 世纪 80 年代中后期，在创新思维与方法论的推动下，学界出现了专门性的研究成果。主要有陈文安《川盐济楚始末——读史札记》⑤、鲁子健《论"川盐济楚"》⑥、徐凯希《略论晚清川盐破岸行楚》⑦，分别考察了川盐济楚的历史背景、原因、效果及其影响等，他们认为川盐进入湖南、湖北市场，推动了近代两湖行盐制度的演变。徐凯希在《略论晚清川盐破岸行楚》一文中指出，川盐经营在太平天国运动的影响下，因势冲破引岸专商支付的藩篱，夺取了原本两淮盐业长期占有的两湖市场，在各省的援引下，清政府垄断食盐运销的堤防被冲毁，川盐破岸行楚。作者还进一步论述了川盐如何在当地政府的重重阻挠下，在两湖地区的盐业市场站稳脚跟⑧。罗益章的《川盐济楚运道概略》⑨是具体研究川盐外运方面较有代表性的论文。他主要围绕川盐济楚岸和运道问题两方面展开讨论，作者从政治、地理、军事等方面分析

① 徐泓：《明代中期以后食盐运销制度的变迁》，《台大历史学报》1975 年第 2 期。
② 许世融：《宋代川盐的生产管理运销及其对社会经济之影响》，中国文化大学 1992 年硕士学位论文。
③ 吉成名：《宋代食盐产地研究》，成都：巴蜀书社，2009 年。
④ 吴铎：《川盐官运之始末》，《中国近代社会经济史论集》，香港：崇文书店，1971 年。
⑤ 陈文安：《川盐济楚始末——读史札记》，《井盐史通讯》1981 年第 8 期。
⑥ 鲁子健：《论"川盐济楚"》，陈然、谢奇筹、邱明达：《中国盐业史论丛》，北京：中国社会科学出版社，1987 年。
⑦ 徐凯希：《略论晚清川盐破岸行楚》，《江汉论坛》1992 年第 9 期。
⑧ 徐凯希：《略论晚清川盐破岸行楚》，《江汉论坛》1992 年第 9 期。
⑨ 罗益章：《川盐济楚运道概略》，《盐业史研究》1992 年第 3 期。

了川盐济楚岸的形成和由来，论述了不同时期川盐济楚盐运道网络及其对当今铁路运道发展的积极影响，但其文却对川盐外运路线的考证，存在明显的不足。

应该说，上述这些论著和文章着重从史学的研究视角来探析川盐外运，尤其是历史上的两次川盐济楚的事件，揭示了川盐外销两湖地区引发的盐运制度的变迁。

（3）对川盐外运交通的专题性研究。蓝勇的《四川古代交通路线史》一书，以先秦至民国时期的川属各地，以及四川与外地之间的水陆交通为研究对象。举凡山路、栈道、水道、驿站以及沿途经济、文化、风土人情、史实传说等都进行了细致考证，对川陕东路的三条通道和宁河、堵水道的考证较为详细，对历史时期三峡地区网状的秦巴古道，绘制了明晰的路线图①。黎小龙等人的《交通贸易与西南开发》一书，对主要入川道路及其沿线的经济开发状况和城镇发展等，做了详尽阐述②。万良华的硕士学位论文《清代民国时期川盐外运路线初探》，对清代至民国时期川盐入黔、滇、鄂、陕、甘、康藏地区的路线图，进行了翔实地考证与分析，并从经济、政治、交通、社会等方面，就川盐外运对四川本地及沿途城镇的积极影响和消极影响，做了客观分析③。赵逵在《川盐古道：文化线路视野中的聚落与建筑》一书中，选取"文化线路"这一视角来审视"川盐古道"，分析并指出该区域聚落与建筑在多元文化影响下的产生、发展和嬗变的过程。通过这一研究，不仅使读者了解了当时当地盐民的生产生活方式，还能让大家发现盐业与当时当地盐民的聚落形态和空间异同。另外，川盐古道非物质文化遗产的研究，也丰富了古镇文化的内涵，应该说，此书对理解建筑与城市的本质均有启发意义④。

上述研究者分别从历史地理与传统建筑专业视角，探究古代的四川交通状况，同时因川盐外运引发的商品贸易，形成了聚落与建筑风格等。

二、国内外相关研究的研究动态

当前对川盐古道的研究，仍然是盐业史研究的热点。从国外的研究来看，

---

① 蓝勇：《四川古代交通路线史》，重庆：西南师范大学出版社，1989 年。
② 黎小龙、蓝勇、赵毅：《交通贸易与西南开发》，重庆：西南师范大学出版社，1994 年。
③ 万良华：《清代民国时期川盐外运路线初探》，西南大学 2007 年硕士学位论文。
④ 赵逵：《川盐古道：文化线路视野中的聚落与建筑》，南京：东南大学出版社，2008 年。

主要有韩国李俊甲的论文《川盐济楚和清末江苏北部的区域经济》。他认为川盐济楚导致了两湖地区之间原有的有机统合关系崩溃，使得四川和两湖地区形成了新的经济关系①。就国内的情况来看，许多学者继续就川盐古道与人口迁移、川盐古道与集镇商业、川盐古道与文化遗产等进行探析。其中以蓝勇《历史交通地理与川盐古道》和程龙刚《川盐古道调查简报》，以及赵岚《"生态文化学"视域下的川盐文化体系》最具代表性。赵岚的论文以生态文化学作为论述的基点，从自然环境和社会生活两个方面，阐述了川盐的形成，就川盐对运盐沿途城镇的形成、发展、兴盛和衰败进行了说明；以四川自贡为例，从横向和纵向两个维度，说明了川盐的历史和以川盐作为文化载体所形成的具体的文化形态，提出了保护盐文化和川盐古道的重要意义和价值②。

继续跟进"川盐古道"的研究。有龚锐等人的《乌江盐油古道文化研究》，书中提出：在历史的进程中，乌江盐油古道呈现的不仅仅是经济价值，它的历史存在不仅对贵州的开发史、各民族关系史、乌江文明史具有重要的学术价值，还对整个川、渝、湘、黔社会文化研究都产生了深远影响。由于贵州及周边地区缺盐，古道食盐运输不仅满足了百姓生活必需，刺激了贵州地域经济的发展，吸聚了江西、四川等地移民加入了贵州开发，同时也引进了大量的中原文明，促进了民族大融合。通过语言、文化、工艺、生产技术等多方面的交融，加快了贵州文明的进程。乌江盐油古道谱写的不仅是航运史，也是乌江文明史，乌江沿岸各民族关系的融洽发展史。因此，极有必要重塑这条古道的价值与意义。③赵斌等人的《贵州明清盐运中考》一书，研究的空间尺度是贵州全域，时间维度聚焦于 1413—1912 年。在勘考中国榷盐史的基础上，推衍循证贵州明清盐政演化变局；疏导出盐运之格局，进而条分缕析仁岸、綦岸、永岸、涪岸、淮盐入黔口岸、粤盐入黔口岸、滇盐入黔口岸运输线路的变迁、整治、运销等历史特征；再由盐运路线扩展整合贵州传统商路、历史区域市场；叠层深入，评述贵州盐政史，史考贵州明清私盐诡谲之谜；进而将理论演绎回归实地田野作业，重点考察从四川境内延伸入黔的四大口岸，以

---

① 李俊甲：《川盐济楚和清末江苏北部的区域经济——以白银流通为中心》，《四川理工学院学报》2013 年第 1 期。

② 赵岚：《"生态文化学"视域下的川盐文化体系》，《中华文化论坛》2013 年第 1 期。

③ 龚锐、胡洪成、田永红等：《乌江盐油古道文化研究》导论，北京：民族出版社，2014 年，第 2 页。

及由盐运而兴的古镇，串联而形成的盐运文化线路；最后回归史考盐运主体之商人与盐夫。最终通过三大篇章——中国榷盐历史基础篇章、贵州盐运理论史考篇章、贵州盐运实考篇章，较为全面地对贵州明清盐运进行史考。①

除此之外，在抢救与保护地方文化的强劲内外动力的助推下，学术界开始对一地曾有的盐运古道空间走向、盐运历史文献、盐运的口述资料等进行全方位的搜罗与研讨，之后编纂成册，使得一地因盐运古道的存在而被赋予了厚重的历史感，成为近几年的时代风向标。其中值得提及的是，自贡市盐业历史博物馆编著的《川盐文化圈图录——行走在川盐古道上》②，该书详细地介绍了自贡古盐道、川黔古盐道、川滇古盐道、川鄂古盐道及川湘古盐道五大盐道，并对五大盐道的路线图给予了充分地展示和论述。在已有研究的基础上，自贡市盐业历史博物馆的专家和中国人民大学、武汉大学、华中科技大学、云南大学、贵州民族大学的教授团队，在川盐古道实地考察的基础上，合作撰写了"四川古代文化线路——川盐古道"系列丛书，有《自贡古盐道》《川滇古盐道》《川黔古盐道》《川湘古盐道》《川鄂古盐道》五本。可以说，上述成果是既有川盐古道研究中的翘楚。

虽说在如火如荼的盐运古道的考证、挖掘上，大部分对此议题的研究多为一种借由文献记录和口述言说梳理并找到古道的所在，从而成为一种"成就"与"趣味"，被大量地展示于大众媒体中。地方文化部门亦通过重塑盐运古道，将其标榜为一个地方的文化符号，从而进一步彰显这个地域的特质，以期盐运古道在当下的文化遗产的白热化争夺战中独居鳌头。但是，不可否认这样的行为，为当下的盐运古道研究提供了强大的历史信息，也因此凸显了地方文化部门与地方人士在盐运古道上发挥的播种者的身份与意义，因此值得尊重。除此之外，也有学者在已有盐道考证学的研究成果基础上，开启了对盐运古道的学理性思辨之路，成绩喜人。

具体来说，程龙刚在《川盐古道的路线分布、历史作用及遗产构成——基于2014—2015年的实地考察》③一文中，重点关注了川盐古道的路线、历

① 赵斌、田永国：《贵州明清盐运史考》，成都：西南财经大学出版社，2014年，第267页。
② 自贡市盐业历史博物馆：《川盐文化圈图录——行走在川盐古道上》，北京：文物出版社，2016年。
③ 程龙刚、邓军：《川盐古道的路线分布、历史作用及遗产构成——基于2014—2015年的实地考察》，《扬州大学学报》（人文社会科学版）2016年第4期。

史作用、文化遗产体系构成及保护问题。他详细地介绍了川黔、川湘和川鄂三条盐道的具体盐运路线和各自的运输方式，并阐释了川盐古道的历史作用。他指出川盐古道不仅将川盐向外输出，而且也推动了沿线城镇的经济发展，促进了不同文化间的碰撞和传播交融。此外，他还从物质文化形态和非物质文化形态两方面具体分析了川盐古道文化遗产的内涵，并呼吁保护川盐古道文化。邓军认为："对川盐古道的研究，有助于扩展盐业史研究的新视野，是盐业史、盐文化研究中的重要学术生长点"[①]，因此他将自己的研究重点聚焦于川盐古道文化遗产，其中有《川盐古道研究刍论——基于川盐古道的实地考察》[②]《川盐古道自贡段的遗产构成及其保护利用》[③]等论文。他介绍了"位于我国西南及中南地区的川盐古道是一条以盐运文化为特色的文化线路，沿线文化遗产类型多样、分布广泛、数量众多，遗存了古盐道、盐号、驿站、碑刻、古镇、古桥、会馆及船工号子等物质及非物质盐运文化遗产"，考察了自贡地区形成了"呈线状分布的由水路和陆路混合类型构成的井盐运输遗产"，最后提出："借鉴国内外文化线路遗产管理的成功经验，结合盐运文化遗产保护、旅游规划和开发等现实问题，将川盐古道的保护与沿线各地方经济社会和文化的发展结合，探索出一条由陆地道路和水道混合类型构成的大型线性文化遗产保护和开发、管理的有效模式。"[④]

裴恒涛专注于川黔盐道即对川盐入黔的历史事实进行研究。他和谢东莉在《川盐入黔与赤水河流域的社会互动》[⑤]一文中，从自然、社会、政治等方面探讨川盐入黔的源起和成因，介绍了川盐入黔的四条路线，并就川盐入黔与赤水河流域所产生的社会互动从经济、交通、文化、民族关系等方面进行阐释。此外，他还在《赤水河流域川盐入黔的历史变迁及其开发》[⑥]一文中，详细地论述了明代以前、明代、清代三个不同时期赤水河流域的川盐入黔，并对川盐入黔与赤水河流域的盐运文化开发等内容也有涉及。裴一璞的博士

① 邓军：《川盐古道研究刍论——基于川盐古道的实地考察》，《盐业史研究》2015 年第 2 期，第 41—50 页。
② 邓军：《川盐古道研究刍论——基于川盐古道的实地考察》，《盐业史研究》2015 年第 2 期，第 41—50 页。
③ 邓军：《川盐古道自贡段的遗产构成及其保护利用》，《中华文化论坛》2017 年第 7 期，第 49—54 页。
④ 邓军：《川盐古道文化遗产现状与保护研究》，《四川理工学院学报》（社会科学版）2015 年第 5 期，第 35—44 页。
⑤ 裴恒涛、谢东莉：《赤水河流域川盐入黔的历史变迁及其开发》，《西华大学学报》（哲学社会科学版）2012 年第 6 期。
⑥ 裴恒涛：《川盐入黔与赤水河流域的社会互动》，《四川理工学院学报》（社会科学版）2012 年第 6 期。

学位论文《资源博弈与群体互动：宋元时期四川盐业地理与区域社会研究》[①]，就对宋元时期四川盐区市场的外销与内运做了详尽论述。杨雪松和赵逵重在对川盐古道文化特征的阐释，他们在《"川盐古道"文化线路的特征解析》[②]一文中，对川盐古道的起源进行了分析。并从空间、时间与文化特征以及角色和目的性特征四个方面，探究了川盐古道文化线路的文化特征，肯定了川盐古道体现的历史与文化价值。

三、研究的独到学术价值和应用价值

综观上述之盐道文化线路考证及其他研究路径，可知学者们擅长于地方史的研究方法，偏重探究历史上盐运道路系统导致的川盐产销兴盛、市场贸易与民族交往密切、商业与城镇兴起等必然性发生的社会事实。但就盐运古道的整体研究来看，仍有一些值得继续讨论之处。

从研究对象的系统性观之，川盐古道不仅连接的是盐场生产地与川省内外销售地，也维系了汉地与边地社会、汉地民众与沿线和边地族群成员之间的社会关系，甚至是随着彼此交往密切，融合度加强，促使了边地社会文化发生改变。按理来说，这应该是川盐古道研究的一个重点，却因未能对民国时期的社会调查史料以及川黔各地的馆藏民国档案中大量的盐业纠纷案进行整理与研究，故而使得盐运古道的纵深研究受限于此。

本书对民国时期盐业档案和民族志调查等文字文献进行仔细梳理后，发现在汉地社区与边地社会围绕食盐等物资贸易和商品交换活动中存在着明显的"同心圆"模式。即是说以川南的各盐场如自贡、富顺、五通桥等盐场为中心，随着食盐向周边处于边缘的族群聚居地销售，形成了一层层的贸易圈。其中就有西向的盐业贸易圈（杂古脑的汉番贸易、理化的商贸、大小凉山汉彝贸易）；南向的盐业贸易圈（苗人与汉人的贸易圈、汉人与瑶人的交易圈）。盐运古道畅通，物资交易频繁，彼此互通有无，难免会引起交易双方在文化心理上的一些改变，尤其是对边地社会的族群来说，是很自然的，所以历经日积月累，也就在心理上逐步养成了一种对外的依赖心理。

[①] 裴一璞：《资源博弈与群体互动：宋元时期四川盐业地理与区域社会研究》，西南大学 2014 年博士学位论文。

[②] 杨雪松、赵逵：《"川盐古道"文化线路的特征解析》，《华中建筑》2008 年第 10 期。

从研究对象的具体性观之，连接盐场同川省内外各地区之间关系的盐业主体，被人忽略或是选择性遗忘，尤其是盐运主体的背夫、纤夫与船工，以及由销售商形成的"游方小贩"模式，鲜有学者提及与关注。如此则明显地遗漏了编织地域社会的各种经纬线的实践者，自然会造成川盐市场贸易体系中随时随地发生的各地域之间市场关系的缺失。

基于此，我们认为凭借田野调查与口述史研究的专业优势，实地走访四川各大盐场、口岸码头，访谈背夫、纤夫、船工等后辈，以及川西等地的商贩后人，还原贩卖食盐艰难、艰辛的历史是有必要的。应该认识到，因他们从一个地方走到了另一个地方，频繁地来往于各居住区之间，他们的游走串起的是一个横向的两个相同或是不同地域之间的关联。当"游方小贩"以物资交换为基础的市场关系在某个特殊时期、特殊地域被构建为一种社会关系时，商人就会同当地的权力阶级达成共谋，在表面上市场的商品物资的流通中，实现了隐藏其中的权力、关系与声誉等方面的交换，因此两者之间相互借力、相互转换、相互作用，从而最终拥有了更多的权力政治。

由研究对象的理解性观之，过去研究者探讨川盐古道，往往缺少时间上的跨度，即是说对川盐古道的理解，尤其是盐道的走势与分布，仅勾勒一个朝代、一个时间段的路线图，如此则遗漏了纵向的前后时间上的比较，毕竟盐道是会随着传统社会朝代更迭与社会发展而延续的，仅仅关注一个时间断点，明显不够完整。

本书以清代的盐业文献，民国时期的盐业档案、游记文献为研究基础，大致梳理了清代的盐运路线，同时厘清了民国时期的水路和陆路的盐运路线，两相比较，可以看出民国时期道路系统因战争所呈现的复杂性。不仅如此，还将清代至民国时期边地社会的输入品与输出品进行比较，发现一个事实，即清代汉人交易给边地瑶人的货物较少，瑶人提供给汉人交易的物品则较多，但到了民国时期，这一情况发生了较大变化，汉人交易给瑶人的物品涉及日常生活诸多领域，尤其是树胶运动鞋、皮鞋等，而反观瑶人交易的货物则仅限于木材类。这也进一步反映出瑶人输出主要以原料或半制成品为主，购入之物则以手工业品和部分机器产品为主。所以说，民国时期边地的瑶人等已被卷入了民国资本市场，这是显而易见的。

我们知道，路的形成与走向是由人来决定的，而盐运古道是直接由人对盐的需求所形成的道路系统，亦是随着盐在崇山峻岭、高山大川与河流纵横的田间乡野流动，于此就有了大路接小路、水路接旱路的错综复杂的运输道路。而这样的盐运道路系统，本身承载了过去民众对于物资交换的经济需求，这是毋庸置疑的，同时因这些道路系统而发生的经济活动，还为过去民众的社会文化生活的迁移与互渗提供了可能，甚至也可能是因战争与冲突而建构的道路系统，都是值得深思并且是可以延伸的话题。有鉴于此，本书以川盐古道作为研究对象，专题探讨盐道在清代至民国时期，随着国家化进程的不断推进，围绕盐道发生的汉商同其他族群关系、盐粮经济交换活动及其驿道、盐运交通等问题展开研究，进一步探究川盐古道在社会整合、国家统制中发挥的重要价值，这就是本书的价值所在。

四、研究的目的和意义

以往的川盐古道研究，由于受历史典籍的文本限制，造成了此领域研究聚焦于盐业史、盐法志等权威文献引用，却很少眷顾丰富的馆藏民国盐业档案，因此也就很难做到文献上的突破；反观现有之探究，在抢救与保护地方文化的强劲内外动力助推下，对一地曾有的盐运古道空间走向、盐运的口述资料等全方位地搜集，却也很难做到学理性发思。基于上述之因，本书立志于口述历史与文本文献相结合，尤其是重点查阅川盐产销地 16 个市县的馆藏民国盐业档案，以此为基础，努力做到回归历史场景，还原各大盐场分布空间以及制盐工艺流程，厘清清代至民国时期盐运的具体线路，探寻川盐古道发挥的功能性价值以及同社会整合与国家统制之间关系，成了本书研究的主要目的。同时，希冀通过此项研究，使得原有的一些"盐业糊涂"，让其变得不糊涂，逐步清晰化，这便是这一研究的意义所在。

首先，以川盐古道的历史静态描述，转向为动态的现代民族国家建构的历史表现，有助于凸显盐道与国家以及不同地域社会的复杂关系。

其次，通过考察相同和不同地域产盐地的乡民与不产盐地的山民，在定期或是不定期集市上形成的贸易关系，有利于厘清乡民与山民之间，围绕交换关系建构的社会关系以及民族现代化过程。

最后，本书将川盐古道的文化指向与价值重塑纳入研究范畴，是对当前的道路研究或曰"路学"的有力推进。

五、本书的主要内容和重要观点

本书以口述历史与文本文献相结合，同时查阅川盐产销地 16 个市县的馆藏民国盐业档案，以此为基础，努力做到回归历史场景，还原各大盐场分布空间以及制盐工艺流程，厘清清代至民国时期盐运的具体线路。继之在社会整合理论的分析框架内，探析因盐的流动，不仅使盐成为盐业生产者、销售者与运输者赖以生存之基础，也使因盐运形成的纵横阡陌之盐道以"牵牛花"状，将盐道沿线地域民众与社会，集中于市集，发生经济交换与商贸往来，从而体现了川盐古道的功能整合。

川盐的生产和销售，关涉各方群体之根本利益，因之在盐业产销中出现了不同群体之间的纠纷与矛盾，虽说此种纠纷难以避免，但是不同群体间却也借助民间的同业公会乃至于官方的盐业机构等解纷组织，做了力所能及地调处与裁断，彰显了川盐产运销的规范整合。人对盐的需求与依赖，加之盐运道路的四通八达，使得盐业贸易得以在不同地区社会与族际之间，以定期或不定期的交换形式出现，随之带动的是汉族与少数民族的文化交流，也因此导致了其文化心理的改变，因对外来物的留念而养成了一种依赖心理，从而促成了不同地域的族际整合。

应该说，上述之不同地域的社会整合机制及其方式，都是在抗日战争的特殊时局中具体实施，是为了应付和解决战争所带来的诸多问题，不仅如此，战时政府为保障战争中起到决定胜负的最后因素的战时经济，必须在全国实行全面的战时总动员，在民生主义主张下，采取若干经济统制措施，以加强国家的动员力量。川盐在继其他矿产资源等重要物资的统制之后，也被纳入统制经济政策，成为应对财政经济困境的主要措施之一。具体分析如下：

（1）功能整合。盐道的社会功能与价值表达。通过爬梳清代至民国的历史文献以及游记文本，查阅川省各地馆藏盐业档案，实地走访川盐古道遗迹，希冀还原川盐古道的地理走向，以此为基点，重点考察川盐行销至川省内外的盐运道路。之后发现川盐古道以"牵牛花"状，延伸至行销川盐的广大地域，借助民众生活必需品的盐，进一步将集镇和乡野纳入国家管理范畴，在此间实现了民众生计、地方兴盛与国家统制需要的作用，最后是构建现代民族国家的终极结果。

（2）规范整合。川盐产销中的盐业纠纷与调处。川盐的生产和销售过程，无不体现着因盐业产销需要而结成的人与人、人与群体、群体与群体之间的人际关系，这种人际关系也被称为业缘关系，它是社会关系的一种。应该认识到，盐业产销活动结成的业缘关系，往往是围绕获取各自盐业利润与实际利益而引发的经常性交往而产生的关系，譬如盐工与盐工、灶商、销商；销商与运商、盐务管理机关，等等。他们又在业缘的经常性的生产与销售中，难以回避相互之间发生的利益纠纷与矛盾，于是围绕各种各样的纠纷，各产销群体在建立的业缘关系的基础上，进行了力所能及地调处。

（3）族际整合。盐业贸易促成民族互动。清代至民国时期的川盐运销，在国家利益的直接掌控下，想方设法增产保量，极大地刺激了盐场社区的贸易活动，促成了盐场中心地的兴盛。与之同时，因商贸往来、物资交换需要，边地社会也受盐场中心地贸易体系的刺激与拉动，产生了进入中心社区的趋势。在此过程中，盐场的盐源源不断地向川省内外运输，主要集中在东向的湘楚、西向的康区、南向的黔滇，随着盐的流动，不仅是促成了商贸集镇的形成，更重要的是实现了族际关系的密切与互动。

（4）川盐统制。现代民族国家的经济实践。自由贸易为原则的盐法，却不适于战时需要，国民政府一改以往政策，以民产、官收、官运、商销为纲领，加强了政府统制。川盐的统制，实则是创造国家资本乃至于建构现代民族国家的有效途径，要想实现它，就必须乘以社会调查之风，完成抗战大后方的经济、文化与教育等调查，且不断推进资源运输道路的现代化进程。除此之外，还以设立于盐道沿线的公卖店，作为统制实践来实施，以此推动国有民生与产业门类、地域资源之配合，使之共同发展，实行计划经济，不仅是民生主义，亦是现代民族国家发展的重要保障。

六、区别于已有相关成果的创新之处

本书之重点是要解决以盐场为中心向周边地区的乡镇散射开来，形成的一条条青石板路、一道道险滩江河的川盐古道，在中华民国时期，发挥着极其重要的社会整合功能。主要是指盐道促成了民众赖以盐道而活着、地方因以盐运而兴盛、国家赖以盐运而统摄的社会功能；盐道连接了盐的生产和销售两端，在其间涉及了各种纠纷与矛盾，伴随着解纷组织的介入，起到了规

范整合的功能；因不同地区之间民众商贸往来尤其是盐的流动，必然推动不同族际之间的交往与交流，最终实现社会整合。

　　甚至在全面抗日战争时期，在民族危亡的历史关头，一批国民政府的要员，把从西方国家借鉴而来的战时经济统制之法，与"三民主义"进行互释及注解，使之成为治国大策的国家统制，也就是专卖制，在国统区全面实施。正是在这一时期，川盐古道被疏通及修复，更是达成了对分布于各乡镇、村寨的人口、房屋、田土等基础数据的收集，以及通过各乡镇和盐道周边地区设立的食盐公卖店，逐步推行了国家权力在地方社会的基层实践。于此意义上讲，保证了专卖制以及国家统制的实行。

　　具体来讲，盐道连接的是盐的生产和盐的销售两端。因此，要理解盐道就必然要把此两者纳入讨论中来。

　　盐的生产可以说是盐道得以开启的首要条件，毕竟盐道主要的运输物乃是盐这一载体，而盐又是在川属各地盐场中被制造出来的，主要有花盐和巴盐之分。通过实地走访盐场遗址及查阅档案文献，基本上还原了忠县、巫溪与云阳县盐场的制盐技术，辨析了花盐和巴盐的区别，以及解释了重庆各盐场制盐技艺的民间叙事功能，从此意义上讲，展示的是一种"地方性知识"。同时，盐的生产主体，即盐场内从事各类工种的人群，以制盐和产盐为生计，在盐场中形成了不同部门之间的分工、不同工种之间的分工、不同技术条件的分工，在艰难的工作环境中，承担着增产盐量的重任。当然，盐的生产更离不开盐场周边地区和外省的特色资源，譬如牛、竹子、锅、粮食、油麻等，于是以盐场为中心，形成了"同心圆"模式。这一"同心圆"不断向周边地区延伸，将圈外的物资和人员，源源不断地吸入圆心所在的盐场。因此，各盐场就成为一个个"同心圆"，吸引了四川省内外地区不同的非农生计资源；汇聚而来的这些非农生计资源，在盐场的中心社区，因生产盐的需要，也在一步步地从"边缘"的基层社区，向"中心"的中心社区靠拢。需要说明的是，此处的中心，并非指的是城市，而是指盐场驻扎有盐务机关，代表的是国家，即所谓的国家直接在场。但是，盐的生产也并非静如一湖平水，其间暗流涌动，为获取生存权和争夺利益，掺杂着不仅有盐工、运商、灶商之间内部的横向矛盾与分歧，也有盐工、运商、灶商与盐务机关（盐警、缉私队）之间外部的纵向矛盾与分歧，使得各场盐的生产伴随着纠纷与矛盾，一路磕磕绊绊、跌跌撞撞地向前迈进。

　　制出的盐，在盐场按照花盐、巴盐和砖盐等进行分类包装，继之销售完税，进入运输环节。运商的出现，随即把川盐外运的践行者，即背夫、肩挑摊贩、纤夫、抬夫、船夫、船户等体力劳动者带入盐运的历史。这些体力劳动者，穿行于高山大川的羊肠小道，穿梭于浪涛滚滚的险滩大河，无论陆路运输还是水路运输，共同构筑了一支支浩浩荡荡的盐运大军。也正是他们一代代的以负载盐为生存方式，不断拓展了川盐古道的空间地域。因此，从清代的文献和民国的档案记载，以及民国时期的游记文本的比较来看，民国时期的盐运道路分布更加广阔，线路更加具体，甚至是明确了各乡镇之间盐的运销路线和距离，这是令人惊叹的。

　　盐的运输，也是困难重重。直接的是，受战争的影响，运输道路被阻断，风险不断提高，背夫人力日益缺乏，运输工具缺乏与破损增加，以及盐务部门的管理措施不力、监管失衡等。间接的是，洪水泛滥和河水干涸等外在自然因素进一步加剧了盐业运输的困难，也造成了各大商号与运商、运商与盐务机关之间，发生更多纠纷、分歧和矛盾。但在其间，不能忽略的是，出现了诸如各个同业公会、纠纷调解委员会、商办事务组织等组织机构，其最大的特点是在管理部门允许下组建的民间组织，功能是调解纠纷、缓和矛盾、人员管理、协调关系，成为了维系个体与社会之间的纽带。应该说，来自各方势力对最大利益的争夺，明显都是运用了民族—国家的话语，在国家制度与权力的框架下实现社会的互动，表现了个体对国家权威和权力的服从。

　　当盐运到站，盐的贸易随即发生，盐道的目标最终实现。实现盐道的目的，可以从两个方面来看：一是中心社区的盐场和边缘地区的集市，随着盐粮交换和其他物资之间交换，必然促成族际之间的交往，不仅是盐场的居民同外地来的客商或山民之间发生关系，也是边地社会内部发生关系，譬如在杂古脑的汉族与少数民族的贸易、打箭炉和理塘等地的贸易、苗人与北江瑶人的贸易等。实现族际之间的物资互通，解决了民众食味苦淡的生活难题，也进一步促进了社会文化的交流。当然应该更多地看到，在民国时期的特殊历史语境之中，物资的流动，带动的是边地社会在满足了生理需求的同时，也在潜移默化地改变着边地社会民众的心理。二是历经变革的盐政，在抗日战争的紧迫局势下，国民政府不得已借鉴国外的战时经济统制之法，实施了盐的专卖制度。盐的专卖，被视为是实现民生主义的"重要一环"，这就要求加强对盐的国家统制，其实施途径就有了在各销售区乡镇设立公卖店的做法。但是，也正是这些分布在国统区以内，散播如同星星点点般的零售店，从表面上看，通过设立的食盐公卖店，是解决了身居边缘地区民众的饮食苦淡问题；从深一层理解，这些食盐公卖店，实际上成为国家权力机关对地方社会民众征税的最基层单元，自然也就在此过程之中，实现了国家权力对地方社会的控制，从而逐步完成国家对地方社会的统制。

　　因此，本书做到了把川盐古道的静态化描述，转向了一种动态化的呈现及表达，也就是将盐作为寻常百姓必备之物，在特定的历史语境中，背负上"民族—国家"话语，将其纳入国家之统制，经过反反复复的重组和整合，之后的盐也就顺势成为非同寻常之物。这样的话，就同已有研究有了明显不同。

上　编

第一章　盐运主客体：整合结构的要件

群体、角色、地位与制度，是社会结构最重要的组成部分，因其涉及各领域的构成及相互关系，因此本章仅就川盐古道的盐运主客体的群体组合结构展开讨论。其中，一是包括了盐运道路系统中的主体，即背夫、纤夫、抬夫与船工等运输群体的组合结构与特点，以及对运输群体的相关管理规则、制度；二是包括盐运道路系统中的客体，即花盐、巴盐及其制作工艺，还有盐的包装等问题。可以说，要使川盐古道进入社会整合视野，付出艰辛劳力的运输者、产销的盐别与包装等理应成为必要构件。

第一节　川盐外运的践行者

川盐在省内外运输，无论是陆路还是水路，主要靠四大群体的"三夫一工"，即背夫、纤夫、抬夫与船工忍辱负重地艰辛工作。在特定历史时期和特殊环境条件下，他们付出的艰辛劳动解决了"民食淡苦"，为连接四川省内的地域空间，加强不同民族来往交流，实现物资流动等，做出了积极贡献。

一、背夫

背夫亦称之"背子客""力脚子"等，作为川盐外运的主要运载者，用背篼、扁背、背夹、双叉夹等工具（图 1-1），身背 100 余斤的盐，蚁行于四川东部（今重庆东北部）至湖北的恩施、巴东、秭归、兴山、竹山、竹溪与房县，湖南的湘西以及贵州的遵义等地崇山峡谷之间的青石板路，十余人一队，或高亢激昂的"哟嘿哟嘿"或舒缓清幽的"哟—嘿"声伴随着打杵声响彻四野。由于"川省产盐地方，辽阔零星，俱系深山峻岭，即滨江通水道者，不过五六处，其他尽陆行背负"①，又"井灶散处山野深谷，僻壤穷乡；运输兼有车装船载，人挑马驮；运道遍及大江小河，山道险路；销区分布内地市镇，边陲村寨"②，于是，这些地区出现了背夫这一特殊群体。据《四川盐法志》记载："凡盐行陆地，赢马驮运最便。人力则计岸多担荷，边岸有用背负者，一人率负百斤。而赢多者几与马力相埒。踯躅巉岩绝壁间，数十百步辄一憩息，夏日挥汗成雨，严冬身不挟纩，劳而忘寒，亦天下之至劳苦者也。"③由此可见，背夫生活的艰辛与不易。还有如"大定之民，幼者十二三，老者五六十，无不以负盐为业也。数步而肩换，三里而喘息。日食玉蜀黍之爆花，夜眠粗白管之短席。一生无被，终岁衣缕，头鲜布巾，足惟草履，夏炎日，冬履霜，发岭穿林，冲风冒雨，一染寒疢，此户不休，此一民生之疾苦也。"大定的运盐人，多属盐路两旁的民众，在盐路上运盐的人，每天不下于百人，他们常唱道："不到天亮就开捎，太阳当顶难爬坡。汗水淌进眼睛内，筋疲力尽脚杆泡""盐巴老二苦涟涟，终年背箩不得闲。淡汤薄水过日子，逢年过节无米钱"④，由此可见运盐之苦。

图 1-1　背盐工具之一：双叉夹

---

① （清）张德地：《四川盐课疏》，杨家洛主编：《皇朝经世文编》卷五十《户政》，台北：世界书局，1964年，第192页。
② 转引自张洪林：《清代私盐难禁之法律缘由考析——以四川为例》，《学术研究》2012年第2期，第60页。
③ （清）丁宝桢：《四川盐法志》卷七，清光绪八年（1882年）刻本。
④ 毕节县文史资料研究委员会：《毕节文史资料选辑》第6辑《黔西北地区川盐运销史料》，内部资料，1988年，153页。

不仅如此，川盐路线"都是小道羊肠，滩多江急，川黔、川鄂、川湘边界上成千上万的穷苦农民，为了衣食所迫，世辈充当运盐苦力，以求一饱。他们不分寒暑，负重百斤，终年回旋于悬崖绝壁之上，穿行于风霜雨雪之中，如蜗牛走壁，三步一拄，络绎于途。其时，每天约近千名运盐工人，驮马一二百匹到叙永运盐。每人负盐约80斤至100斤，个别有负百多斤者，每匹马驮盐约百斤，运盐工人是以'帮'为组织单位，集体行动，一帮约十余人以至二三人，由一人负责率领，称为'领帮'"。他们使用的运输工具是原始的"背夹子"和"拐扒子"。盐负在背上，不能卸下憩息，只能用拐扒子拄地支着背夹，气喘吁吁，挥汗如雨。时有谚语说："早上是神背，中午是人背，下午是歪嘴老妈背（走不动了的意思）"①，可以想见其劳动之辛苦。但是，他们连擦汗水用的一张毛巾都买不起，而是用自制的半月形篾刮，在憩息时，用篾刮将脸上的汗水刮去。至今沿着川滇古道石板路上行进，沿途还留有密如蜂窝的拐扒拄的石窝，这是运盐工人辛苦劳动的历史见证。他们吃的是自带的包谷面面，盖的是秧萆、破絮，其生活之艰苦真是不堪言状。清光绪年间，驻叙永的分巡道赵藩（云南剑川人）在《永宁杂咏》一诗中曾写道："负盐人去负铅回，筋力唯供一饱材。汗雨频挥揹拄立，道旁看尔为心哀。"这是对运盐工人艰苦生活的生动描述。其时，运盐工人来叙永，都住在东门湾子（今东外街）、镇南桥及钓鱼台一带，悠长之长街两旁，商店毗连，旅栈林立，因忙碌的盐运一度给古老街市带来繁荣兴盛之象。②

背盐是劳苦的行当，有些诗作反映了黔北妇女背盐的艰辛情状。如《二郎滩咏负盐女》写道："脂粉不曾添额际，黛痕从未上眉尖。生来隐为花神弃，瓜字平平尚负盐。峰回路转低石高，汗浸襦衫颊晕潮。多少韶华多少恨，几曾消受沈郎腰。钩藏莲瓣石油礆，负重行艰欲断魂。那有浣纱津上事，风神凄绝苎罗村。息肩斜坐逞莺声，絮语迎风残莫惊。阿妹十三依十六，朝朝离枕听鸡鸣。"还有《背盐歌》也真实地反映了黔北背盐人的艰辛，其中唱道：

　　盐巴佬二一碗米，半夜三更就漕起。背子上背就起身，七觔八喘拢茅村。靠起背子放过哨，歇口气又起路程。拢了坛厂望长岗，坛长垭口坡好长。上坡出气搞不赢，挂扒载在屁股上。到了长岗歇过夜，背上生起盐水疮。通痒通痒睡不着，睁眼一晚抠到亮。鸡叫三遍催人起，背着背子望枫香。枫香坝去歇口气，过称交差在紫溪。紫溪过称盐不差，领起工资转回家。白天夜晚把路赶，腿发麻来眼发花。一步跨进家门口，破年儿女敬菩萨。一炷香来敬"背垫"，二炷香来敬"挂扒"。背垫挂扒都是神，保佑我爹背盐巴。一听听人心头辣，想拉几句家常话。只望娃娃有出息，长大莫去背盐巴。①

背夫们常年行于山间，风雨无阻。

由于运盐人苦，他们为防止在路途上出事，规定了在路上的诸多清规戒律，共同遵守，若哪个违反，则罚其负责全帮人一天伙食。如早上出门第一肩气不能在门口歇、早上起床不能在床上打坐、吃饭时舀饭不准掏甑底、不能直接抬碗倒汤泡饭、不能移动辣子水碗、在路上歇气需靠一面、要歇在一定的位置上。②背夫们长年背盐，许多人都患上了严重的风湿病、关节炎、腰椎间盘突出，又自带干粮、冷水、硬饭、冷面团，饭后即刻负重起程，使其身体素质急速下降，甚至有的背夫因此患有胃下垂、胃癌等疾病（图1-2）。

图 1-2　访谈盐夫

---

① 裴恒涛：《川盐入黔与赤水河流域的社会互动》，《四川理工学院学报》（社会科学版）2012年第3期，第17页。

② 毕节县文史资料研究委员会：《毕节文史资料选辑》第6辑《黔西北地区川盐运销史料》，内部资料，1988年，第153—154页。

　　"背夫们通常至六七十岁无力背负重物时才退出盐队，由于长年累月背盐落下的各种病症使得他们的余生饱受病痛的折磨。""对背夫而言，背负沉重的盐翻越一山又一山、一坡又一坡，不仅是自身体力的消耗与透支"，到了交盐时，还会时时遭遇意想不到的灾难。他们在山歌中唱道："运盐无盐下菜锅，汗水拿当盐水喝。盐号收盐大称撬，几天辛苦得空箩"。如前所述，在途中若有一二人生病，全帮就得等待，若时间长了路费吃完，只得挪用商盐。有时或因被雨淋化，或因被盗等，交盐时短了斤两，在这种情况下，碰上好心盐号，还可打欠条由下次运费中扣除，如碰上狠心的盐号，则把盐夫送交盐防军黑押。为此，有的盐夫倾家荡产也赔不清所欠食盐。更有甚者，即使斤两足了，一些盐号也要说你差盐。如运雍熙镇上节街艾银成家的食盐，对秤足了的，他都说你还差一斤半以上，每次如此。若你同他说情，他就可以"让过"。若你同他论理，他就把你的运盐工具没收，甚至毒打你[1]，旧社会之盐号就是这样绞尽脑汁地对运盐人进行压榨剥削的。

　　另外，背夫们经常会遭遇意想不到的灾祸。从云阳县档案馆藏的云阳盐务监运处之《硐村盐运站关于背夫谭顺才跌岩失吉损失盐斤的呈文、令》档案[2]来看，背夫背盐时的艰辛与盐运道路艰险即可见一斑，如表1-1所示：

表1-1　云阳盐场硐村运输站运盐损失表

运输方式	政府自运	失事原因	雨后路滑失足	
承运人	硐村运输站主任张泉	失事运户姓名	谭顺才	
运输工具	背夫一名	失事日期	1945年7月4日	
运户姓名	谭顺才	失事地点	硐村喀蚂石	
运照日期及号数	24—3—34 0986	失事运户原载盐数	1包	净0.99担
盐斤类别	济楚川云花			正1.00担
产区	云阳云安场	规定耗率及数量	由硐村至云监处每包二斤	
起运地点	硐村盐仓	损失盐斤数量	无包	净0.90担
起运日期	1945年7月4日			正0.90担
运往地点	云监处	救全盐斤数量	1包	净0.09担
				正0.10担

① 毕节县文史资料研究委员会：《毕节文史资料选辑》第6辑《黔西北地区川盐运销史料》，内部资料，1988年，第154页。
② 《硐村盐运站关于背夫谭顺才跌岩失吉损失盐斤的呈文、令》(1945年5月8日)，全宗号：8，目录号：1，云阳盐务监运处档案。

续表

运输方式	政府自运		失事原因	雨后路滑失足
原运数量	1包	净 0.99 担	报案日期	1945 年 7 月 4 日
		正 1.00 担		
分装情形	背夫一名		查勘日期	1945 年 7 月 4 日
分装数量	背夫一名		失事地点距离最近盐务机关里程数	距碉村运输站约三里
保险情形	已提款自保		损失盐斤价值	无记载

不仅如此，背夫还会受到各方势力的侵害。下述之忠县档案馆藏的忠县盐场公文中的《忠县涂井场苦力刘开元呈文》①即为明证。

事由：为认还不还、窦哄欺骗勒搕苦力，叩恳彻查严究由。情民一寒透骨下力课生，于国历十月二十一日与人背盐一百斤到黄金场售卖，其盐系在售盐处所买之官盐，当在中途卖去二十六斤，尚余七十四斤，背至高井地方，突遇盐场公署秘书刘文清验票，与盐斤不符，诬为私盐，以言语百般威胁，估民与伊给洋两亿元，乃能将民释放，并退还盐斤，否则将民送法院治罪等语。民在伊势力之下只得向他人兑洋两亿元，交刘秘书手，伊当将盐退还三十四斤下有四十斤及税票，刘秘书窦哄民回涂井交还，诓料回甘井后，反将盐借词没收，一面乃哄民缓日发还，经催索数次，伊一味支展，一侯再侯，遥遥无期，认还不还，显系居心勒搕欺骗，窃民以一苦力现被伊搕洋两亿，复要赔人之盐，情迫算何只得叩恳钧君作主，彻查究办严饬该刘秘书，又清退还搕洋，返还盐斤以恤苦力而塑法纪，则民生当衔环死当结草。谨呈川康盐场管理局局长陈。

忠县甘井场苦力　刘开元　指印

（民国）三十七年十二月十二日

那么，背夫是一个怎样的群体呢？背夫除了是盐运古道附近村寨贫苦无地的农民、流浪汉之外，还有在《三省边防备览》中记载的："经四川之南江、通江、巴州、太平、大宁、开县、奉节、巫山，陕西之紫阳、安康、平利，至湖北之竹山、竹溪、房县、兴山、保康，中间高山深谷、千峦万壑，统谓之巴山老林。老林之中，其地辽阔，其所产铁矿、竹箭、木耳、石菌，其所

---

① 《忠县涂井场苦力刘开元呈文》（1948 年 12 月 12 日），全宗号：12，目录号：1，忠县盐场公署公文。

宜包谷、荞豆、燕麦，而山川险阻、地土硗瘠，故徭粮极微，客民给地主钱数千，即可租种数沟、数岭。江、广、黔、楚、川、陕之无业者，侨寓其中，以数百万计，依亲傍友，垦荒种地，架数椽栖身，岁薄不收则徙去，斯谓之棚民，其种地之外，多资木厢、盐井、铁场、纸场、煤场佣工为生。"①由此可知，一部分背夫来自"棚民"，由于他们生活之所土少石多，为了谋生，只得成为"背子客""力脚子"。除此之外，还有"川省自教匪平定以来，所有遣散回籍之乡勇并贼中自投来归之众，为数甚多，此等人不敢公然为匪，往往亦挑卖数十斤盐，聊为糊口之计。窃以重庆一府计之，商人不过数十户，而赖盐以生者，大约不下十余万人"②。又"川盐行楚，井灶捆载增至数万人，重庆肩贩，川河纤夫，又不下数万人"。③由此可知，背夫庞大群体的组成不仅有"棚民"，还有遣散回籍之乡勇以及自投之土匪，成分十分复杂，亦即"此辈皆无业游民"④，他们背负盐从通都大邑到穷乡僻壤，活动范围极广。由于背夫生活在社会下层，成为被社会阶层区分与排斥的对象，甚至是将其定位在"勤学兵，懒耕田，好吃懒做背锅巴盐"⑤的地位，属于被社会所遗弃的对象，从而在传统社会难以立足且处于身份游离的境地。正如调查时所回答的"有背盐后人大多也不愿意提起自己的祖辈背盐的历史，这又不是什么值得炫耀的事情，背盐是很辛苦的事，没有办法的人才去背盐"⑥。

同时，背夫们的组织结构又是如何的呢？每个背夫的背盐量大约在100—150斤，日行15千米左右，工资依照背盐量的多少计算。盐运过程也并非只是单向的盐货输出，譬如有盐队从西沱背盐至湖北利川、来凤一带完成交接，归时有生漆、皮子、桐油、中草药等山货接洽背回，然后获得报酬，盐道全长300多千米，来回一趟耗时10余天。背夫直接或间接地受雇于

① （清）卓秉恬：《川、陕、楚老林情形吨宜区处》，（清）严如熤：《严如熤集》，长沙：岳麓书社，2013年，第1159—1160页。

② （清）丁宝桢：《四川盐法志》卷二十二《征榷三》，清光绪八年（1882年）刻本。

③ 《皇朝道咸同光奏议》卷三十五下《户政类·盐课》，鲁子健主编：《清代四川财政史料》下卷，成都：四川省社会科学院出版社，1988年，第159页。

④ 《皇朝道咸同光奏议》卷三十五下《户政类·盐课》，鲁子健主编：《清代四川财政史料》下卷，成都：四川省社会科学院出版社，1988年，第159页。

⑤ 访谈对象：刘园（1916— ）石柱县娄子坪人。访谈人：杨亭等；时间：2013年10月16日；地点：石柱县李家镇娄子坪村。

⑥ 访谈对象：方中其（1943— ）石柱县西沱镇云梯街人。访谈人：杨亭等；时间：2013年10月12日；地点：石柱县西沱镇云梯街。

盐店主，通常有十七八人结成一队同行，每个盐队有一个领队，领队亦为背夫，工资相对于普通盐夫略高。领队作为盐队的带头人，他的身份和经验得到了夫、商双方的共同认可。领队通常由经验丰富、德高望重的人担当，并且由背夫们自己选拔。在此，领队其实是直接把盐商与背夫勾连起来的一个角色，其来源于背夫群体又直接服务于盐商，除了背盐，还要负责发盐点与收盐点的货物中转与接洽，是一个盐队的核心人物，也是组织盐队的关键。那么，我们不得不思考他身份的特殊性，作为领队不仅要认识盐道路线，还要有应急处理的能力。领队可以说是盐队里最特殊的一员，他有挑选背夫的决定权。由此可以看出，在整个盐运过程中，运盐人特别讲究团结，他们在运盐中一定要做到"上（坡）七步、下（坡）八步、平九步，鸭子拖腰一路行"，背夫们在背盐途中如生病受伤，领队要安排全帮人等待，如若一二日不好，得另雇人代运，若雇不到人代运，只得再耽搁等待，因此领队与背夫成为一个风险共当、利益共享的群体。

在此意义上讲，背夫凭其健硕的体魄和刚健的品性，在崇山峻岭间烙下了历史的印记，成为中国内陆区域间盐粮交换的实际践行者和土家族、苗族与汉族等民族交往与社会互动的推动者。而他们作为特定时期的特殊群体，或者说作为依附于盐业生产组建的社会组织，不仅构建了盐业生产地与销售地，以及与盐道周边远方族群的关系，也使人对盐粮等生活必需品的基本需求得以实现。

二、肩挑摊贩的销盐管理与运盐力夫管理

（一）肩挑摊贩管理规则

盐务机关负责对所属地区的肩挑摊贩进行直接管理[1]，制定了较为细致的规则。主要有三个方面：

一是人员与销售管理。肩挑或以手推车及附搭车船，或用牲口载运设摊（以下简称肩贩），每次领售食盐，在一百市斤以下者，悉依本规则管理之。肩贩应在指定区域行销，其零售盐价，以售盐地距离最近之公卖店零售价格为准。

---

[1] 《肩挑摊贩销盐管理规则》（1942 年 9 月 2 日），全宗号：J002，目录号：006，案卷号：317，万州区档案馆馆藏。

　　二是具体措施。肩贩向仓或兼办趸售公卖店（以下简称店）领售食盐，应先缮具申请书（申请人某某某，今愿遵照肩挑摊贩售盐管理规则，在某县某乡镇零售食盐，谨依照规定觅具妥保具书，申请敬祈核准颁发销盐证，以便购领零售）并觅店铺，或有正当职业之人保证，呈经该管盐专卖机关审查合格，核准登记，发给销盐证（图 1-3），以凭领售。肩贩购运散盐者，应于入境时，向最先经过之盐专卖机关报验其未缴专益等费之盐，照数补缴，如有已交专益等费之盐，应交证件报验，倘所缴低于销地者，即补缴差额后，发给销盐证及护运单行销。其盐证申请书，由该管盐专卖机关，依照规定式样制发，其实需工本费用，印于书证封面，如数收回。肩贩一律免缴保证金；肩贩如有违反规定应处罚，爰得责成保证人员负责照缴。

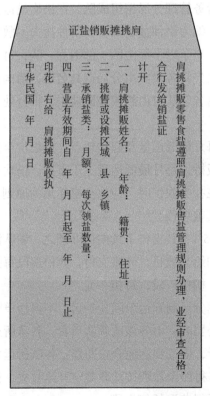

图 1-3　肩挑摊贩销盐证

　　三是证件管理。凡向仓店领盐之销盐证，自发给之日起，以一年为有效期，期满将原证缴销。如愿意继续营业者，应在期满一个月前，依照第三条之第一、第三两项之规定，呈请另发新证，但领证两个月或在领售期内三个月不连续领盐者，即予注销作废。领运散盐之销盐证及护运单，应以一次所运之盐销清时缴销，但最多不得超过一个月，逾期作废。另外，仓店售盐须先验明肩贩所持之销盐证，配发并填护运单或分销单交给领执；销盐证、护运单或运销单与盐不得分离；肩贩售盐区及每一市县应准发证张数，由各区盐务管理局核定公布，并呈报盐务总局备案。

（二）运盐力夫管理

为接济贵州綦边区各县民食起见，商得桐梓县府同意，整编桐梓县原有盐夫（图1-4）并开动民夫加强盐运①。具体实施如下：

首先，桐梓县力夫由贵州区松坎盐务管理分局编组成队，在松坎设运盐大队部管理。以运盐为业之鸡车力夫，编为甲种盐运队，如甲种盐夫不敷济运时，再行发动民夫编为乙种盐运队。鸡车以十部至四十部编为一队，每队选一盐夫为领队员管理全队。编队办法先将各领队由分局造具名册，请桐梓县府令饬各乡镇分别取具保结后，再由各领队自由约集该队盐夫，报分处汇具保结。

其次，规定了桐梓县力夫运盐，每月最低运量及起讫地点。如松坎至桐梓，每月最低运量二千市担；松坎至板桥，每月最低运量一千市担；松坎至遵义，每月最低运量二千市担。但是在盐夫农忙时，应以更翻轮运为原则，免误农事。各种盐夫至运盐期间得免其他差役。

再次，盐夫工资照核定运费支给95%，其支付手续向例办理之。领队津贴于盐夫应领运费内，由到达处站，扣给其数目，分段支付，如松遵段每担三元；松桐段每担二元；松新、新桐、桐桥三段，每担一元。

然后，各队力夫运盐应将盐务管理分局制开运单随盐护运，不得盐单分离，致被查缉机关认为私盐而没收或处罚时，由各该队领队负责。各队所运之盐交付时，除规定途耗外，如有短斤，应按到达地仓价赔偿；各队所运之盐交斤时，如在规定途耗内有余盐时，得照余盐数按盐政规定开给盐夫，但原放数溢出之盐，应予无条件收仓，不得获取任何报酬。

---

① 《遵义盐务分局、綦遵分处、排军乡等关于调整盐额数，整编运盐力夫办法，设立公卖店等公函、申请书等》（1944），全宗号：5，目录号：1，案卷号：228，遵义市档案馆藏。

最后，盐夫或领队如有贩卖所运之盐，或掺入杂物时，依盐专卖条例处分。盐夫或领队如将所运盐斤拐逃，应由县府责令所属乡镇保长，限期交案法办，并饬由该盐夫或领队负责赔偿损失之盐。盐夫或领队所运之盐，如中途遭受人力不可抵抗之意外损失，依盐务法规办理。

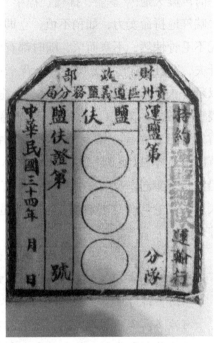

图 1-4　盐夫证

三、纤夫与抬夫

纤夫，又名拖船夫，主要是受雇于水路运输。如永岸盐产地的五通桥，起运为大木船，每船可载二三百包（每包为 180 市斤），经大渡河至乐山入岷江，过犍为、宜宾、南溪、纳溪，此段水道宽阔，又是顺水，运输流畅；由纳溪入永宁河，要改用小木船，不但载重量大大缩水，因系逆水，河道狭窄，多险滩，特别是古宋辖的江门大滩，更为艰险。载重仅百包的木船，需要雇纤夫二百人左右在险峻的岸上拉纤，他们脸朝黄土背朝天，拉纤时身体倾斜得几乎贴近地面，走的是悬崖峭壁，吃的是糙米淡汤，烈日下仅穿一条短裤衩。而在寒冬身上的两件薄衣（汗褡、外褂），由于使用强力，汗水浸湿了衣裤，歇脚时凛冽的寒风袭来，砭人肌骨，其痛苦情景不言而喻①。

因运盐船都是逆水行驶，船行阻力大，于是盐商雇力夫用竹编成的纤绳挽个圈套挂在每个力夫的肩膀上，沿着河岸拖船行驶。如到陡滩恶水处，拖船的力夫们，必须两手抓地，两脚向后登紧，大呼"号子"，在这深谷狭河中，一时声震天地！"掌船、摇橹、撑竿"，水手们一个个鼓足劲、睁大眼，像疲牛喘气地拼命卖力，如稍不慎，立即有水打船翻之可能，随同赶船的人们，无不毛骨悚然，不寒而栗，随时都有可能葬身鱼腹之可能。有一首俗语形容纤夫，"盐巴老二三支脚，背上背个乌龟壳，啪塌一跟斗，摔破儿脑壳"，以示纤夫们随时都有生命危险。当途经险滩时，纤夫唱的歌谣极其形象地表现了滩之凶险，即如"石门打鼓啼喧天（滩水像打鼓巨响一样的惊人），雷发三滩在眼前（雷发指三个凶难注意就在前头），鸡心滩中翻筋斗，葫芦脑上见本钱（此滩窄小如鸡心之小且水凶急，打在两侧石上浪花如帐篷，船身从中穿过，反复多次。滩高水直下，经常翻船），鸭县三滩张果老，主人须把王仑叫（这些滩船行时相当危险，只有求神仙张果老和镇江王仑水神来保佑了）"②。

川滇公路未通车以前，盐巴由纳溪到叙永岸口，全靠水运。但因永宁河河流狭窄，水流湍急，船只常有失事危险。明朝杨升庵曾在《咏永宁河》诗句中写道："永宁三百六十滩，顺流劈箭上流难"，这是对永宁河滩多水急的生动写照。这条河流，在抗战以前有大小木船二百余艘，分为盐船和货船，盐船约占全部船只的百分之八十。其时，大的盐船可载盐二至三引，约计一百三四十包；小的每船可载几十包至一百包，每船有船工十至十五人。船上江门大滩时，需要有临时拉纤的工人帮助换综拉滩，有时一艘船要用百多人才能将盐船拉上大滩。盐船行业，共约有船工三千余人，他们不分寒暑，穷年累月在这段三百余里的河流狭谷中艰苦地劳动，躬腰曲背，哼着号子，一步一步地从惊涛激浪中将上万

---
① 毕节县文史资料研究委员会：《毕节文史资料选辑》第6辑《黔西北地区川盐运销史料》，内部资料，1988年，第126—127页。
② 毕节县文史资料研究委员会：《毕节文史资料选辑》第6辑《黔西北地区川盐运销史料》，内部资料，1988年，第142页。

吨的盐巴拉到叙永起岸，这要付出多大的劳动代价啊！至今沿河岸边的岩石上，还留下有船工们踏陷的足窝和篙竿戳的密如蜂窝的石眼。"君看岸边苍石上，古来篙眼如蜂窝"（苏轼诗），这是广大船工辛勤劳动的历史见证[①]。

在其他著述中，我们也可以看到对纤夫这一群体的描述："乌江上的木船航行一般不使用风帆，上行都由纤夫拉纤前进，一艘船要配备十几个纤夫，一天只能上行十几千米，而乌江两岸都是陡壁悬崖，纤夫们行走都十分困难，更不要说拉纤了。洪水时，江水往往把纤道淹没，船只无法上行，不得不停航，称之为'扎水'。枯水时，船只过滩需要大量人力帮助，这时，一只船上的纤夫根本不够用，船只往往结帮而行，每帮八只，一百多个纤夫才能把船一只一只地拉过险滩，所以上行最短需要一个月的时间，长的两三个月之久，下行只需两三天的时间。"[②]因为水流湍急，所以时常会发生沉船撞礁事故。

抬夫，主要是指杠子行的抬脚。当盐船驶入永宁河的终点——叙永下桥水东门靠岸后，大包子的盐由船上卸下，需要抬夫，再要行二三里路才能入仓，更得雇较多的抬夫。这些出卖劳动力的人，多是身体较好的小伙子。抬夫使用的工具是一条有碗口大的木杠，一个大篾箩筐，一根粗绳。两个人一次至少抬180市斤的盐包三至五包不等，来回六里路，因负荷重，行走起来在大汗淋漓中哼着"杭唷、杭唷"的号子，从早到晚搬运走过的路程至少也有六十里，足以见出劳动强度之大[③]。昔日的盐场，大型的设备如千斤锅、方锅乃至蒸汽锅炉，都是靠人抬运。每次得用上数十至百余抬工，为了报路和统一抬工的步伐，都会有一专职人员高坐盐锅或锅炉之上指挥并领唱号子。众抬工边按节奏挪动脚步，边与领唱者唱和，由此而生的扛运号子节奏明快，音韵铿锵，内容广泛，充满生活情趣。

《扛运号子》之一云：

　　　　抛抛起闪哟，闪闪起抛哎，闪起那些好，越闪越轻巧，闪起又不重

① 毕节县文史资料研究委员会：《毕节文史资料选辑》第6辑《黔西北地区川盐运销史料》，内部资料，1988年，第104页。

② 赵斌、田永国：《贵州明清盐运史考》，成都：西南财经大学出版社，2014年，第245页。

③ 毕节县文史资料研究委员会：《毕节文史资料选辑》第6辑《黔西北地区川盐运销史料》，内部资料，1988年，第127页。

哟，越闪越轻松哦。幺妹你请坐，瓜子由你剥；瓜子你在剥，看你那双脚。幺妹年纪轻，手拿绣花针；幺妹年又大，明年要打发，打发婆家去，喂奶带娃娃。手提四两油，梳个分分头，头戴栀子花，花儿香喷喷，手拿芙蓉花，花儿红彤彤。面容桃花色，眼儿闪秋波。身穿月白衫，滚的大栏杆；青布来滚领，白布来滚边；丝巾围腰双飘带，灯笼裤脚红绣鞋。幺妹来不来，幺妹要做鞋，做鞋何处用，婆家开庚来，看看期程满，花花轿儿抬，抬到婆家去，牵出新人来。先拜天，后拜地，再拜祖宗入绣围。鸳鸯枕上去，红罗帐上来；三年并两载，生下姣儿来。姣乖儿不乖，姣儿逗人爱。①

《扛运号子》之二《前面一枝花》云："前面一枝花，两眼瞧着她。她也瞧着我，我也瞧着她；她也难舍我，我也难舍她。难割也难舍，小冤家。天上落点雨，地下有点滑；鞋儿有点烂，脚儿有点软，掉了一只鞋，落了一枝花。情哥前面走，慢慢等奴家，好生走几步，步步现莲花。什么子花哟？栀子花，用手讨，送冤家。"②

《扛运号子》之三《青菜薹》云："青菜薹，白菜薹，情妹下河洗菜薹，你要菜薹拿把去，你要玩耍（天）黑点来。"③除此之外，庞大的盐运人群里还应包括挑夫们，在他们唱的《运盐号子》里就有"梅子关，鬼门关，隔天只有三尺三。翻坳要翻三十岭，过关要过九十弯。一根扁担两条腿，千里迢迢去挑盐。上坡莫等肚皮空，歇气莫等汗水干。肚皮空了流虚汗，汗水干了晒成盐。下坡脚杆打闪闪，上坡腰杆溜溜酸。任你铁肩铁脚板，过得垭口是好汉"④。因此，正是纤夫、抬夫与挑夫们付出的艰辛，才使得川盐源源不断地运销至各地销售区行销，解决了民众淡苦的生活危机。

四、船夫、船户

船夫在波涛汹涌的江水里急流勇进，其劳动强度、危险程度可想而知。《船夫号子》里唱道："清风吹来凉悠悠，连手推船下涪州有钱人在家中坐，哪知穷人忧和愁。推船人本是苦中苦，风里雨里走码头。闲言几句随风散，

---

① 宋良曦：《盐都故实》，成都：四川人民出版社，2014年，第31—32页。
② 宋良曦：《盐都故实》，成都：四川人民出版社，2014年，第32页。
③ 宋良曦：《盐都故实》，成都：四川人民出版社，2014年，第32页。
④ 石柱土家族自治县志编纂委员会编：《石柱县土家族民间歌谣集》，内部资料，1999年，第101页。

前面有个观音滩。观音滩菩萨他莫灵验，不使劲来过不了滩。你我联手是英雄汉，攒个劲来搬上前。平水号子换一换，捏紧桡子冲过滩。"①又《乌江船工号子》载："大风时时吹，暴雨阵阵淋。浓雾锁江不见路，一年没有几天晴。乌江的水昼夜流，扯船的人夜夜愁。悬崖陡坎捡碗饭，凶滩恶水捞滴油。扯船的人命好苦，丢了扬叉使扫帚。船中满载绸和缎，扯船的尽是光屁股。"②

清光绪三年（1877年），四川总督丁宝桢奏准施行"官运盐法"，将各地运盐船只登记、编号，富顺港长航等成立运盐船帮组织，称富盐帮，帮会地址邓井关。泸州、合江、江津、重庆、涪陵、万县分设帮首，负责接洽盐运业务、管理帮船。清咸丰同治年间，太平天国起义，淮盐不能上运，自流井盐运销湘、鄂，该县运盐长航船一度增至780只，驳船484只，加上其他民船500余只，共约4万吨运力。光绪年间，川楚盐船有8大帮，数富盐帮长航船只最多，往返长江中下游各岸。其他民船，则依货运种类分为粮帮、柴帮、糖帮、零盐帮、杂货帮等，自成体系，揽货营运，统称"杂帮"。此外，沱江上下游各县有帮船运来各种物资，载回食盐及富顺土特物产。

民国十九年（1930年），国民政府公布《商会法》，富顺船帮改组为船业同业公会。次年，川康盐务管理局将所有船舶列为专业载盐工具管制，经编号、烙印、发证之长船800余只，驳船600余只，加上民船，总运力近5万吨。民国二十一年（1932年）后，依照《人民团体组织法》的规定："长船改组富顺县邓井关载盐船业公会，驳船改组为富顺县邓关镇运盐驳船轮运公会。民国二十七年（1938年），日寇侵占我国东南各省，淮芦盐区陷落，为运济湘、楚、豫、赣之食盐，川康盐务局督令邓井关载盐船业公会所属长航船只，全部移驻泸州。民国三十四年（1945年），成立邓关港务局运盐木船办事处，原驳船轮运公会易名富顺县邓关镇驳船商业同业公会，与邓关港务分局运盐木船办事处合署办公，负责安排运输业务。至民国三十八年（1949年），富顺港籍驳船共有1265只，职业船工7000余人，合计运力3万多吨。"③其余民船，受川河各帮影响，自民国二十五年（1936年）起组成富顺县民船商业同业公会，会址在县城大南门交通茶园。长年回响和萦绕在运盐河道上的船工号子苍远、粗犷、悠扬，听起来仿佛在波涛上飞动，峭壁间回荡。如《船工号子》之一："幺嫂幺嘞——死了男人好心焦，背起背篼捞柴烧，路又窄来山又高，

① 石柱土家族自治县志编纂委员会编：《石柱县土家族民间歌谣集》，内部资料，1999年，第107页。
② 石柱土家族自治县志编纂委员会编：《石柱县土家族民间歌谣集》，内部资料，1999年，第105页。
③ 四川省富顺县志编纂委员会编：《富顺县志》卷二十《交通》，成都：四川大学出版社，1993年，第441页。

谨防遇到大头猫。"船行逆水，不进则退，但那些久经风浪的船工，却面无难色，行起船来，仍然是那样的自在，那样的从容；吼起号子来，依然是那样的潇洒，那样的悠闲。《船工号子》之二云："天连地来地连天，龙恋沧海凤恋山，佛祖爷曾把牟隐念，观音母练的普陀山。读书人练的纸笔墨砚，生意买卖人练打算盘，当兵人练的枪杆杆，掌船人练的撑篙竿，闲言几句随风散……"[1]此处收录的两首是平缓的河面上顺水撑船的号子。

船户常年驾船在波涛汹涌的江水之上，船上运载的是川盐，源源不断地通过人力远销到川外（图1-5）。

图 1-5　盐船装盐及运盐

从四川、贵州省属的县级档案馆馆藏的档案资料来看，涉及船运盐斤失吉的档案居多。反映的是在川盐外运过程中，船运盐斤事故频发，造成了比较普遍的盐斤失吉现象。在馆藏的贵州盐务管理分局的一份档案材料——《准函以津遵第13447号运照船户翁全和舟失吉一案转饬遵照由》中[2]，详细

---

[1] 宋良曦：《盐都故实》，成都：四川人民出版社，2014年，第31页。

[2] 《贵州盐务分局及遵义支局等关于处理盗盐、运输损失盐案件的训令、指令、代电、批、函、呈》（1947年11月21日），全宗号：5，案卷号：134，遵义市档案馆馆藏。

地记述了一起盐斤失吉的事件（图1-6）。

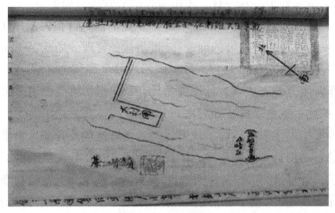

图1-6　船户翁全和舟失吉平面图

查船户翁全和在江津装运裕济盐号第一三四四七号运照，第五一次第一号，到盖洞之遵义大巴，计五十九包，于本月二十三日上午，行经车滩闸外，该堤前被洪水冲坏乱石横陈，行抵该处碰触暗礁，改舵不应，当将本船底盘撞，穿水入船，沉淹约数尺。经该船户配由盐号、盐局会同本保查勘，复秤结果淹化巴盐十九担另六十斤，属实不虚，复据该船户翁全和及棕伴船等申请给证，证明前来特给此证。

江津县广兴乡第九保保长朱绍荣

中华民国三十六年九月二十六日

具切结人綦国品、张树云、文顺和、骆海云等情，棕伴船户翁全和，在江津装运裕济盐号第一三四四七号运照，第五一次第一号，到盖洞之巴盐五十九包，于本月二十三日上午，行经车滩闸外碰触暗礁，改舵不应，将该船底盘撞，穿水入船，沉淹约数尺。当由具结人等努力抢救，该船得免多大之危险。由该翁全和具保官号，两方派员查勘，复秤并包外，所有淹化盐十九担另六十斤，确无盗卖、舞弊情事。倘查出本案有虚伪时，具结人等愿负赔偿或法律上之责任，间中不虚，具切结是实。此呈綦江盐务督运处。

具结人：綦国品、张树云、文顺和、骆海云；失吉人：翁全和

中华民国三十六年九月二十六日

最后，这一盐斤失吉事件（此处略去了《运盐损失表》内容和翁全和的口录资料），持续到十一月一日，才由贵州盐务管理分局令饬遵义支局，"准函以津遵第 13447 号运照船户翁全和舟，承运商盐，计损失盐斤 19.60 担一案"，以及发给驻遵裕济盐号的训令："贵州盐务管理分局业字（360）号令，以准江津分局函送该商（13447）号运照船户翁全和和舟，承运商盐 123.90 担，行抵车滩闸外地方失吉，计损失盐斤 19.60 担切结等，饬遵照规定办理具报等。"如此，这一事件才算解决。

因行船屡屡发生事故，为了规避风险，更好地规范管理木船船户，同时为了是加急赶运川盐到湘楚等地，国民政府于 1939 年 4 月出台了《川康区运盐木船船户管理规则》（见本书附录），从登记及保证、查验及修补、编组与运盐次序及换轮、运盐木船侉量与船户手折及运行、船户水脚与船户交币、船户奖惩及船户出卖船只的处罚、淘汰及顶补等几个方面全面干预船户的运输活动，其主要内容如下：

（1）总则。规则第一章为总则，系规定运盐木船船户管理一般之原则，包括制定该规则之目的，即为管理运盐船户且增进运输效率；制定的规则标准参酌井渝、渝万、渝合各段航务情形订定之；管理之范围，即凡井邓段之橹船、邓泸段之发船；泸渝、渝万、渝合各段之木船，无论官有、商有或临时招募船只均属之。

（2）登记及保证。运盐木船船户管理之初步工作，为登记及保证，包括填具申请、觅具铺保或船户联保、木船办事处查明、主管盐务机关勘验、烙印并发给登记证订于船尾。申请书应将船户姓名、年籍、住址、船只种类、质量及坚固程度详细申述；铺保应将牌名、地址、资本金额、经理人姓名、保证责任；船户联保则将联保之船只种类、号码、量队别、船户姓名、保证责任等项，填具保证书，其保证责任为担负赔偿盐币损失等事项。船户所具铺保，如歇业或变更时，应另换铺保。其各船联保者倘中有一船转卖或因故淘汰，并应另觅他船铺保。运盐木船办事处收船户所觅铺保或联保之船户，对于被保船户负有监察及规诫之责，倘被保船户意图盗卖所装盐币，或腾空放炮及掺集泥沙等项重大弊实，保证人得密切监视，如规诫不从，应向就近盐务机关密告。

（3）查验及修补。该项运盐木船船户管理之第二步工作，包括检查验明、修补木船。运盐木船申请登记运盐时，应将航政局所发各项证书，呈由主管盐务机关验明外，凡当轮或派运时，均应先请保险部查验后方准装盐。凡验明无法修补之船只，应拒绝登记，并通知运盐木船办事处，不准派轮运盐。

（4）编组、运盐次序及换轮。该项运盐木船船户管理之第三步工作，包括分别编队并设置责任、换次编号造其轮册、轮装分段挟轮再抽签。编队方式分为大、中、小队，每大队辖若干中队、每中队辖若干小队、每小队辖盐船若干，按照各段运输情形及数量多寡，由主管盐务机关督促办理。盐船应遵程限运，达指定地点卸货后，并应迅速驶回原地，携同该船运盐执照或登记证明，向运盐木船办事处报道，验明执照或登记证相符，即按报道先后列入第二项轮册，并将报道船只数目，逐日报告主管盐务机关。运盐木船井邓段之橹船、邓泸段之发船，渝合段之长江到运地点有合江、江津、重庆、涪陵、万县之各该销区，路线远近不同，水脚特殊且俏额亦后多寡互异，盐类及推销迅速更有不同，故轮装办济应分段挟轮，再以抽签方式定之，详订其手续如次：分股，将全部船只平均分为三股，泸渝段以合江、江津为上段，重庆为下段；渝万段以涪陵为上段，万县为下段；换轮，泸渝段盐俏下段多于上段，装运船只后应以上段一股，下段二股，轮流换装（第一股此次装运上段，则下次换装下段，而上段则归第二股换装，再次则第二段换装下段，而上段则归第三股换装）。渝万段盐俏上段多于下段，装运船只应以上段二股，下段一股，分配其轮装办法与上同。同段船只装运同种盐，应由运盐木船办事处，将商号、牌名、盐别、运输地点等项，注明竹签（每俏一签），在主管盐务机关派员监视下，令当轮各船户自行抽签定之，如船户因故未到，则由运盐木船办事处职员代为抽定。

（5）运盐木船俏量、船户手折及运行须知。该项运盐木船船户管理之第四步工作，包括准俏俏量、船运自备手折、盐船运行日程。准俏俏量自一百五十包至二百包者，涂方不计外余泊于三十为最低限度，二百包以上至二百五十包者余均于七十，其准最大者以二百九十包为限，最小者以一百六十包起码。但邓泸段运盐发船，最大者以一百三十五包为限，最小者以五十包起码，临时招募船只则以三十包至八十包之小型船只为限，六十包至八十包之船须余量二十五分，八十包至一百包之船须余量三十五分为最低限度，其余量一百以上六十包以下之船则酌量增减之。运盐木船须各备手折，一并将起运及沿途停泊，即到达地点之年月日随时注明，分别送由起运地、停靠地、到达地之盐务机关盖章注明，以便稽放沿途有无逗留及办理估算运费核定奖惩等事。盐船运行日程及沿途或到停靠地段，均应按照向例办理不得延误或变更，但遇有特殊情形，一旦盐务机关或保险部发出指示时，应遵其指示，至运行时应雇船之数目及泊岸时间、单船船工人数，均按向例规定办理不短少。盐船在行进或停泊之际，船户及各船工，对于水流、河沙、暗礁、滩槽、风暴、引水、标识、上下航线、来往船只，以及其他一切易生危险之事态，均要随时密切注意防范，所有逢危舵橹线索等项，尤应随时检查不得大意。盐船如在中途碰撞或发生障碍，有沉没之可能时，应迅速报请附近盐务机关及保险部，立即修理或换船装运。盐船如果发生失吉事情，应立即设计抢救方法，力求减少损失，并照本局修正官盐自保。

（6）船户水脚、船户交币。该项运盐木船船户管理之第五步工作，包括运费计算、船户交币。船户所运之盐，如因特别事故，临时变更口岸时，关于已经抽定之轮次，不得更换，水脚一项，若由近改远，自应照章补给，倘由远改近，则按照卸运时间速将长领费用酌量退回（例如由合江改为津渝或由涪陵改万县等岸则照规定，津渝及万县等岸数目补给，倘原由渝津或万县而改为江津、合川或涪陵时，自到达改岸时起如在一星期内，按卸者应得所该地方之水脚外，所有长领费用应由该船退回十分之七，在一星期外卸者则退十分之六）。岸口由近改远之命令，如在盐船泊岸三日后始行，遇到原有船只已经遣散，必须新雇工，因而多耗费用时，得由所在地盐务机关，按实际多耗数目酌给津贴。船户在抢运或赶运时期运盐，除了照规定发给水脚外，得由主管盐务机关，酌核情况另给津贴。盐船失吉超过五十包以外者，水脚应照实运包数算给（即扣还失吉盐佾水脚），倘失吉数目未超过五十包时，则应算给全佾水脚。失吉盐佾不能自运抵岸，若确实证明者，由船户自雇坚固船只装运余盐，并自行押运到岸交币，如转运费一时无力付给，由盐务机关、运商暂行垫付，于二次装运时全数扣清。

船户运到盐，无论转船起仓或提售官运者，应由船户向到达地盐务机关交币外，其余均由商船两方过秤交币，过秤时得由主管盐务机关派员监视，运商及船户均应随同划码。船户运盐到岸后，应交重量及应在途流折均，应按照规定之数目，分别官运、商运与到达地盐务机关或运商切实结算。船户运到盐市，按照规定重量交足后，如有溢斤，经查明并无舞弊，其数量又在法定折耗范围内者，得照到运地当时会价付款，收买如溢斤数量超过法定折耗范围时，其超过部分一样通过承运人不得要求任何报酬，经查明后，由船户掺沙、发水，在场夹利或购买低价盐，图记私利，以及串贿秤手，克扣秤斤等一切关系，溢斤不予给价。船户运到盐斤，如不足规定应交数量时，应即照沿途当时最高零售价赔偿，不得延迟。船户应赔亏斤，延不照办，应由运商负责查催缴，倘敢遴延，准予据实，呈报盐务机关，勒追。其追债方法有：在该船户应得运费尾数及帮项或津贴内扣除；如运费尾数、帮项不敷扣抵时，其不敷数目应饬令该船户自保或联保之船户赔补；如保人或联保赔补仍不足数，或发生其他故障时，应将本船或联保之船变卖抵债；倘变卖船价仍不足时，应责成运盐木船办事处设法摊赔。

（7）船户奖惩及船户出卖船只的处罚。该项运盐木船船户管理之第六步工作，包括对船户的奖赏与惩罚种类、商船户出卖船只处罚办法。奖赏分发给奖金、加运轮次两种，也就是船户运盐到岸，如能按照规定数量交足盐斤，且未延误程限者，除自保欠水火之官盐别有恰奖规定外，均得酌量情形发给奖金；船户运盐如能按规定重量交足，并能特别努力于规定程限而抵岸，连续呈三次者，应于提前加派一轮。除此之外，还单独制定了一项奖励措施，即邓关至泸县间运盐发船，在极枯水时期（假定为三月一日至五月，但盐务机关得视水位情形临时公告提前或移后）至少须运盐四次，如有超过或不定时，应予洪水期向予以提前加轮或停轮之奖惩。惩罚分为记过、停轮、撤销承运权送司法机关究办、没收船后送军法机关究办四种。商船户未经呈准当地监务机关，即将船只出卖者，除取消其轮位，并追保扣逐其最后一次运盐返空费及其运盐期中所欠盐公各款；商船户未经呈准当地盐务机关，即将船只出卖，返沪另修新船，换名蒙请参加盐运，企图侵占返空费，一经察觉或被人检举，除将所有船只声请法院予以假扣押。

（8）淘汰及顶补。该项运盐木船船户管理之第七步工作，主要是运盐木船失吉后，不能修理或朽腐过甚无法修理者，应注销原有登记及轮次，但该船户如能按照规定，另置新船时经验明合格后，准其顶补。

第二节　花盐和巴盐：川盐外运的运载物

盐在自然界主要以固态的岩盐或是液态的卤水而存在，因此想要提取食盐需按照开采岩盐和蒸煮卤水截然不同的技术处理。川盐中的花盐和巴盐，属于从卤水中获取食盐，即获取卤水、在水桶中净化与过滤和柴炭煎煮，直至盐结晶，最终形成花盐、巴盐。

一、制盐工艺

（1）巴盐生产工艺。首先，架锅、砌卤边。新购回的盐锅，或交换使用的旧盐锅，需先在锅底糊上釉泥（细炭灰拌和的黄泥浆），以避免煤火直接燃烧，使其受热膨胀均匀，延长盐锅寿命。待釉泥干后，抬锅上灶，进行槑、架、补、糊，总称为架锅。煮巴盐卤边是以瓦状铁块卡在盐锅沿边，用铁镫子卡稳迫紧，再用渣盐垒筑假边，厚不及一寸、高可一尺的锅壁使锅加深，多容卤水。在砌卤边时，其间有大小缝隙，用木柴劈削槑补，再用胆水拌石灰糊上，避免漏锅。在沿卤边的外圈，用碳沙泥浆制作每匹高60厘米、宽近60厘米的泥围子围上，铁卤边与泥围子之间缝隙距约9厘米，以通煤烟。然后向锅内铲上渣盐，等待开烬。

其次，刁烬撍水。卤边砌好后，开始生火，放合格卤水入锅，称为刁烬。水位开始控制在铁卤边上限，待沸腾后，徐徐加入卤水，控制以"一线水"的卤量，昼夜不停地注入锅内，保持锅满不溢出，维持卤水的饱和浓度，使其不漏锅，称为"撍水"。

最后，煮干成盐。按以上程序继续视火力强弱，有的经过两天两夜煮熬后，断水煮干，扒出浮面渣盐和胆水，生成的锅巴盐称为两天一火的巴盐，烧三天两夜的锅巴盐称为三天一火的巴盐。用小圆锅生产的巴盐两天一火的每饼重约300千克，三天一火的每饼重约350千克[①]。

（2）花盐生产工艺。花盐生产架锅上灶程序与巴盐生产相同，其生产工艺流程包括砌卤边、开烬煮盐、入豆汁、下母子渣盐、淋花水等。

首先，砌卤边。用草筋石灰和卤泥拌融，在锅口沿边砌成高12—15厘米的埂子，使锅内多盛卤水，增加容量。

其次，开烬煮盐。卤边砌好后，生火放水入锅。待卤水沸腾后，煮至一定浓度，维持饱和溶液，避免漏锅，放满一锅卤水后断水，使卤水不断煮沸。

再次，下豆汁（豆浆）。卤水入锅后，撍满水即下豆汁，用以提清卤水，除去杂质，这是敞锅制盐的一项重要工艺。具体做法是，待锅内卤水煮至饱和时，卤面稳定，浓度已达21ºBé。这时出现盐花即下豆汁，利用豆汁在卤水

---

① 四川省五通桥区志编委会：《五通桥区志》第六篇《盐业》，成都：巴蜀书社，1992年，第246—247页。

中的凝固作用，把卤水在浓缩时析出的硫酸钙等杂质吸附除去。加入豆汁后煮不多久，渣滓皆浮聚于面，随即舀出，又下豆汁二三次、渣净水清，做到提清能见锅底白色结晶。

然后，下母子渣盐。圆锅制花则需下母子渣盐（钢板平锅则不需要）。母子渣盐是盐种，由另锅熬制。其制法是：先将卤水煮沸，下豆汁澄净后，即减弱火力，用微火温煨。当卤水浓到 23ºBé 时，水面开始结晶成盐，状如雪花，下母子渣盐，使盐卤迅速结晶成盐 24—25ºBé。这时，将铜瓢或木瓢数把放入锅内，使各瓢都装满雪花盐时，依次将瓢内花盐倒入盐槽木桥的篾包里，过滤其水分，如此循回放瓢接盐、倒盐，直至把锅内花盐接完为止。此时，锅内卤水浓度为 28ºBé，呈黄色，盐水少，胆水多，必须抽胆出锅，重新放入卤水加烧，循环烧制。

最后，淋花水。其目的是淋净盐中所含的杂质，花水是卤水经过下豆汁后的浓卤。盐熬成后，盛在盐槽上木桥的篾包子里。淋花水时，先将篾包上面的盐插松扒平，将花水均匀地从上淋下，淋盐必须淋透，要淋"浅浅水"，不淋"沱沱水"或"铺盖水"，先由中间淋，逐步淋到边，淋透淋均匀。待 24 小时水气滴干后，即可抬入盐仓内，为成品花盐[①]。

除上述文献引证之外，笔者通过尚健在的盐工及其后辈的记忆进行口述研究，实现对渝东盐场传统制盐工艺的描述。以下就原川东盐场，如今重庆的忠县、巫溪、云阳盐场制盐工艺进行实地考察后，据访谈的情况，绘制出传统制盐工艺流程图。

（一）忠县（甘井）甘田村制盐工艺（炭灶）

第一步将柴火放入灶内燃烧，让挑水工从后溪河边的水井中将卤水直接挑入大淀桶，再由舀水工将大淀桶中的卤水舀至小淀桶，这时让小淀桶内的卤水自流至大锅内（A 锅）。经过加热熬出的盐结晶，将其舀至另一口锅内继续熬制（B 锅）、同时将大锅（A 锅）边的盐甲子取出放到大淀桶内浸泡（以此增加大淀桶内的卤水的盐浓度并起到沉淀与澄清之作用），继续将大淀桶内的卤水挑到小淀桶内，直至大淀桶内的卤水用完，然后将熬好的盐移至 B 锅边的竹篾进行过滤。过滤出的盐水经过石槽流入放置在竹篾下方的小桶中，将其舀回到 B 锅中继续熬制（取出部分过滤水做点豆腐之用途），经

---

① 四川省五通桥区志编委会：《五通桥区志》第六篇《盐业》，成都：巴蜀书社，1992 年，第 247—248 页。

过过滤后的盐移至盐房封存（制盐两天可产 150 千克）。如图 1-7 所示。

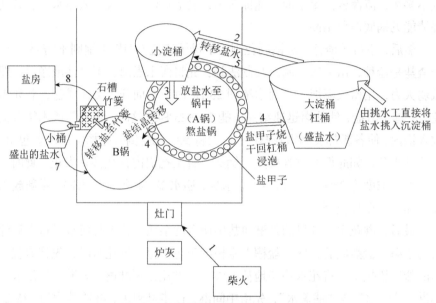

图 1-7　忠县甘井制盐工艺图解（一）

（二）忠县甘井制盐工艺（柴灶）

从凤凰崖流出的水浸入地下，在后溪河边打井取卤水，由挑水工（4 至 5 人）将卤水挑入存水桶内（5 至 6 人方能合抱），桶底放有三四层黏土团（一个有 20 厘米大小），主要起过滤作用。然后将柴火放入灶内燃烧（烧火工 2 人，1 人白天，1 人夜晚分别当值），此时打开设在存水桶边上的卡子（可控制卤水流出的大小），让卤水先流入第 1 口大锅，待第 1 口大锅注满水后回流至第 2 口锅，以此类推，最终注满 5 口锅。同时，在第 1 口大锅下面烧大火，余热会随着越往里越狭窄的烟道进入到第 5 口锅，然后灶工将第 1 口大锅熬制出的盐舀入放置在锅边上的滤水篓内过滤，才能得到颗粒盐，再把过滤出的盐水继续舀入大锅内熬制（取出一部分做点豆腐之用途），此时灶工打开存水桶边上的卡子放入卤水，第 2 口锅内经过加热后的盐水就会流入第 1 口大锅，如此反复，直到存水桶内的卤水放完，一昼一夜可产盐 75—100 千克，如图 1-8 所示。

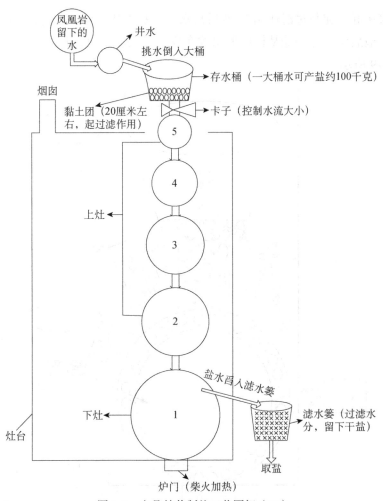

图 1-8 忠县甘井制盐工艺图解（二）

注：（1）第2、3、4、5口锅注入微水，第1口锅注入大水。大概5—6口锅。1—5口锅地势由低到高。（2）烧火2个人（白天1个、晚上1个），挑水4至5个人、管理工2个人（上灶1个人、下灶1个人）

（三）忠县涂井制盐工艺（柴灶）

挑水工将卤水井中的卤水挑至头桶和二桶并倒入，让头桶内的卤水经过放置在桶底的煤块澄清并过滤后沿着炉桥流入大锅内（炉桥上摆放着一二十个黏土团），将柴火放入灶内燃烧，同时将锅膛上的泥甲子放回头桶浸泡，以此增加卤水的盐浓度。这时头桶中的盐水继续沿着炉桥流入大锅内，并将炉桥上的黏土团和锅膛上的泥甲子一并放入二桶浸泡（二桶位于大锅旁，桶底有煤块起沉淀与过滤作用），然后舀水工把盐水从二桶中舀回大锅内继续熬制，最后将熬好的盐从锅中取出放在成盐处风干（两日制盐 100 千克）。如图 1-9 所示。

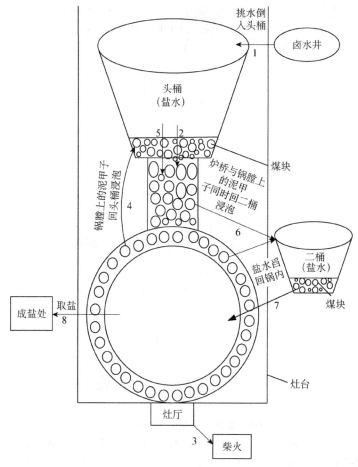

图 1-9　忠县涂井制盐工艺图解（一）

（四）忠县涂井乡制盐工艺（炭灶）

挑水工将卤水井中的卤水挑至头桶和二桶并倒入，让头桶内的卤水经过放置在桶底的煤块澄清并过滤后沿着炉桥流入大锅内（炉桥上摆放着一二十个黏土团），用炭火加热大锅，并将锅膛上的泥甲子和炉桥上的黏土团放回头桶浸泡，以此增加卤水的盐浓度。确保头桶中的盐水继续沿着炉桥流入大锅内，还要将炉桥上的黏土团放入二桶浸泡（二桶位于大锅旁，桶底有煤块起沉淀与过滤作用），再让舀水工把盐水从二桶中舀回大锅内继续熬制，最后将熬好的盐从锅中取出放在成盐处风干（两日制盐150千克）。如图1-10所示。

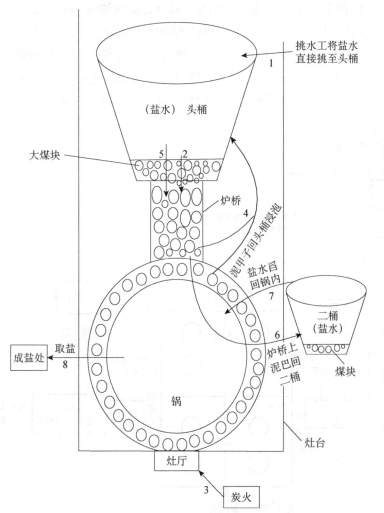

图1-10　忠县涂井制盐工艺图解（二）

注：炉桥上的泥团和锅边的泥甲子取起来后放入头桶内浸泡

（五）巫溪县大宁盐场制盐工艺（1964年之前）

用竹竿从龙君庙引卤水至冷水井之后，让扯水工将卤水下放至热水井，再把从热水井中抽出的水由灶头加石灰倒入澄桶（澄桶中沉淀下的盐水被引回至热水井，而盐脚子却排掉不要），灶火师傅将澄桶中的盐水抽入上桶，并使盐水流入转水桶，再使其流入广锅（并排的六口大锅烧毛水，可以节省劳力和空间、便于操作和管理），再由灶火师傅往锅里加油，同时采炭工在灶内加炭（拐子工出炉灰）加热，这时从广锅中引出盐结晶，由打班工"捶冰"至澄桶（澄盐浆之作用，位于广锅的两侧），再将盐浆引入后面并排的四口土锅里继续加热，再由拐子工从土锅中挖毛盐至皮槽，之后拐子工将盐转运至看盐房，看盐人与施秤员对盐进行包装与过秤。如图 1-11 所示。

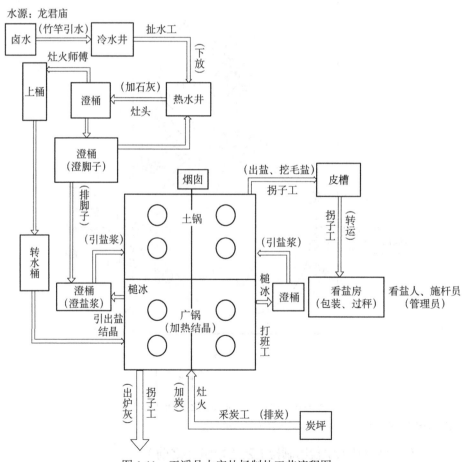

图 1-11　巫溪县大宁盐场制盐工艺流程图

注：实行 3 班制，8 小时换班，1 班出盐 150 千克，1 班耗费 2 吨半煤

（六）云阳县云安盐场制盐工艺

挑水工从汤溪河边的盐井中抽出卤水倒入储水桶之后，舀水工将储水桶内的卤水浇到炉桥上用盐泥做成的泥团上，这时候"锅门子"（2人）负责烧煤炭给灶内加热，再把吸收盐分后的盐泥团放入储水桶浸泡，以此增加盐的浓度。此外，要确保从炉桥上流出的盐水先流到直行排列的三口温卤锅中加热（温卤锅下的灶火较小），之后被称为"正帮"的人从温卤锅中舀出盐水至第四口的成盐锅继续加热（成盐锅下的灶火较大），然后被称为"照火"的制盐工从成盐锅中舀出盐倒入位于成盐锅旁的箦篓中澄滤盐浆，再把漏出的盐水倒回储水桶，除取出一部分做点豆腐之用途外，剩余过滤后的盐装包收仓。如图1-12所示。

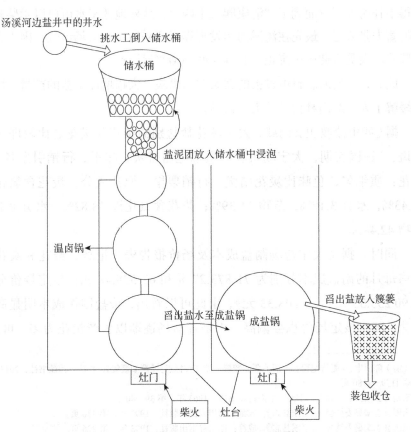

图1-12　云阳县云安盐场制盐工艺图解

注：盐灶形状前低后高，让火力达到后部

　　熬制花盐有柴灶、炭灶两种方式，故称柴灶煮成的盐为柴花，称炭灶煮成的盐为炭花。譬如，《三省边防备览》对大宁盐场的记载："由大宁河上溯十里谭家墩，乃盐场营守备驻扎处，人烟稠密。山内柴场自谭家墩至溪口一带，河边柴块层积如山，用以熬盐，又济之以煤，煤亦出附近山内，俱用船装载，由谭家屯越山碥名'舌条山'，均通水路，二十里至两河。"①由于盐场柴灶所需用的薪木数量巨大，并且随着对周边树木的砍伐殆尽，导致盐场柴薪价贵难得，正如嘉靖《云阳县志》卷上记载："国初（按：指明代初年）四山皆茂林，取之易致……四山濯濯，未免取于数百里之外，用工难而价贵，得薪之难有如此……旧以巨薪煎咸卤，易以成功。近因薪贵附以茅草，脆弱无力，既不足以成烈焰，而卤水日淡又多费，沸之难。此所以尽一旬之力，所得不补所失。"②而到了"清康熙二十四年，从外地迁来水市口以卖柴薪为业的薪夫张荣廷，最先在汤溪河边发现煤炭开采后卖给盐场试烧，因火力胜过柴薪而大受欢迎……雍正、乾隆年间逐渐兴盛"③。

　　此后，盐场的燃料由过去的薪柴改为煤炭，大幅增加了盐的产量，同时也缓解了人类对山林植被的大肆破坏。

　　据《四川盐政史》记载，大宁场花盐盐别的柴花与炭花之比较即可见一斑："民国前期，大宁场炭花：质细色白带灰，味平，行销引票各岸；柴花：质细匀，色味比炭花稍优，行销票岸。原盐成分：炭花含氯化钾85.43%，水分3.18%，杂物11.39%；柴花含氯化钾48.82%，水分8.7%，杂物42.48%。"④

　　同时，据《大宁盐场制盐成本及场价报告表》记载，柴花和炭花在平均每月的制盐成本分别为71 873.27元和63 528.48元；核定场价分别为90 233.33元和76 208.33元⑤，由此可以看出，柴盐制作成本明显高于炭盐，随之核定场价也会偏高，于是各盐场逐渐以生产炭花为多。可是，

---

① （清）陈明申：《夔行纪程》，（清）严如熤撰、盐守红标点：《严如熤集》，长沙：岳麓书社，2013年，第1179—1180页。

② 嘉靖《云阳县志》卷上，上海：上海古籍书店，1963年，第39—40页。

③ 云阳县志编纂委员会：《云阳县志》，成都：四川人民出版社，1999年，第336页。

④ 巫溪县志编纂委员会：《巫溪县志》，成都：四川辞书出版社，1993年，第226页。

⑤ 《大宁盐场制盐成本及场价报告表》（1943年6月18日），全宗号：16，目录号：2，云阳档案馆藏，云阳盐场公署档案。

柴花具有的优势是炭花不能及的，这就造成了柴花与炭花一并外销楚岸之情状。

除了上述的盐别之花盐以外，在外运的川盐中还有一种盐被称为锅巴盐。在民国时期川盐外运至湖北省属各县的档案中统称为花巴盐，这在前人的研究成果中较少论及。据史料记载："徐下子水煮二三日或四五日，视火力之大小，待盐凝如锅范成厚四五寸许，大径四尺，重可五百斤。"①郦道元在《水经注》中记载："左则汤溪水注之，水源出县北六百余里上庸界，南流历县，翼带盐井一百所，巴、川资以自给。粒大者方寸，中央隆起，形如张缴，故因名之曰缴子盐。有不成者，形亦必方，异于常盐矣。王隐《晋书·地道记》曰：入汤口四十三里，有石煮以为盐，石大者如升，小者如拳，煮之水竭盐成。"②这很好地说明了云阳盐场制作的锅巴盐的形状，还有制作锅巴盐的过程，即晋人王隐说的是用石头熬盐，但实际上是用黏土团熬制卤水，以此增加盐的浓度。

我们认为无论花盐还是锅巴盐，在制作上有相似的制作工艺，却在锅数、灶数多寡与过滤等方面不同。

值得注意的是，花盐、巴盐之内，甚有种种分类："花盐又曰鱼子盐，色白粒大者佳……稍次者不甚成粒，色亦不洁，为中等花盐，又次者为桶子盐。花盐多行本省计岸"，以及湖北地区。"巴盐色目颇不一，有黑巴、白巴（亦曰花老鸦巴）、雄黄巴……黑巴宜于黔边、涪岸及酉秀、黔、彭各计岸。草白巴宜于泸州、合江各计岸。白巴宜于黔边、仁綦各岸。雄黄巴出富顺小溪者，宜涪州羊角碛。"③而之所以称为花盐与锅巴盐，一个重要的区别点在于花盐是在盐场成批量生产，熬盐时需要加入石灰，亦盛行用淀粉抑或是豆浆等物，被称为"植物蛋白凝结法"，熬制成盐后即从锅中舀出至过滤桶，待晾干运至盐仓封存包装，其品质"干净、粒细"。比较而言，锅巴盐则相对产量少，大多是在农家作坊中熬制，一般是以家族为单位，以共有的井出的卤水，作为

---

① 林振翰：《川盐纪要》，上海：商务印书馆，1919年，第223页。
② （北魏）郦道元著、陈桥驿校证：《水经注校证》卷三十三《江水》，北京：中华书局，2007年，第775—776页。
③ （清）丁宝桢：《四川盐法志》卷二《井厂二》，清光绪八年（1882年）刻本。

其制盐的生产原料。因卤水在春冬季节含盐量有浓淡之别，家族根据历算实行轮班制度，譬如在忠县的涂井盐卤之分配，即依历书之干支，以六十甲子分配为家族灶户取卤之日。取一次卤水灌满一锅后即可开始熬制，不需要加入石灰等物，待两天两夜成盐后，再从锅中整体取出，像大锅形，不需要过滤，其品质"味重、较多杂质与水分"。由于"锅巴盐呈块状，硬结而多杂质，但在当时却深受湘黔少数民族喜爱"[1]。有关锅巴盐的形制、重量等，在我们对盐夫后辈的访谈中也得到了类似的回答，即"我是从六七岁的时候，跟随父亲一起背盐。父亲背的是锅巴盐，大约有 150 斤。盐是块状的并且很硬，住老店子（客栈）时，把锅巴盐放在火塘的灰里埋起来，吃的时候，拿出来到锅里滚一下，然后再埋回去，东家是不容易发现的"[2]。锅巴盐"外观俱呈灰白色，均向湘黔诸者推销，盐味较重也，平均溴碘之量，均颇丰盛"。[3]不仅如此，据有关数据显示：锅巴盐的溴化钠量达到 1.8 的高值，碘化钠量达到 0.93 的高值，而与锅巴盐相比，花盐的溴化钠量却是微量和部分痕迹，碘化钠量极少。还有锅巴盐的氯化钙达到 15.12 的最高值，氯化钡达到 1.37 最高值，而花盐的氯化钙和氯化钡分别是 0.23 和 0.57[4]。由于锅巴盐便于长途运输，以及其同花盐成分比较后的特点，我们可以从此方面来推测锅巴盐深受湘黔民众喜爱的原因。也就是说，正是由于锅巴盐的盐味重，便于背负长途运输，并且富含较多人体需要的其他化学成分，也符合聚居在山地丘陵间民众的生产生活的能量需求，故能得到大力推销。

二、民国游记中的盐场制盐实录

通过搜集与研究民国时期的游记文本，发现有大量的四川盐场的制盐工艺与产量、沿革等记载。此项调查最为翔实，如《漫道南国真如铁——西南漫游记》记载：

---

① 阿波：《清初自流井盐的市场开拓》，《盐业史研究》1992 年第 2 期，第 16 页。
② 访谈对象：杨文安（1933—），石柱县冷水乡人。访谈人：杨亭等；时间：2013 年 10 月 18 日；地点：石柱县冷水乡黄家院子家中。
③ 《四川井盐调查》，《井盐史通讯》1985 年第 1 期，第 75 页。
④ 《四川井盐调查》，《井盐史通讯》1985 年第 1 期，第 74 页。

　　川省之盐，以自流井、五通桥、同川三处为最著。此间为犍为盐区。红岩子为乐山盐区。乐区之盐，销往上水至成都。犍区之盐，销往叙府等处。犍区五通桥之产量，全年为六千数百引，一引五十包，每包一百六十斤。宜渝水程运出者甚多。又谓自流井之盐，井深三百丈，少亦二百五六十丈。盐之产量，较五通桥之盐井产量既加倍。煎煮之数，每斤盐水可得净盐一两至三两。以井之深浅，汲水之多寡，推煮盐之出数。故此间之盐，推销虽不及自流井之盐，而二十余里间开盐井千余家。煮盐之方法亦逐渐改良，将来可卜大为发展之盐场也。……其汲水煮盐方法殊为可观。昨宵大雨，故此时雨止道滑。东行里许，参观一灶户，系周姓。有井二，牛四头，机车三架，锅灶三。罗君谓此小规模者。分观其灶房、车房、井房三处……罗君谓三十里中之井灶，共千数百家，试用铁机以汲水者，仅五六家耳。①

《匹马苍山——黔滇川旅行记》记载：

　　为川北贫瘠县份，县城冷落。境内山岗（冈）起伏，土地硗薄，农产不丰，矿亦不少，其主要物产则为井盐。在川北十二盐场中，蓬溪产量仅次于南部。全县计有皂户六百四十五户，盐之产量，每年为二十四万担，分花盐、巴盐二种，花盐每担约值四元，巴盐每担约值四元五角。盐税花盐每担为一元二毛七分，巴盐每担为一元三毛二分，总计全县之盐税每年约二十余万元。盐井遍于全县，其挖井、汲水、煮盐全系土法②。

《漂泊西南天地间》记载了自流井之大坟堡，"遥见烟囱林立，盐井棋布，宛然西欧工业都市"。又因自流井在蜀之富顺，贡井属荣县，向为四川产盐中心，今合为自贡市，为后方经济之一重镇也。其最大之盐崖井状况略述如下：

　　入其中，机声轧轧，枧管（即用竹为管，以输盐卤）纵横。有机车一部，以锅炉蒸气，发动绞盘，再用钢绳连于起重机上之天车，下系镔铁筒，深入井内，井深二百六七十丈，井口特小，口径不过五六寸，机动绳收，不须臾镔铁筒汲卤上升（每筒装卤一百零五公斤），倾入捏桶之

---

① 侯鸿鉴：《漫道南国真如铁——西南漫游记》，沈阳：辽宁教育出版社，2013年，第152—154页。
② 薛子中等：《匹马苍山——黔滇川旅行记》，沈阳：辽宁教育出版社，2013年，第138页。

内，盐卤四溅，发出卤味及油气。……继参观机器帮浦（即起卤之喷汲器），系用蒸汽机打动卤水，送至山上蓄卤池，然后再分出盐卤，输卤至各处盐灶。……机车汲卤之外，又有用牛车篾索，以采卤者。牛车本系旧法，于井口竖立天车，高约八九丈至十一二丈，车顶制一圆轮，名为天滚子；另立地车一架，直径一丈有奇，在井口与地车之间，设有小木轮一，名为地滚子；用楠竹编成篾索，一端系于地车，一端系于汲筒，经地滚子、天滚子垂入井口，用牛力转动地车，藉地车旋转之力，收放绳索，汲取井卤，其所有汲筒，亦以楠竹为之[1]。

《川游漫记》记载了凉高山镇的盐厂状况：

> 已见盐场，距自流井仅十余里，设有盐务稽核所，迨至大坟堡，盐厂林立，辘轳汲盐之高架，满目皆是，输盐水之管，蜿蜒散布地面……自流井一名自贡井，产盐之富为全省之冠，二十二年度产盐三百〇三万五千〇六十八担（每担一百斤，每担价值三元），约值价九百一十万元，比前两年，多产二十八万八千九百〇八担。今年产量有增加之势，因重办废井者甚多，价格大约无甚增减。现本区共有盐井六百四十二眼（川东川南共有十五处，以本处为最好）。劳工共约十余万人，从业工人每日工资一角余，伙食由主人供给。每年正税一千万元有奇，附税由沿江就地征收，无法统计。推销地点，以鄂西、渠河、沪南、涪万、綦边、仁边为多。……凿井之法，先觅得泉脉，用长可八九尺之铁杆，架空以徐徐放下，缒凿地面，使成一井，往往非数年不办，井上装置天车地车，作为起重之机。悬丈许长之粗竹，剖空为筒，节节连贯，筒底有启闭之活塞，筒端有竹绳维系，垂入井中，汲井既满，活塞自闭。井上则或以机或以牛，转动各车，将竹筒自井中提上，每一筒容盐水数斗，最多不过一石，颜色以黑为上，褐次之，白最下。即分别注入大桶中。桶中附着竹管，与各锅连接，类似自来水管。将管头之机关拨开，水可立刻注满锅中，从事煎制。煎成白色作盐状，而大功告成矣。[2]

此外，《川游漫记》也记载了南部县的盐厂状况：

---

① 朱偰：《漂泊西南天地间》，南京：凤凰出版社，2008 年，第 156—157 页。
② 陈友琴：《川游漫记》，北京：中国青年出版社，2012 年，第 62—64 页。

南部县最大宗之出产为盐，乡下盐场甚多，但规模均极小，较之自流井相差太远，所有盐井，多用人力踏足转车取盐水，间亦有用牛力者，其制法与自流井相仿佛，唯水之含盐成分不及，且产量亦少。据马云："全部川北盐之税收，只一百七八十万，较之川南盐税，多至八九千万者，未免相形见绌矣，南部一区，每年出盐三十万石，每石值七八元，约计共值二百余万，每石盐正税一元〇四分，新近又加二角，另有盐场知事，每月每石又收洋五角。"盐场中办事人云："进来每三个月，只出盐一包，一包有二百斤，南部论石，每石一百二十七斤，故一包实际上不止二石，三个月中，将人工燃料（木柴与稻草）打算在内，只有贴本，并不赚钱。"[①]

三、制盐工艺体现的地方性知识

通过对渝东各盐场传统制盐工艺的图解，可知制盐工艺体现的地方性、区域性与传统性特质，其中以烧笼炼咸和灌河烧冰环节最为显著。

烧笼炼咸的生产工艺，是在小灶改大灶（即"四灶合一"）的基础上，针对卤水变淡，提高卤水浓度而产生的。其具体方法是：利用河岸自然地势修筑灶台。煎锅周围与灶台密封，对着灶口方向留一个口子（称火口）。从火口向后，用土砖筑四条埂子，每埂约高两市尺，长一丈五尺。两埂间距离两尺余。在两条相邻埂上用土砖架拱，每两拱间留六寸宽的间隙，再在间隙处填上呈蜂窝状的炉渣，使四条埂形成一座平面拱桥。这样形成了三条通道。通道上的拱称作花桥。埂、拱、通道统称为笼子。在燃火煎盐时，关上灶口，余热集中到笼子内，将埂和花桥烧热，渐至赤红，温度可达 5000—6000℃。笼子两旁有蓄卤池，俗称"泼盆"。盐工不断地将池中卤水浇泼在笼上。卤中水分蒸发掉，而卤中盐分便留在笼上。一个煎盐周期后（俗称一转火。时间：小灶为五昼夜，大灶为九昼八夜），将笼子掉拆，再打碎，与从煎锅（俗称鏊子）内敲下的沉淀物一起用卤水浸泡，让里面的盐质溶解在卤水中。于是，卤水浓度便增加两三倍，这种生产工艺称为"炼咸土"，又叫"打鏪"。

---

① 陈友琴：《川游漫记》，北京：中国青年出版社，2012 年，第 120—121 页。

灌河烧冰是盐工们在烧笼炼咸的基础上，创造的又一提高卤水浓度的办法。它更充分地利用了燃料所产生的热能。每次架锅前，在炉膛的内壁上贴三层泥团子，在炉壁和泥团之间须夹一层细炉渣。贴上泥团子后，炉内壁直壁仍比煎锅大三尺左右。从炉台地平面处用杂泥砖砌锅台，而且口径逐渐收缩，到与煎锅直径略小时放上煎锅，形成一个环拱状。这样，煎锅周围就出现一条宽约一尺的环形渠道，这叫作"河"。在烧火煎盐期间，"河"里始终灌满卤水，卤水不断向下浸润泥团和泥团里的炉渣，炉膛内炽烈的炉火又不断将泥团和炉渣烤干。由于泥团外还用泥砖砌了一层内壁，所以卤水几乎可以浸到炉壁中部以下。一转火后（九昼八夜），大量的盐分被积存在炉渣块内，呈白色或灰白色，坚硬如冰，称为"冰土"。冰土表面多凝聚着大量的盐结晶体，如雪白晶亮的冰凌（俗称"盐花"），然后将冰土打碎，用卤水浸泡出其中的盐分，能提高卤水浓度达四五倍之多。① 同时，在煎盐过程中，炉火的高温可将炉壁中的水分蒸发分解，更能提高炉内的热度。由此可以推断，渝东传统制盐工艺区别于其他地区的制盐工艺，尤其是破冰环节，明显可以看出渝东盐场制盐工艺延续了传统的制盐技艺，属粗放型劳作形式，由此言之，体现了一种传统制盐的"地方性知识"。

"地方性知识"是由美国学者克利福德·吉尔兹在《地方性知识——阐释人类学论文集》中提出的概念。它是与民间性模式相关的知识概念，又是具有了本体性的知识，即来自当地文化中自然而然的固有的东西②。由此言之，地方性知识不仅成为"一种与地域和民族的民间性知识和认知模式相关的知识"③，还是关涉"由于知识总是在特定的情境中生成并得到辩护的，因此我们对知识的考察与其关注普遍的准则，不如着眼于如何形成知识的具体的情境条件"④，更是体现为"反思自身的偏执与盲点的一种借镜"⑤。所以说，地方性知识是在特定的地域，经民族共同体成员在历史情境中创造与生成的知识谱系。本书在此无意于人类学发展史上的"普遍主义和历史特殊主义之

---

① 张金河：《开县温汤井盐业志》，重庆市文化遗产研究院、重庆文化遗产保护中心：《渝东盐业史志辑稿》，北京：科学出版社，2019 年，第 980—983 页。

② （美）克利福德·吉尔兹，王海龙、张家瑄译：《地方性知识——阐释人类学论文集》，北京：中央编译出版社，2000 年。

③ 吴彤：《两种"地方性知识"——兼评吉尔兹和劳斯的观点》，《自然辩证法研究》2007 年第 11 期，第 90 页。

④ 盛晓明：《地方性知识的构造》，《哲学研究》2000 年第 12 期，第 36 页。

⑤ 叶舒宪：《"地方性知识"》，《读书》2001 年第 5 期，第 124 页。

间的方法之争"的探究，而是更多地将笔触伸向一个地域的民众，他们在对自然环境进行实践性改造与利用的同时，形成了满足当地民众生产生活所需的经验性知识，不仅如此，这些经验性知识，又是通过外在形式抑或是借助工具载体，将隐藏其内的知识外溢于表，让人洞察与通晓，于是，地方性知识就被充分地表现出来了。

首先，渝东盐场熬制的柴盐和炭盐两种。柴盐是在当地人的经验框架和知识谱系中，得以显现地方性。大宁盐场的黄裕德老人谈道："我们这里的柴盐，用它来洗眼睛，可以治风眼、沙眼、火眼。"还可以"泡泡菜，不生花，泡的时间长都脆生生的"，且说道"我们熬的盐好吃"。而刘泉玉老人则补充道："那时候，我们当地人都用盐洗，虫牙、火牙、蛀牙用柴盐一洗就好！"①通过当地老人的回忆，可以从他们的脸上和说话语气里感受到本地盐的品质。

其次，渝东盐场传统制盐工艺的地方性。是以"地方、时间、阶级与各种问题而言，并且指情调而言——事情发生经过自有地方特性并与当地人对事物之相像能力相联系"②。以此为基础，可从渝东各盐场的渊源一探究竟，以及当地人对事物的想象力之关系的建立。譬如，大宁盐场（巫溪县），据《舆地纪胜》记载："宝山咸泉，其地初属袁氏。一日出猎，见白鹿往来于上下，猎者逐之，鹿入洞不复见，因酌泉知味，意白鹿者山灵，发祥以示人也。"③

云安盐场，据《云阳县盐业志》记载，公元前 206 年，汉王刘邦由将军樊哙陪同，从东乡（今宣汉县）入朐忍（今云阳县）境募兵招贤。传说樊哙在今云阳县云安镇射猎，见一白兔，跟踪发现卤水，汉王即令当地隐士扶嘉掘井煮盐。扶嘉使民在渗出地表的自然盐泉周围以土石围筑井口，向下挖掘，直至卤水涌出，建成云安第一口盐井即白兔井（今大井）。扶嘉又对其卤脉进行初步探测，并嘱其女："三牛对马岭，不出贵人出盐井。"女依其嘱，

---

① 访谈对象：黄裕德（1939—）、刘泉玉（1941—），巫溪县大宁盐场人。访谈人：杨亭等人；时间：2014 年 7 月 9 日；地点：巫溪县大宁盐场家中。

② （美）克利福德·吉尔兹著，王海龙、张家瑄译：《地方性知识——阐释人类学论文集》，北京：中央编译出版社，2000 年，第 273 页。

③ （宋）王家之编著、赵一生点校：《舆地纪胜》卷一百八十一《大宁监》，杭州：浙江古籍出版社，2012 年，第 3695 页。

掘井至 9 口（上温井、下温井、东井、南井、西井、北井、石渠井、浣纱井、土窝井）。①忠县的涂井和䂮井盐场，据《忠县志》记载："县境内的监（今䂮井）、涂（今涂井）二溪及新生乡的盐井坝自古产盐，以监、涂二溪为主。据晋《华阳国志》载：临江县（今忠县）有盐官，在监、涂二溪，一郡所仰；其豪门宜家有盐井。"②开县的温汤井位于温泉镇，据当地的民间传说记载，古时一猎者见白羊在河岸边舔食盐泉，尝而味咸，遂刨沙为坑，取其盐卤。③又有城口明通盐场的斑鸠井，据《城口厅志》记载："'斑鸠井在八保明通井岩畔，其卤源自穴中流出'，相传明初有陈、罗二人捕猎到此，见白斑鸠飞入岩穴，白水流出，尝之味咸，遂煎成盐，今尚有陈、罗二人遗像。"④通过梳理上述文献史料之记载，普遍表现出一种共性，即盐泉或盐井的发现都与某种动物发生了直接关系，亦是说某种动物引导人寻找到盐泉或盐井。从表面看似是人对盐泉或盐井的发现，被赋予了一种传奇化、想象化色彩，实则是将发现盐泉或盐井这一事实纳入到历史事件或是历史人物身上，并将二者进行移植与对接，以此平添事件的真实性与可信性。当然，白鹿、白兔、白羊、白斑鸠等，之所以是白色的动物，是否是与盐的白色相等同或一致，值得推敲与斟酌，但不管怎么说，文献表述的这些动物让人找到了作为生命之本的盐，却是成为渝东民众的地方性知识中处理人与动物之间关系的绝佳证明。

同时，就上述盐泉被发现的民间叙事文本来看，有一个值得关注的话题，是盐泉皆因狩猎行为之猎人，在动物诸如白鹿、白兔、白羊、白斑鸠等的引领下被人所知。那么，其中的猎人无论是有姓氏之袁氏或陈、罗二人，抑或是如樊哙、杨伯起等历史人物，还是无名氏者的出猎者，单从叙事形态学上来看，可以解读为"猎人+动物"的叙事模式。此模式首先隐含了误入功能项，即是说因这些猎人误入了本不属于自己的自然环境范畴，从而促成了自身命

① 重庆市文化遗产研究院、重庆文化遗产保护中心：《渝东盐业史志辑稿》，北京：科学出版社，2019 年，第 33 页。
② 《忠县志》编纂委员会：《忠县志》，成都：四川辞书出版社，1994 年，第 203 页。
③ 张金河：《开县温汤井盐业志》，重庆市文化遗产研究院、重庆文化遗产保护中心：《渝东盐业史志辑稿》，北京：科学出版社，2019 年，第 1030 页。
④ 《城口县明通盐厂志》编写领导小组：《城口县明通盐厂志》，重庆市文化遗产研究院、重庆文化遗产保护中心：《渝东盐业史志辑稿》，北京：科学出版社，2019 年，第 867 页。

运轨迹的改变。当然这样的改变不必是由生到死的艰难抉择，而导致的命运悲剧的结局。民间叙事既然赋予了猎人的特殊身份，即是意在将横亘在人类社会与自然环境之间的藩篱就此打破，让猎人的误闯行为能够得以宽恕。随即在文本中进入了发现功能项，就因这些动物们的引领，让人发现了盐泉所在，于是该地域民众将这些所谓猎人升格为地方神，并借助口述不断传承，最终归结为该地域的民间记忆。可以说，在"猎人+动物"的叙事模式中，从猎人的向度来看，凭借自身的特殊技艺，出于寻觅猎物的急切与动力，但是与杀气腾腾的姿态相反的是，猎人却因在动物的帮助下，找到了人类的生命之源，此处彰显出充满矛盾与困惑的叙事基调，一方面猎人是以猎杀动物为生；另一方面却是在面临猎杀的动物的引领下，让猎人找寻到了人的生命之本。于此意义上说，猎人不仅勾连了人类社会与自然环境的两个空间，还勾连起误入和发现两个功能项，使得上述文本附带了深刻的蕴意，随之该地域的地方性知识被充分地表现出来。

不仅如此，地方性知识还以"打开八角井，饿死云阳人"等说法，成为该地域的独特言说。据长滩镇长滩村六组王必臣说：

> 其高祖王登茂在道光年间，以八角井卤水熬盐，云安盐场老板对此非常不满，经常派人来长滩寻衅闹事，有一次云安有一个叫张凯的人带着八个镖客（即打手）企图强行封塌八角井。长滩盐工在王登茂的带领下，准备了石灰包包，在八角井与张凯的八个镖客打架时，用石灰打瞎了对方的眼睛，将张凯及其八个镖客全部打死。其尸体全部埋在惠民桥头坟岭吊龙处一个大坟包内。后来，云安人就在万县衙门将王登茂告了，县官亲自到长滩勘察，王登茂藏在永乐寺庙内……县太爷在现场看后说，长滩离云阳两百里，不准长滩熬八角井也没有道理。最后，他叹了一口气说："这个案子我断不下来，只有听上天的旨意了。"说完就带随从去永乐寺内吃饭。刚吃完饭，县太爷还没有离开长滩，晴朗的天空忽然起了一块乌云，乌云即刻飘飞扩散到八角井上空就电闪雷鸣下起倾盆大雨，山洪暴发，真武岩垮下一块庞大的石头把八角井封塌了，同时三岔子岩滑坡把虬溪边用于熬八角井盐的厚煤井也掩埋了，从此八角盐就

在长滩消失了。"①

这是八角井熬盐同云安盐场之间的利益纠纷的口述资料，但从资料可以清楚地看出，这不仅涉及两地产盐量的多少，因八角井卤水含盐浓度高，所以产盐量就多，还在于这两地的盐供销湖南的湘西和湖北的西北部，直接导致了两地行销之盐存在竞争，进而将此竞争关系折射到了民间日常话语系统中予以表达。

---

① 谭文金：《万州长滩镇盐业简史》，重庆市文化遗产研究院、重庆文化遗产保护中心：《渝东盐业史志辑稿》，北京：科学出版社，2019年，第393—394页。

第二章　功能整合：盐道的社会功能与价值表达

笔者通过爬梳清代至民国的历史文献以及游记文本，查阅川省各地馆藏盐业档案，实地走访川盐古道遗迹，还原川盐古道的地理走向。以此为基点，重点考察川盐行销至川省内外的盐运道路，发现川盐古道以"牵牛花"状延伸至行销川盐的广大地域，并借助民众生活必需品的盐，进一步将集镇以及乡野纳入国家管理范畴，在此间发挥了民众生计、地方兴盛与国家统制需要的作用，最后实现了构建现代民族国家的终极结果。

第一节　清代文献里的川盐古道

清代文献里的盐业史料尤为繁冗，在正史、奏折与档案之中，有《清史稿》《清实录》以及朱批奏折等。全国性或是各盐产地的盐业志书，有《两淮盐法志》《两广盐法志》《两浙盐法志》《四川盐法志》《山东盐法志》《长芦盐法志》《河东盐法志》①。另有学界较少关注的重要历史文献《皇朝经世文编》《皇朝经世文续编》《三省边防备览》等，围绕盐政、盐法、盐商、盐税、盐价、缉私等领域，涉及非常广泛，是研究清代盐业状况的重要史料来源。但是，与浩瀚的盐务史料相对而言，盐道走向与分布的史料记载却显得分散。

所幸的是，我们还是能从浩瀚的清代、民国时期的文献典籍里，甚至是各产盐县馆藏的民国盐业档案之中，爬梳与勾勒出川盐运输路线的基本状况，希冀以此形成一个整体性的盐运流动图景。见表2-1所示：

---

① 吴海波：《清代盐业史料述略》，《盐业史研究》2006年第3期，第40—42页。

表 2-1　清朝各府厅州属地的川盐倾销

州、府、厅	倾销地
成都	成都、华阳于简州、犍为、射洪；双流、温江于简州、乐山、犍为；新繁、新都、郫县、彭县于犍为、三台；崇庆、新津于乐山、犍为、井研，崇宁于三台、射洪、中江；灌县于简州、犍为、三台、井研；简州于本州；汉州、什郁于三台、射洪、中江；金堂于简州买盐运至本州县行销
重庆	巴县于富顺、犍为、三台、射洪、蓬溪；江津于富顺；长寿于犍为、射洪、蓬溪；永川于富顺；荣昌于富顺、乐至，茶江于富顺、三台、射洪、蓬溪；南川于犍为、射洪；铜梁、合州于本场并射洪、蓬溪，涪州于本场并富顺、犍为、射洪、中江；大足于本场并乐至，壁山、定远于犍为、射洪、蓬溪；江北于富顺、犍为、三台、射洪、遵溪等县买盐运回本县行销
保宁	间中于本场；南部于本县；苍溪、广元、昭化、巴州、通江、南江于南部；剑州于南部、三台等县买盐运至本州县行销
顺庆	南充于本县并西充、南部、蓬溪；西充于本县；蓬州于本场并南部；营山于南部、西充；仪陇于南部；广安于犍为、射洪、蓬溪；岳池于西充、蓬溪；邻水于射洪、蓬溪等县买盐运至本县行销
徐州	宜宾于犍为、荣县；庆符于犍为、井研；南溪于犍为、仁寿；长宁于乐山、犍为；筠连于犍为、仁寿；珙县于犍为、仁寿；兴文于犍为、仁寿等县买盐运至本县行销；富顺县于本县买盐运至本县暨由永宁、合江、茶江、纳溪等县转运黔省及九姓司行销；隆昌县于富顺；高县、屏山县、马边厅、雷波厅于犍为县买盐运至本县行销
夔州	奉节于云阳；巫山于大宁、云阳；万县于云阳；云阳于本县；开县于本县并云阳；大宁于本县买盐运至本县行销
湖北施南	宣恩于大宁、云阳；来凤、咸丰于犍为、彭水；恩施、利川、建始于云阳县买盐运至本县行销
湖北宜昌	鹤峰、长乐于大宁、云阳等县买盐运至本州县行销
太平	太平于本厅并射洪、盐亭等县买盐运至本厅行销
理番	理番于简州买盐运至本厅行销
石柱	石柱于云阳、犍为等县买盐运至本厅行销
松潘	松潘于三台县买盐运至本厅行销
叙永	叙永于富顺、犍为、江安；永宁于富顺、犍为等县买盐运至本厅县行销
西阳	西阳于云阳、犍为；秀山于犍为；黔江于云阳、犍为、彭水等县买盐运至本州县行销；彭水于本县并犍为买盐运至本县及西阳州、秀山县行销
忠州	忠州于本州并犍为、蓬溪；丰都于犍为、射洪、蓬溪；垫江于犍为、射洪、蓬溪；梁山于云阳县买盐运至本县行销
茂州	茂州于绵州；汶川于简州买盐运至本州县行销
绵州	绵州、德阳于本州并三台、射洪；安县于绵州；绵竹于三台、射洪、绵州；梓潼于三台；罗江于绵州等县买盐运至本州县行销
资州	资州于本州买盐运至黔省暨本州行销；内江于本县并荣县买盐运至黔省及本县行销；资阳于本县并简州、资州；仁寿于本县并犍为县、资州；井研于本县买盐在本县行销

续表

州、府、厅	倾销地
泸州	泸州、纳溪、合江于富顺；江安于本县并犍为县买盐运至本县行销
邛州	邛州、大邑、蒲江于乐山、犍为等县买盐运至本州行销
眉州	眉州、彭山于乐山、犍为；丹棱于乐山、井研；青神于乐山县买盐运至本县行销
绥定	达县于南部、云阳、犍为、射洪、蓬溪；东乡于云阳、蓬溪；新宁于云阳；渠县于南部；大竹于本场并南部、西充、犍为等县买盐运至本县行销
潼川	三台、射洪、盐亭、中江、蓬溪、乐至于本县并犍为县买盐由涪彭转运黔省及本县行销；遂宁于本县并蓬溪；安岳于本县买盐在本县行销
嘉定	乐山于本县买盐在本县行销。峨眉、夹江于乐山；洪雅于乐山、犍为；犍为于本县买盐至长乐、宣恩暨由长宁、筠连、高县、兴文、珙县、屏山、宜宾、永宁、涪州、彭水、綦江等州县及九姓司转运黔滇楚三省暨本县及石柱厅、纳溪县、忠州行销；荣县于本县买盐由合江县转运黔省暨本县行销威远、峨边厅于荣县买盐运至本县行销
雅州	雅安、名山、荥经、芦山、天全、清溪于乐山、犍为等县买盐运至本州行销
宁远	盐源于本县买盐运至西昌、会理、冕宁、越西等厅州县行销
龙安	平武于南部、三台、绵州；江油于三台县、绵州；石泉于射洪县、绵州；彰明于盐亭县、绵州等州县买盐运至本县行销

各州县盐引分行沿边州县之富顺于该县买盐，经由永宁、合江、綦江、涪州等州县转运贵州威宁、遵义、黔西各府州行销。犍为于该县买盐，由宜宾、屏山、高县、珙县、兴文、筠连、庆符、长宁等县转运云南东川、昭通、镇雄等府州及纳溪县九姓司，再由永宁、涪州、彭水、綦江等州县转运贵州威宁、遵义、黔西各府州行销，同时由奉节县转运湖北宜昌、施南等府属行销。荣县于该县买盐由合江县转运贵州威宁、遵义、黔西各府州行销。三台、射洪、盐亭、中江、蓬溪、乐至于该县并犍为县买盐由涪州、彭水县转运贵州威宁、遵义、黔西各府州行销。资州、内江于该县买盐由纳溪县转运贵州威宁、遵义、黔西各府州行销。

光绪三年（1877 年），总督丁宝桢以咸同兵燹之后，盐政废弛，引积增多，课欠严重，商岸困蔽，私枭充斥，奏请滇黔边岸及近边之三十三厅州县，引盐政归官运，设局泸州①。具体表现在：

（1）黔边。黔属除黎平、古州两府接壤广西就近购食粤盐外，其贵阳、安顺、平越、都匀、思南、石阡、大定、遵义各府州，元明以来，均食川盐。

---

① 民国《富顺县志》卷五《食货》，台北：学生书局，1967 年，第 483—484 页。

至镇远、思州、铜仁三府原食淮盐，乾隆中叶，改食川盐。原配三台、射洪、蓬溪、中江、乐至、盐亭、富顺、内江、资州、荣县各场，嗣归并犍富两厂。光绪三年（1877年），黔边首先改为官运。

（2）滇边。滇属昭通、东川、镇雄原隶四川。清初改隶云南，即食滇盐。雍正七年（1729年），滇盐产不敷销，始令昭通、镇雄改食川盐。乾隆三年（1738年），东川产铜正旺，商民辐辏，遂援昭通、镇雄例由川招商配运犍富场盐。光绪四年（1878年），统归四川官运。

（3）湖北八州县计岸。建始初隶夔府。乾隆元年（1736年），改隶湖北施南，仍食川盐。乾隆二年（1737年），湖广总督史贻直复以湖北之鹤峰州及长乐、恩施、宣恩、来凤、咸丰、利川等六县向食云阳各厂，余盐请仍照建始例同食川盐，历经江督川湖巡抚会奏，始定恩施、宣恩、来凤、咸丰食云阳盐，鹤峰、长乐食大宁盐，利川食彭水盐。乾隆三年（1738年），照建始例引颁川省招商行运。光绪六年（1890年），统归四川官运。

（4）保边计岸。光绪三年（1877年），总督丁宝桢以界连黔边之叙永、永宁、泸州、纳溪、合江、江津、綦江、南川、涪州、酉阳、秀山、黔江、彭水等州县，计引并归官运。光绪五年（1889年），巴县、江北改归官运；光绪六年（1890年），石柱厅、忠州及丰都、长寿两县计引易与边盐相混，亦归官运；光绪四年（1878年），滇岸奏归官运，仍带行近滇之宜宾、南溪、屏山、庆符、长宁、高县、珙县、筠连、兴文、江安、马边、雷波等十二厅县计引。光绪六年（1890年），湖北八州县计引改官运商销时，并将行巫山、万县计引提归官运。[①]

正是由丁宝桢将原有的川盐商运商销的经营模式改为官运官销的经营模式后，川盐外运才得以大规模且在官方认可的前提下济销周边省府及州县，因此也就有了"金犍为银富顺"之谚。

通过上述文献，本书虽罗列了各府厅州县属买卖盐斤情形以及丁宝桢改革盐运，但是其中对川盐外运的道路系统却鲜有被提及。因此，笔者有必要再次爬梳清代文献，进而来整体呈现川盐外销的盛景。《四川盐法议略》记载："富荣盐由本厂小河至邓井关，县丞点验放行，至泸州入大江。

---

① 民国《犍为县志》，民国二十六年（1937年）铅印本，第1538—1540页。

乐山盐由牛华溪入大江。犍为盐由五通桥入大江，均至四望关，通判点验放行，顺江东运。射蓬厂在川北，其盐由川北小河，直至重庆之唐家沱，方入大江。"①

而川盐的运销由于"蜀人不谙行盐，产盐既多，即有陕西大贾习鹾业者，入蜀转运行销"，因之造成川盐的运销大多被陕商等垄断，其行盐疆界则为"四川一省，九姓土司及湖北宜昌府之鹤峰长乐二州县，施南府之恩施、宣恩、咸丰、来凤、利川、建始六县。贵州之平越、都匀、石阡、遵义、思州、黎平、贵阳、安顺、兴义、思南、大定十一府，威宁、平远、黔西三州，清镇、婺川、毕节三县"②。

由此看出，黔县的大部分地区和楚地的部分县都属于当时川盐行销的范围。《四川盐法志》一书详细记载了川盐向"边僻地不产盐"的黔省运销路线之概况，特辑录如下：

> 贵阳府所属食盐有两个来源，即"川省自流井、贡井载至仁怀县属之猿猴发卖；川省射洪县载至綦江县发卖，均系黔地小民到彼，零星接买，马载人挑，分途运售，自猿猴至省计程一十人站，自綦江至省计程二十余站"。安顺府属所食川盐，"俱属小贩由四川永宁县，并仁怀县之猿猴，肩挑马载，至打鼓新场分歧：一自遵义严孔鸭、池乾沟，运至骆家桥，约二十站到府，于普定、安平、青镇三县地方发卖；一自黔西州乌溪河，运至平远州、三岔河、定南等处，至镇宁、永宁、郎岱、归化地方，约二十五六站发卖"。平越府属州县，"素食川盐，皆小民赴川黔接壤之区接买商盐，或自喂马匹驮载，或亲自肩挑，每逢场期零星货卖，计博蝇头以资糊口，而苗民之售买者数皆斤两"。镇远府及两县，俱食川盐，"由川省重庆府贩运至思南府属之塘头发卖，镇远人民从塘头贩运到府发卖，府属镇、施两县民苗，即于城中市买。村寨居住者，各有附近场市，俱于赶场之日市买，随到随卖，并无行店，总由地狭民贫销售无多"。思南府各属食盐"系流商、土商，每年输流前往四川所属之重庆府

---

① （清）王守基：《四川盐法议略》，（清）盛康：《皇朝经世文编续编》卷五十四《户政二十六·盐课五》，台北：文海出版社，1966 年，第 6251—6252 页。

② （清）王守基：《四川盐法议略》，（清）盛康：《皇朝经世文编续编》卷五十四《户政二十六·盐课五》，台北：文海出版社，1966 年，第 6235 页。

买盐。从彭水运至川属之龚滩，换船载入黔境，给票商贩挽运思南河下"，因雍正十年"濯水地方设立税口，征收盐税"，于是并非河道，是"系小贩前往川属之彭水县江口买盐，或小民自行挑运，或用马骡驮运，由陆路经过濯水盘秤抽税，给票具报，其各贩运至平越、都匀等府州县发卖"。石阡府府属地方，"虽有溪河，不通舟楫，商人贩运川盐，仅至思南。贩运川盐到石阡属境内发卖者，阡属民人不过在思南所属之塘头地方，肩挑马驮，贩运石阡府西门场，零星货卖，于民甚便。"大定府所食川盐，"向无专商，历系本地居民，赴川省之猿猴、永宁二处，零星贩运销售。民苗毫无苦累"。南笼府因"僻居边末，汉少夷多，向无川省商人运盐到笼。至民间所食川盐，原系大定、平远、黔西、毕节、安顺等处，小贩自备马匹，或赴川省永宁县向该处盐商买运，或至毕节半途接买"。遵义府府民所食川盐，"由府属经过销售者有：系富顺县引盐，由重庆府水路载至川属綦江县；又射洪县引盐，亦由重庆府水路载至合江县。各抵黔境，听黔民赴买，以牛马驮载，或人力肩负"。①

另外，《贵州通史》记载了雍正乾隆年间，川盐在经陕西、四川商人购买后运黔边各岸，交由黔商再行转运省内各地发卖的情况。其购盐路线为：

> 自富顺买盐经纳溪、九姓司、永宁、合江、綦江、涪州。从荣县买盐，先运至合江。由犍为买盐，运经宜宾、高县、珙县、兴文、筠连、庆符、长宁，转运纳溪、九姓司、永宁、涪州、彭水、綦江，或从犍为运至涪州。从盐亭买盐，先经涪州、彭水。自乐至买盐，载至涪州。从资州买盐，先运至纳溪。运销贵州的川盐购自上述富顺、荣县、犍为、盐亭、资州等五地。川盐入黔，绝大部分都集中在永（叙永）仁（仁怀）綦（綦江）涪（涪州）四大盐岸，再由四岸分别运至省内贵阳、遵义、都匀、大定、安顺、兴义、思南、石阡、平越、镇远等府县销售。②

川盐向南运销路线，主要是销黔的四岸和销滇的三岸。具体如下：

> 销黔的川盐先是射蓬场后改配富荣、犍为场所产食盐，黔岸的四个

---

① （清）丁宝桢：《四川盐法志》卷十《转运五·贵州边岸》，清光绪八年（1882 年）刻本。
② 何仁仲主编：《贵州通史》第三卷，北京：当代中国出版社，2003 年，第 236—237 页。

运销渠道是：（1）仁岸。盐船循长江或沱江经泸州到合江后，川商与黔商交易，改换载重盐约 120 包的小船，溯赤水河入黔，经赤水县、土城至仁怀的茅台，然后分两路陆运到贵阳、安顺两线销区。（2）綦岸。盐船沿长江或沱江经泸州下行到江津的江口，改换载重 50 至 60 包的小船，由小河到綦江，与黔商交易。再由黔商从小河运往贵州松坎，舍舟登陆，负运贵阳、都匀一线销售。（3）涪岸。盐船经嘉陵江或长江过重庆下行到涪陵后，盐斤改装载重四五十包到六七十包的小船，由乌江逆水拖运到龚滩，川商将引盐趸售给黔商，再上溯到思南、铜仁一线销售。（4）永岸。盐船顺长江或沱江下至泸州，再稍稍上溯至纳溪，改换小船，入永宁河，逆运到叙永，再舍水登陆，由挑贩陆运入黔，销往毕节、平远（织金县）、大定（今大方县）、安顺县（今安顺市）、兴义县；一部分入滇，销往威信、镇雄。

销滇的川盐主要是犍乐场所产食盐，滇岸的两个运销渠道是：（1）大滇边岸。犍为场引盐在五通桥公仓放盐，下河装南货船，每船载重 9 万—13.50 万斤，沿岷江顺流约 300 余里到宜宾，卸载改装小船沿金沙江逆运至安边场转入南小河，滇商接运，逆行 370 里，船到老鸦滩，起卸陆运到昭通。（2）小滇边岸。小船运盐到安边后，转枝江到屏山县副官村，即改行陆路到昭通所属各县；行镇雄州盐；南货船由宜宾到南广场换装小船，入南广河，行 355 里到罗星渡，转陆路行 270 里到云南镇雄州[1]。

除黔省运道外，清代社会川盐运销到周边各省的情形又是怎样呢？严如熤所著《三省边防备览》，较为翔实地记述了四川之各盐场行销盐状况："大宁盐运至谭家墩，巫山盐运至巴雾河，奉节盐运至茨竹沟，发卖鹤峰，长乐盐则运至各该地发卖。"[2]不仅如此，大宁盐场的盐还行销至陕西，因此有了"陕西平利、安康盐，课归地丁。房竹兴归，山内重冈迭巘，官盐运行不至，山民之肩挑背负赴场买盐者，冬春之间，日常数千人"[3]的盐运盛况。还有"犍为、富顺、南部、蓬溪各盐场，产盐最旺，距边界稍远，广南通巴，与陕西连

---

① 张学君、张莉红：《南方丝绸之路上的食盐贸易（续篇）》，《盐业史研究》1997 年第 3 期，第 18 页。
② （清）严如熤撰、黄守红标点：《严如熤集》，长沙：岳麓书社，2013 年，第 1047 页。
③ （清）严如熤撰、黄守红标点：《严如熤集》，长沙：岳麓书社，2013 年，第 1047—1048 页。

境，各邑均不产盐，犍富之盐，行至各县，并行至陕边西乡、宁羌等处"①以及引盐船截而下，可由"川江达荆宜，或由石柱至施南、永顺各路销售"②，"边引行黔中、思州、思南、楚中、施南、永顺各处边境"③。其中，"龙山与湖北施南府属之来凤县，相距只十五里，较永顺王村司为甚近，来凤例行川引有盐市，而县属买食川盐较淮盐亦为甚便，伏查川盐之至来凤者有二：一出四川彭水县郁山场，系粒盐色白而微红，其味多食则苦，名曰白盐，即由郁山场陆路运至来凤；一出四川犍为县永通场，系块盐质如石块，色黑而味鲜，名曰锅巴盐，则由犍为县水路历重庆涪州运至丰都县属之铅溪河起阜，复由湖北施南府属之利川、咸丰等县陆路运至来凤"④。

由此可知，清代川盐行销湘、鄂、陕诸省，在空间上形成了庞杂纷繁、纵横交错的道路系统，除主要依托长江航运走水路外，还在水运力所不及的僻乡田野，仰赖于人力肩挑背负，在山间峡谷、悬崖峭壁间走出的一条条陆路盐运古道。正是这些相互交织在深山大川间的运盐队伍，共同向世人倾诉着盐运的艰辛历程。

第二节　民国档案文献及域内游记里的盐运道路

民国时期川盐产地分布相当广泛，有 28 县、24 个盐场。民国二十六年（1937 年）至民国三十一年（1942 年），平均每年产盐超过 886 万市担。以富荣场产量最丰，占总产量一半以上，犍为盐场与乐山盐场次之，川东云阳又次之。⑤

川盐的运销，则是主要以川北、川南与川东三大盐场为主，与清代各府厅州属盐斤收买且发卖各地相比较来看，国民政府加强了川盐生产场的管理，便于进一步实现对盐场生产和销售的统制。民国时期各场运销各县情形列图 2-1 如下：

---

① （清）严如熤撰、黄守红标点：《严如熤集》，长沙：岳麓书社，2013 年，第 1048 页。
② （清）严如熤撰、黄守红标点：《严如熤集》，长沙：岳麓书社，2013 年，第 1050 页。
③ （清）严如熤撰、黄守红标点：《严如熤集》，长沙：岳麓书社，2013 年，第 1048 页。
④ 光绪《龙山县志》，光绪四年（1878 年）重刊本。
⑤ 周立三、侯学焘、陈泗桥：《四川经济地图集说明》，重庆：中国地理研究所，1946 年，第 29 页。

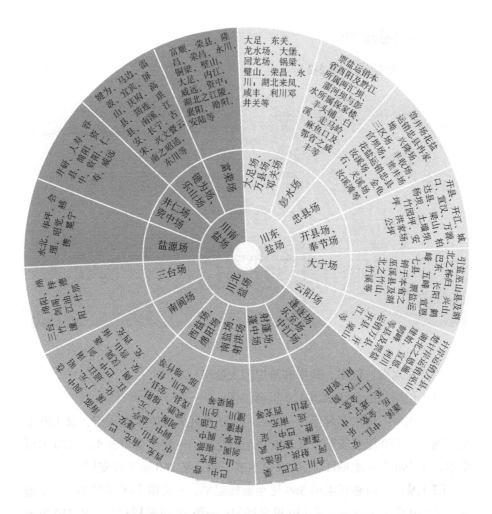

图 2-1 民国时期四川三大盐场的运销地

　　民国时期的川盐古道，起于四川（包括今重庆）东部及南部产盐区，跨越川、鄂、湘、黔各省，几乎贯穿整个中国中部与西南腹地。这一条条、一道道运盐的水陆通道，是在承续了清朝及其以前朝代的道路系统的基础上，形成的庞大综合运输网络。根据民国档案及游记等文献资料，笔者梳理了川盐古道的主要线路：一是川盐省外运销的路线；二是川盐省内运销的路线。

一、省外盐运路线

（一）川黔盐道（图 2-2）

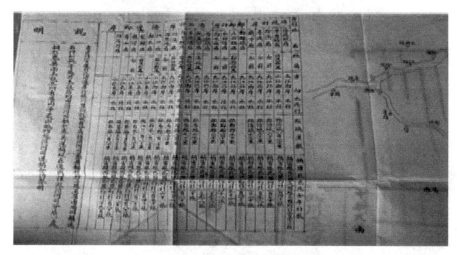

图 2-2　川盐济黔的路线图

主要在永岸、仁岸、綦岸和涪岸四大盐岸[①]。

（1）仁岸。由合江水运 120 里至仁怀。

（2）永岸。由永宁起旱，一路经石梯子瓢儿井 250 里至大定，又 180 里至平远，又 170 里至安顺，又 140 里至归化厅；一路由普市赤水河 320 里至毕节，又 290 里至水城厅，又 30 里至威宁州，又 260 里至普安厅。

（3）綦岸。由綦江水运 360 里至新栈起旱：一路由中冈枧坝 280 里至遵义，又 310 里至平越州，又 130 里至都匀；一路 80 里至桐梓县，又 210 里至乌江河，又 150 里至兴义县，又 190 里至广顺州，又 70 里至长寨厅，又 170 里至罗斗州。

（4）涪岸。由涪州水运 604 里至龚滩，又 190 里至沿河司，又 180 里至新滩，起旱 80 里至潮底，复由水运 60 里至思南，又 220 里至石阡，起旱 210 里至思州，又 160 里至龙溪口，水运 180 里至镇远，又由龚滩起旱 350 里至秀山，又 120 里至松桃厅，又 140 里至铜仁。

川盐运销黔省，以清代四岸为基础，进一步细化了綦岸（江津—盖石洞—

---

① 民国《犍为县志》，台北：学生书局，1968 年，第 1538—1541 页。

松坎—桐梓—遵义—黄平—瓮安—团溪—平越—贵阳—铲山）、涪岸（龚滩—沿河—思南—石阡—镇远—天柱）、仁岸（合江—赤水—猿猴—土城—二郎滩—马山坪—茅台——新场——烂泥沟—安顺—鸭溪—刀把水—扎佐场—贵阳—都匀—独山—荔波—麻尾）、永岸（叙永—毕节—水城—威宁—盘县—瓢儿井—大足—织金—安顺—普安—兔场—鸡场—镇宁—兴义—安龙），且陈述了比较详细的黔东、黔南、黔西、黔北的运输情形①。

　　首先，运销黔东。黔东各县，在川盐为涪綦两岸销区，而锦屏暨偏南之黎平、永从、下江、榕江等县，又属粤盐之岸；川商输运涪岸边盐，则自酉阳属之龚滩登陆，用人力经沿河而到思南，遂分两路：一路由思南用小木船逆流以达石阡，每船可装三十五六包，再由石阡登陆用人力以抵镇远。由镇远以至岑巩、三穗、天柱、玉屏、台拱等县；一路由思南分往江口、铜仁暨松桃等县。但销商所设盐栈，仅沿河、思南及石阡而止，其镇远、玉屏、铜仁、松桃等县，则悉由各当地销商与夫杂货店之搭售零盐者，前往接卖分售。此外复有小贩，向各县商栈购运数十斤以至百斤，转输各地，情形与川区之票贩相同。綦岸运赴黔东之盐，在到达遵义后，一路由团溪以达湄潭；一路赴瓮安以至牛场、平越而达钟山；一路循小道以至黄平，顺流而至施秉，销商所设盐栈，仅及团溪、瓮安、黄平，余亦悉赖当地销商零盐店小贩输运。

　　其次，运销黔南。黔南所销川盐，悉系仁边岸由鸭溪经息烽以至贵阳，一路由贵阳用马力经定番而达罗甸；一路循公路用马力或汽车经龙里、贵定而达都匀，以抵独山，旁及麻江、平舟、三合等县，因黔桂商货交通，悉用马力或汽车由广西运至贵阳，而贵阳则无甚产物运以返桂，仁商利用机会，特定雇此项车马，装运盐斤，费既较廉，势亦甚便，惜汽车系属商营，仅只一辆，载量有限。

　　运销黔南路线与详尽的贸易状况，亦可据《渝柳线川黔段经济调查总报告书》②中的记载以观其实。具体路线：綦江县—桐梓县—仁怀县—湄潭县—紫江县—瓮安县—修文县—贵阳市—清镇县—龙里县—贵定县—平越县—

---

① 缪秋杰：《考察川盐行销黔岸情形报告书》，《盐务公报》1937 年第 1 期，第 103—122 页。
② 铁道部财务司调查科：《渝柳线川黔段经济调查总报告书》，1929 年。

麻哈县—八寨县—三合县—独山县。

再次，运销黔西。黔西为仁永两岸边盐销区，任边之盐，由合江换船逆运赤水，每船载一百五十包，再换船至猿猴场，每船约载四五十包；至猿猴场复换船经土城以达二郎滩，每船载二十余包。土城间偶有马力，不易多雇，二郎滩至马山坪，又须改用人力，马山坪至茅台，则复行水运，到茅台后，一路经仁怀、鸭溪、刀把水扎佐场以至贵阳，一路经仁怀新场、滥泥沟、石板房，以至安顺，沿途均设有盐栈，至镇宁、开领、紫云、安南、普安、册亨等县所销之盐，则由当地销商与马帮零贩等接买运销，以济民食。马帮者，盖有一种商人，资本不多，自有马匹，每次向盐栈购买数包以数十包，转贩各县乡场，于赶集时，分零售卖。其力量虽较黔东南之挑贩为大，而其零星推销之性质则一，此种为帮。唯黔西永仁岸中有之。仁岸销商，除仁康等数家外；尚有同盛一家，资本约二十余万。由合江以至安顺，沿途转运地点，均设有仓栈，其情形与仁康同。此外又有黔商四家，资本由数千元以至两万元，大都营接运之业，设栈较少。犍盐运行永边，由叙永分两路入黔，一路至瓢儿井，一路至奉节。到瓢儿井后，又分数路，一至黔西，一经大定织金以至安顺，一经大兔场、经羊场以至晋安。到毕节后，一赴威宁，一经水城以至盘县。其至安顺之盐，有一部分又须转运舆仁，分往安龙、舆义。现在瓢儿井毕节销商，各有五家，唯谦信通一家，资本约十万元，其余每家资本，均约三四万元。安顺销商四家，每家资本由四千元以至万元。盘县销商二家。舆义亦新组销商二家，每家资本均约三千元，概有仓栈。唯瓢儿井毕节之商，盐栈设至安顺为止，此外则皆马帮零贩矣。至岸地存盐新场瓢儿井各约有三千包；毕节安顺各约二千包。其余有栈之处，所存不过百余包，以至五百包而已。

最后，运销黔北。川区綦边岸盐，由江津换船逆运至綦江属之盖石洞，河床陡狭，怪石嶙峋，而又尚有水道可通，遂将原包析而为二，用最小木船，每船载运十包，经綦江属之羊蹄洞至松坎登陆，用人力经桐梓运至遵义，分为四路：一经息烽以达贵阳，一至团溪，一至瓮安，一至黄平，皆循小路。其至黄平者，并不至瓮安也。其正安所销之盐，则自松坎往；绥阳、湄潭所销之盐，则自桐梓往，悉赖人力，余详黔东南运销概况中。唯桐梓县内，伏莽未清，月前尚发生劫盐案件，而脚夫拐逃盐斤，亦偶一有之；盖綦岸背盐脚夫，非如他地有头目统率，而系各个人与商号凭信用受雇，在商号对于脚夫非不知力求稳安，无如黔地人丁不多，遇赶运时，亦唯有冒险雇之。此等情形，在商人因困境关系，损失颇为不赀，亟宜设法改善。

又是缪秋杰于民国三十七年（1948 年）五月六日，自茅台十五日抵赤水，考察了各段盐运情况①，较为详细地记录了各段的盐运路线，为我们的研究提供了重要的文献支撑。

（二）川鄂盐道

据笔者考察得知，四川忠县的涂井和酱井场生产的盐，船运渡江在石柱县的西沱街起岸，经王村、石家、冷水、黄水、万胜坝，翻七曜山进入湖北的利川、恩施，然后再销往宣恩、咸丰、永顺等地。另据《巫溪县盐场志》记载，由巫溪县大宁盐场运至湖北的路线有两种：一是陆路，大宁盐场的盐行销鄂北，翻大观山至湖北的房县和竹山所属的地带；由后坪或鸡心岑，通湖北竹山、竹溪，也通往房县。二是水路，从大宁场用小木船装载，顺巫溪下行 210 里至巫山，然后转船一路至培石 45 里，再陆运 450 里至鹤峰、390 里至恩施、95 里至宣恩；一路经长江下行 200 里至巴东、310 里至秭归，再行 90 里至兴山，从巫山经 900 里至长阳等地。

利用长江水运至鄂省，是运输量大且最为经济的运输方式。具体的木船运输路线及其经过地名等，可通过云阳县档案馆藏的《万茅段木运须知与险滩图表》获知。其路线是：万福沱—青竹标—巴东—牛口—巴斗—上石门—台子湾—洩滩—羊子石—七姊妹—沙镇溪—正午溪—墩子石—何家湾—碎石滩—荆滩—新秭归—衷子角—乌石—四季浪—老秭归—水盘碛—火炉子—南北石门—黄浅子—东门沱—蒲庄河—香溪—杨家沱—米仓口—兵书宝剑峡—小青滩—青滩—九湾溪—牛肝马肺峡—庙河—崆岭——美人沱—齐公石—黑驿子—塔洞—鸭子石—银芬沱—长福沱—茅坪。

（1）川湘盐道。富顺、犍为等县的川盐进入湘西主要有两条路：一是经建始、恩施、宣恩、来凤进入龙山、桑植、永顺；二是经恩施的建始花坪、

景阳双土地、石灰窑、鹤峰，进入桑植，再到张家界等地。彭水郁山盐经里耶、洗车河到龙山，再经桑植、张家界、石门到澧县，到澧县后部分盐又经常德进入洞庭湖流域。①经笔者实地走访得知，彭水县郁山场的盐外销有三条线路：一是彭泸线，即以车运从彭水至泸溪、辰溪或是沅陵地界交货；二是彭妙线，即从彭水船运至郁山镇90千米，经人力背负至冯家坝75千米，从冯家坝船运至两河口45千米，两河口人力背负至龙潭90千米，从龙潭背负至妙泉9千米，再行至沅陵地界；三是龚龙妙线：由龚滩经丁家湾、铜鼓潭、杨家坳至龙潭，计小路135千米，又经船运妙泉运至沅陵。该盐道亦在《川盐济湘纪实》中得以呈现，即自贡盐运到长江，顺流而下到涪陵，由涪陵溯乌江南上至彭水247千米、龚滩388千米，彭水溯郁河到郁山镇70千米，用力夫背运盐到黔江过去22千米之冯家坝，再利用唐岩河52千米水运到两河口，再转运至妙泉，进入里耶，下达沅陵，此线妙沅段共262千米，曾有木船二百艘上下运输，上水运茶、运粮，下水则运盐。②

（2）川滇盐道。由犍为场水运至宜宾，又水运460里至老鸦滩起旱，310里至大关，又150里至昭通；小滇边由宜宾下游15里南广，水运170里至高县起旱，100里至筠连，又340里至镇雄。

（3）川陕盐道。通过陆路运输越过界梁子，与巫溪县毗连的陕西镇坪相通，再由镇平可将大宁场的盐分别转道平利、岚皋、紫阳等地销售。

二、省内盐运路线

（一）民国档案里的运输路线③

（1）万县。万县河流通航起止地及四至县道里程，经过市镇的河流有三：东河（即清江）由和谦乡起，经温泉镇、郭家乡等市镇，至县城约80华里；南河（即彭水）由临江镇起，经竹溪铺镇、安乡等市镇，至县城约60华里；小江（即浦河）由南门乡起，经邓家乡、陈家乡、赵家乡等市镇，至县城约

---

① 邓军：《"纪念邓小平同志倡议成立自贡市盐业历史博物馆暨建馆55周年"系列活动之——寻访川盐古道》，《中国文化报》2014年10月10日，第7版。
② 胡不归：《川盐济湘纪实》，《盐务月报》1945年第4期，第39—40页。
③ 《九区各县县府呈报水陆交通概况调查情形》，全宗号：J002，目录号：006，案卷号：390，开县档案馆馆藏。

120 华里。均系通行小木船，尚未编号经常停泊于县城各码头。航行日数：春夏二季，上水由县城至和谦乡，需二日；下水由和谦乡一日或半日，可达县城。秋冬，下水需二日，上水三日。唯小江只能在夏季航行。由南门乡到县城需二日或三日，方到县城，载重约四千至五千市斤。东河、南河在县城东关汇流，至渠口有小江来汇，直至云阳双江镇，汇入长江，全长约 180 华里。下水航行，春夏二季，由县城二日，可达至双江镇。上水由双江镇需五日或六日，方到县城。

县道有六：开万道，长 130 余华里，经赵家、陈家等市镇；两开道，长 120 华里，经竹溪铺、临江镇/南雅乡、双合乡等市镇；开宣道，长 150 华里，经竹溪铺、临江镇、三合乡、中和乡、三汇乡等市镇；开城道，长 240 华里，经郭家乡、温泉镇、和谦乡、谭家乡、大进乡市镇；开巫道，长 200 华里，经郭家乡、温泉镇等乡镇；开云道，长 50 华里，经铺溪乡、达县城。

具体的路线：一是水路。上行通航，万县至忠县 210 华里，四天；忠县至丰都 150 华里，三天；丰都至涪陵 180 华里，三天；涪陵至长寿 180 华里，三天；长寿至重庆 180 华里，三天。由万县至渝共 900 华里，需时 16 天。下驶通航，万县至云阳 180 华里，半天；云阳至奉节 180 华里，半天；奉节至巫山 120 华里，一天；巫山至巴东 180 华里，一天；巴东至秭归 90 华里，半天；秭归至宜昌 240 华里，一天半。由万县至宜昌 990 华里，需时五天。二是陆路。万梁路，起自万县至梁山，经过五梁、高粱、石桥、高升、分水，90 华里；万利路，起自万县至利川，经过五桥、长岭、码头、谋道，200 华里；万云路，起自万县至云阳，经过双溪、大周、小周、举安、黄柏，90 华里；万开路，起自万县至开县，经过德胜、天城，50 华里。

（2）忠县。水路：本县通航河流为长江，由县属鸣鹤乡起，经任家乡、乌杨镇、新生乡、大堼乡、顺溪乡、复兴乡、石宝镇等乡镇，而达万县，全长水程共约 180 华里。每年夏季水涨，可由塗井小河由石宝镇之平山坝起航，行至塗井乡之龙滩，全长共 20 华里，又塗井小河由县城东坡镇之塗井乡止，全长共约 25 华里。陆路：忠垫道，由县城起至垫江县属大沙河止，经过巴营、白石、永壁、拔山、精华，200 华里；忠梁道，由县城起至梁邑所属同兴场止，经过黄金、兴隆等乡，150 华里；忠石道，由县城起至石柱城上，经过天堼、磨子等乡，130 华里。

（3）云阳。水路：长江，起自竹溪至龙洞止，150 华里，经过双江、盘石、中心、故陵；彭溪，起自双江至餋鹿，145 华里，经过黄石、高阳、白岩、餋鹿；汤溪，起自中心至沙沱，130 华里，经过硐村、云安、南溪、盛堡、沙沱、江口；磨刀溪，起自普安至龙角止，90 华里，经过普安、龙角等。陆路：云开路，由县城至开县，经过彭溪河、流黄石、高阳、白岩、餋鹿，145 华里；云巫路，由县城至巫溪，经过汤溪河、硐村、云安、南溪、盛堡、江口、沙陀，130 华里；云奉路，由县城至奉节，经过磨刀溪、云龙等乡，150 华里。

（4）奉节。水路：长江，起自拖板至菱峡，经过奉节县城、安坪、托板，55 华里；梅溪河，起自奉节至龙滩沱，经过象鼻子，8 华里。陆路：奉巫道（奉节至巫山），120 华里，经过白帝城；奉溪道（奉节至巫溪），180 华里，经过寂静坝、黑龙门、江岩；奉施道（奉节至恩施），240 华里，经过冯家坝、山脚坝；奉云道（奉节至云阳），180 华里，经过托板等地；奉利道（奉节至利川），360 华里，经过梅子关、柏杨溪。

（5）巫溪。本线水道：以县城为起点，下至巫山龙溪乡 40 华里，船行一点钟可达，上经宁场大河至檀木坪 90 华里，船行两日可达。由两河口到西宁桥 20 华里，船行三点钟可达东溪、西溪、后溪、小溪四河流均不能通航；县道东至英条岭，经过业树、通城、白果等三乡与巫山接界；西至窄口子，经过镇泉、凤凰、白赶、田家、文峰、朝阳、夫山等七乡与南阳接界；南至红岩经过镇泉、上磺、谭家等三乡与奉节接界，30 华里；北至鸡心岭120 华里，经过宁场、大河、白鹿、余家、铜罐等五乡，与湖北竹溪及陕西镇坪接界。

（6）巫山。水路：长江，东至巴东西至奉节，120 华里，经过巫山中和、大溪、培石、石坪等乡；大宁河，由巫山至巫溪县止，90 华里，巫山中和、双龙、大昌、福田、龙溪等乡。陆路：两巫路，巫山至巫溪，经过巫山双龙、大昌、福田、龙溪等乡，90 华里；巫建路，巫山至湖北建始县，经过巫山中和、大溪、庙宇等乡镇，棉竹林等高山，60 华里；巫奉路，巫山至奉节县城，经过巫山中和、大溪乡，60 华里；巫巴路，巫山至巴东县，经过中和、培石，60 华里。

（7）城口。两岸多山人户稀少，水路：泾河，起望乡坝至冉家坝，停泊地在修溪坝和县城，数量各两支。由修溪渡至县城仅 60 华里。陆路：城开县道，城口至开县火进坝，经过明通井、慕家城、狗儿坪 300 华里；城万县道，城口至万源文竹河，经过坪坝、大梁、中亭坝、杨家溪 180 华里。

（8）石柱。水运：县属西沱、沿溪两乡，位临长江南岸可上下通航，外县境内之南宾河系属溪流能通航；陆路：石丰线，由县城出北门，经县属沙谷乡越方斗山脉之横梁子，地界经丰属大运乡（即永桶坝）高家头，溯江而上至丰都县城，里程共计 160 华里；石坪线，由石柱出北门，赴方斗山脉之大山坪，经县属凤凰乡入丰境，由丰属洋渡乡（位表江甫）计长 90 华里；石忠线，由县城出北门，经县属大歇乡越方斗山正脉（池名茶店），经忠县之堰口至忠县对岸之辰溪口，计长 140 华里；石万线，由县城出北门，经县属之大歇、龙沙、悦来、鱼池等乡，越方斗山脉之青草坡，达县属两沱乡（位长江南岸），顺江而下经万县武陵等乡，而至万县水陆里程，共计长 300 华里；石利线，由县城出东门，经县属大河、蚕溪、沙子、湖镇等乡，越七鹞山脉入湖北利川，经白杨塘、汪家营至利川县城，计长 300 华里；石黔线，由县城出东门，经白石关、白鹤桥、两汇坝至黔江，计长 400 华里；石彭线，由县城出南门，经县属下路三星、都会等乡，越七鹞山之大小风门，经双流坝、滥泥坝入彭水县界，计达彭水县城，共长 380 华里。

（二）《川西北步行记》里的路线考察

北碚—赵家渡—金沙镇—金沙镇—渭沱—铜溪—安居—化生沱—大河坝（为合川之重要场镇，盐店有专业者四家）—长利坝—野猫溪—张家坝—潼南—大佛镇—双江镇—磨溪场—倒石桥—遂宁。

凤台坝—桂花园—郪口场—长江坝—康家渡—柳树沱—青堤渡—洋溪镇—太和镇—木孔垭—太平坝中之新场—射洪—吴家坝—水中坝—覃家坝—香山场—魏家坝—三台县。

白崖坝—刘家营（重要副业以盐业为大宗；刘家营为山地与河坝间之交易市场）—殷家垭—葫芦溪（食粮在此集散甚多）—丰谷井—塘汛乡—绵阳—青义坝—龙门坝—双河场（所出的米粮有输出）—石泉河—青莲场—彰明—中坝—武都—阳亭—江油—白石铺—平驺铺—煽铁沟—响岩坝—南坝镇—高庄坝—黑水沟（居民十六户，多为卖饮食的店子，亦一小型的交通聚落）—高平铺—白草坝—古城—桂香楼—平武。

自平武返回白草坝（途经古城、高村）—自白草坝返回南坝（途经新道口）—自南坝返回煽铁沟—煽铁沟至桂溪—皮匠垭—陈家坝（场上交易以玉米及黄豆为大宗，多销中坝）—邓家渡—曲山关—毛坪—北川。

北川返回曲山—擂鼓坪—安县—黄土场—花街子—界牌场—新店子（另在二、五、八日有米市，故米的交易量甚大，在绵阳为仅次于县城的米市）—金山铺——罗江—鄢家场（三台灰坪一带所出的食盐，有一部分经鄢家岭挑运到罗江、德阳、绵竹等地）—东岳庙—了金桥—杰兴场—中江—田边子—盐亭—柏梓垭（出产蚕茧亦颇多）—梓潼—魏城—沈香铺。

第三节　交换与权力：盐运古道的社会功能研究

川盐运销黔、楚、陕诸省，随之形成了连接不同山区与平原之间，水、陆路阡陌且纵横交错的盐运道路系统。由于它的存在，民众物资交换的经济行为被日益凸显，而作为重要物资的盐的流动，促成了西南地区社会的内外交换圈的形成，亦从根本上趋向了百姓营于生计、地方乘于兴盛、官府利于统制之终极目的。在此进程中，清代中央王权强化了对地方社会的双重权力渗透，与之相对的地方社会，却也表现出一种对权力别样的价值诉求；同样地，国民政府在面对紧迫的抗战时局下，进一步强化了对地方社会各方面的统制，也促使了盐场产销中的部门、技术、人员分工的产生。于此意义上说，盐运古道在清代乃至于民国时期的社会整合方面发挥了独特的功能。

一、交换促成社会整合的机制

迪尔凯姆认为劳动分工出现后，人类社会出现了一种病态的或是说反常的分化结果，即缺乏合作、混乱与利己主义，于是就此社会现象，他企图在"不同的社会劳动分工和各种社会整合原则之间建立一种内在联系"[①]。他通过反向研究现代社会的非整合现象，来寻求现代社会的整合机制，最终将劳动分工和道德提升建立起密切的联系，也就是劳动分工导致的差序与分化，

---

① （法）达尼洛·马尔图切利著、姜志辉译：《现代性社会学——20 世纪的历程》，上海：译林出版社，2007 年，第 18 页。

需要道德和集体情感共同营造出社会团结的强力剂。随后，迪尔凯姆的这一概念被引入到人类社会结构的分析当中，成为理解个人与个人、个人与社会关系的重要支点。此处本书无意于梳理这一理论的发展概观，亦要避开该理论注重"个体中心"出发点及对"失常"个体的身份回归与转化的研究视域，而是想通过社会整合的目的论，引申去追问实现社会整合之终极目的是否必须得借助一定的手段、媒介与机制。

就中国而言，无论是传统社会，还是现代社会，都是从政治、经济和文化三方面进行整合的，尤其在中国传统社会被认为主要由儒家思想与信仰体系、宗族、祠堂、会馆、士大夫阶层、科举制、朝贡制以及小农经济等主导性因素发挥社会功能，而现代社会则主要以规则、秩序、道德等因素占据主导性地位。由此可以说，因传统社会的相对封闭性与稳定性造成了社会整合机制的高效运转，而现代社会却要依赖于"想象的共同体"来实现社会整合之目的。但是，在上述之众多社会整合机制中，封建制经济生产与生活方式所孕育与养成的交换关系，才是传统中国社会整合的强大黏合剂。之所以抛出如此命题，乃是在借鉴了人类学研究成果的基础上，对这一问题发散式思考的结果。人类学先驱之马林诺夫斯基，于1922年发行了《西太平洋的航海者》一书。他讨论了美拉尼西亚西部的特罗布里安德群岛土著人的经济行为与社会行为，认为岛民的这些行为，实则是维系和实现人与人之间的社会关系，以及各自承载的社会责任。继而他提出了影响至深至广的"库拉交易圈"①的重要命题，从中揭示了"库拉"即是一种包含了交易、仪式性交换等意义的复合体，通过"木瓦里"和"索拉华"，同存在固定关系的部落和岛屿之间实现物品交换，于此交易也就促成了社会性和经济性的交叉与重叠，并且交易物品在承载形塑社会关系的整体性方面，发挥了关键性作用。法国著名的社会学家、人类学家马塞尔·莫斯在《礼物——古式社会中交换的形式与理由》中列举了美洲西北部印第安人、西太平洋特罗布里安德群岛岛民、波利尼西亚群岛萨摩亚社会以及新西兰毛利人的礼物交换现象，提出了一种"报称"②的交换制度。他认为这种交换现象表面上是物质的互通有无的经济现象，本质上则是人与

---

① （英）马凌诺斯基著，梁永佳、李绍明译：《西太平洋的航海者》，北京：华夏出版社，2002年。
② （法）马塞尔·莫斯著，汲喆译：《礼物——古式社会中交换的形式与理由》，上海：上海人民出版社，2005年。

人、人与团体之间关乎社会整体性的政治、社会、伦理与宗教秩序的象征，简言之，即为交换原则构筑了当地族群的社会整体性。美国文化人类学家萨林斯在《石器时代经济学》中提出了"原富社会"①概念，指出"石器时代"的渔猎采集的交换方式是整个社会关系的重要组成部分，物品的交易和流动行为的发生，随即同社会地位和礼仪等产生互动，同时也会在物品交易时呈现特殊的亲与疏、远与近、贵与贱、尊与卑、上与下的复杂社会关系。

上述学者均考察原始土著社会生活中的物品交易与礼物交换现象，以此探究其中蕴含的深层社会文化意义，甚至揭示出人类社会早期普遍性的交换行为，同社会整体的不可分割性。而对物品交易在中国农村社会促成的市场体系的形成中的作用，当数影响深远的美国历史学家、人类学家施坚雅。他在《中国农村的市场和社会结构》一书中，描绘了中国农村市场存在的层级性结构特征，即"基层市场""中间市场""中心市场"②，从基层市场至中间市场和中心市场，物品和服务分类越为精细化，越能满足不同社会群体的各种需要。同时，他指出中国农村形成的物品交易与贸易体系，可以使层级性结构特征中的市场，分别紧密地同该区域内的城市、集镇、村落相互联结，而其中遍布于农村市场，延伸至城市、集镇、村落的各条大大小小、水陆交错、纵横阡陌的道路系统，则为地点间的联络、沟通与交流提供了前提条件。任放在《二十世纪明清市镇经济研究》一文里认为，施坚雅通过研究长江上游区域农村墟市及集市交易范围，乃至全国若干区域的经济结构，是为了进一步分析中国的政治体制和社会变化，揭示了国家政权最为有力的地方是在中心地区；阶级分化一般在落后的边缘地区和高度商品化的中心地区比较显著；在半商品化的近中心地区，自耕农比例较大；民众运动一般源于边缘地区等特征。③

就我国学者所关涉的近现代西南地区少数民族集贸市场研究情状而言，姜汝祥、吴兴旺、李甫春、周星等人，强调了西南地区少数民族集贸市场的现实功能，以及在融合各民族经济、促使族群间的经济往来、促进地方社会

---

① （美）马歇尔·萨林斯著，张经纬、郑少雄、张帆译：《石器时代经济学》，北京：生活·读书·新知三联书店，2009年。

② （美）施坚雅著，史建云、徐秀丽译：《中国农村的市场和社会结构》，北京：中国社会科学出版社，1998年。

③ 任放：《二十世纪明清市镇经济研究》，《历史研究》2001年第5期，第181页。

的联动等方面，具有积极的推动作用。因此可知，无论是对原始人类社会的交换关系与物品交易现象的追溯，还是对现代人类社会的交易行为本身的判断，都在因不同物品的需求和自然环境的差异导致的交换中，完成了个人与个人、个人与社会之间以"物的流动"为载体维系和构建社会整体的目的性。正是如此，提出交换是实现传统中国社会整合的有效方式与必要手段，而要完成族群、个人之间的交换，就必须依托于族际的道路系统。所以说，道路的被命名和赋予的文化象征，在各民族社会语境中得以不断重复与再现，其原因就在于除表达人类自身的生产和生活环境特质之外，更多是为言说人们给予道路的意义和情感。因之，将道路在人们社会生活中的重要性凸显出来。

就在此所关涉的研究对象而言，盐作为封建国家之经济命脉，自然为国家权力机构所倚重，始终贯行着从上到下的苛刻严厉的盐政，因盐出自中心权力控制相对薄弱的边缘地区，国家借助对盐的生产和销售的垄断与管控，实际也是完成对边缘地区的整治与归附。所以说，伴随着川盐的生产和销售，由基层社区至中心社区，整个西南地域形成了一个辐射面极广的内外两重的"交换圈"：外层交换圈，主要是场商将盐转销至运商之手，大多借助水路载运，路途遥远，盐交易量大，行销至千里之外的省份；内层交换圈，主要在盐道沿线的集镇或场期，以牛马和人力背负为主的陆路运输，相对路途较近，盐的交易量小，行销至十里、百里之外的乡村。川盐正是通过内外交换圈完成了同本地以及来自外地的其他物资，譬如大米、山货、药材、生铁、农具等商品的经贸往来，而同一民族或是不同民族间的物资交换与商品流动，一个必须直面的就是纵横交错的盐运道路系统的广布。正因为有它，才使得这一切成为必然。那么，盐运古道同社会整合是如何发生关系的呢？

由川盐在贵州行销之运道情状可知，正是因"民不可一日无盐"的物质生活所需，迫使民众长时间在高山峡谷中穿行。同时，由于具有集体性和经常使用性的特点，并且是以村寨为出发点，以同语聚居地的集市和场期为终点，或以非同语之族群的市场和城镇为终点，因此催生了贵州境内阡陌纵横的盐道。可以说，这些盐运古道就是为生活于高原与山区村寨、族群生活区域的民众，同其他族群进行物资交换的必要通道，而随着物资交换与流动的发生，实现了同一族群或不同族群之间的文化交流，奠定了实现社会整合的基础。在此基础上，本书就可以大胆地提出因为有交换关系的需求，必然就会形成道路系统，或者说有了遍布于乡间田野的道路系统，使得同一族群和不同族群之间的交换行为不仅成为可能，甚至更为频繁，显现出互为伴生与依存的关系，最终在交换圈内实现了社会整合。

二、民众赖以盐道而生存

邱嘉穗在《广盐屯》中说：

> 穷民之所以贩盐而冒死不顾者，非徒以供滋味之需而已。彼实以家无宿储，专恃营运，荷担而往，易米而归，而一家之妇子所资以为命者也。盖自三代而后，田不可以复井，民之有田者什之一，而无田者什之九。彼有田者，犹往往困于诛求。其无田者，不取给于百货，劳且无以为生。而百货之所出，又实操其权于富商巨贾之手，而非贩夫贩妇所得而与者。独盐之为产，乃天地自然之利，穷民能肩荷背负者，犹可藉之以少延残喘，而卒不免于犯上之厉禁，由是无所得食之民，非转死于沟壑，亦终去而为盗焉已矣。[①]

此则文献是就百姓生活之不易，仅靠以肩挑背负贩盐维持生计而论及的，并从文中可以感知到作者对百姓贩盐艰辛所流露出的同情和怜悯，甚至还暗含了作者对官家的提醒：官方如若不允许百姓贩盐，并按贩私盐论处，会致使百姓生无出路，仅连"一家之妇子所资以为命者"都难以保全，如此这般只会出现百姓或作死或为盗的情况发生。于此意义而言，何谈乎社会整合呢？所以说，"恃营运，荷担而往，易米而归"的基本生活方式对百姓就有了非比寻常的意义，这直接关系百姓的生存问题。

亦可从乾隆年间的大定府民众生活情形观之，"'大定府民众多贫者，缺衣乏食甚而无居室者众。'广大贫苦农民'无恒产者日穷而日甚'，'唯有负盐一役而已'，他们走投无路，只好从盐道上寻求一线生机。大定府属争做运盐夫役的，幼者十二三岁，老者五六十岁，'无不以负盐为业'。为求生存，他们世代挣扎在崎岖山路，历尽'民生奇苦'，将食盐转运至一座座城镇、一个个

---

① （清）邱嘉穗：《广盐屯》，杨家洛主编：《皇朝经世文编》卷四十九《户政》，台北：世界书局，1964 年，第 134—135 页。

集场"①。

　　还有"贫民自食其力，赴井挑负，于就近州县地方，零星发卖。"②正是由于川盐古道的存在，将广大民众的生存与之紧紧地维系与连接。不仅如此，"大盐厂如犍富等县，灶户、佣作、商贩各项，每厂之人，以数十万计。即沿边之大宁、开县等厂，众亦以万计。灶户煮盐，煤户、柴行、供井用商行，引张小行，贩肩挑贸易，或出资本取利，或自食其力，各营生计，无所谓事端也"③，又"川盐行楚，并井灶捆载增至数万人，重庆肩贩川河纤夫又不下数万人，此辈无业游民，易聚难散，猝议封禁则失业太多，后患难言"④，且"川盐汲井烧灶，以及陆路搬运，水路装载，船工、纤夫亦何止数十万人，此皆无业穷民，恃以为活，易聚难散，骤欲绝其生路，岂肯束手待毙，蜀中山谷深阻民气浮动循峡而下，势若建瓴，其患更属不堪设想"⑤。正是如此，所以老百姓依赖于川盐的兴盛，亦如严如熤所言："川中沃饶，为各省流徙之所聚，其他陆路来者，无论已。即大江拉把手，每岁逗留川中者，不下十余万人，岁增一岁，人众不可纪计。岂山中垦荒、平畴、佣工所能存活，幸井灶亦岁盛一岁，所用匠作转运人夫，实繁有徒，转徙逗留之众，得食其力，不至流而为匪。故川中近年边腹地之安靖，得力于盐井之盛为多也。"⑥上述之文献史料，均以川盐产销之重要性与紧迫性作为论述重点，其言外之意，也就是川盐产销的兴盛，带动盐运古道的通畅，不仅解决了广大民众的生计，还保证了西南地区社会的整合和稳定，减缓了当时社会各阶级与阶层间的矛盾，促进了社会的高效运转。

　　值得注意的是，因盐场大规模地生产，由此形成了大量的人依附于盐场而维持生计。如犍为县"直接间接依赖盐业以生活者，为数不下四五万人，就中以劳工占最多数。""近者五通桥盐泉大旺，日需煤数十万斤……水陆运负，日活数万人。"⑦南部县"炭自广元载舟而来，贫民瘠土，无以为业，人

────────────

① 何仁仲主编：《贵州通史》第三卷，北京：当代中国出版社，2003 年，第 238 页。
② （清）严如熤撰、黄守红标点：《严如熤集》，长沙：岳麓书社，2013 年，第 1049 页。
③ （清）严如熤撰、黄守红标点：《严如熤集》，长沙：岳麓书社，2013 年，第 1045 页。
④ （清）丁宝桢：《四川盐法志》卷十一《转运六·济楚上》，清光绪八年（1882 年）刻本。
⑤ （清）丁宝桢：《四川盐法志》卷十二《转运七·济楚下》，清光绪八年（1882 年）刻本。
⑥ （清）严如熤、黄守红标点：《严如熤集》，长沙：岳麓书社，2013 年，第 1051 页。
⑦ 民国《犍为县志》，民国二十六年（1937 年）铅印本，第 1399 页。

物负运，得以养生，灶民藉此稍得自省其力"①。总之，业盐的人，空前增多，如射洪县"居民强半以井为业"②最属典型。而单就盐场内就有"司井、司牛、司车、司篾、司梆、司漕、司涧、司锅、司火、司饭、司草，又有医工、井工、铁匠、木匠"③等各类不同分工的人员，连"滇黔陕甘流民、佣工，井灶借以营生者，尤不可胜计"④。可以说，盐场的繁盛是因盐道的顺畅，盐道的忙碌又是与盐场产盐的兴盛紧密相连，两者彼此关联，受此关系影响，也促成了盐场生产和销售分工的出现。具体来说：

首先，在井盐生产过程中存在着井、灶、枧的大型部门分工，三者各成体系（图 2-3），在经营、管理方面也各有特点。

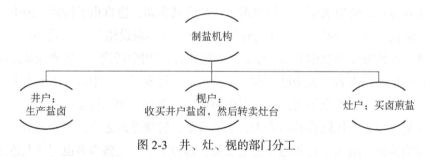

图 2-3　井、灶、枧的部门分工

以富荣盐场为例，井户系因投资钻井成功后，取得了对盐井的占有权，其生产的盐卤，或者自行煎盐，或者出售与枧户和灶户，而以后者为多。

灶户有炭灶（使用煤炭）及火灶（使用天然气）之分。犍为等场，以前者为主，富荣场在道光以后，则以后者为主。灶户多属合伙经营，建置锅灶，即可买卤煎盐。炭灶设备费用较之钻井低得多，故每遇盐价上升，中小商人纷纷组合，火灶则需租佃火圈，多以十年、十二年为限。

枧户之出现在于输卤之需要，枧户之主要业务是收买井户盐卤，然后转卖灶户。其不愿向枧户购买者，但由盐枧输送，盐枧系用竹管相接，按担计值。……无枧之处，则井灶自行交易。盐枧所经过之地面，需要向地主租佃，付给佃银。有的枧户也向其他领域发展，如"兼烧火圈"，即经营

① 道光《南部县志》卷六《盐政》，道光二十九年（1849 年）刻本，第 85 页。
② 光绪《射洪县志》卷首，清光绪十年（1884 年）刻本，第 24 页。
③ （清）温瑞柏：《盐井记》，杨家洛主编：《皇朝经世文编》卷五十《户政》，台北：世界书局，1964 年，第 190 页。
④ （清）丁宝桢：《四川盐法志》卷十二《转运七·济楚下》，清光绪八年（1882 年）刻本。

佃煎火井业务。

其次，在井、灶、枧内部又有复杂的技术分工。以富荣盐场为例，"劳动分工达四五十种。其中井上工种十五至十九种，一井用工五十至七十人；灶上工种五至十四种，一灶房用工十四至二十三人；枧上工种九至十一种，一枧用工二十八至三十人"①。又，"据《四川盐政史》载，富荣东场之井、灶、枧户，除管账、帮账、管事外，每井有山匠二人，大帮车二人，牛牌子一人，拭篾匠三人，生火工三人，开车工三人，打杂工三人，学徒若干人，此系固定之工匠。如钻凿盐井，则有井口管事一人，捣碓匠二十余人，拭篾匠二人，杂工三人等。每灶则有灶头一人，桶子匠一人，烧盐匠十人，打杂工二人。每枧则有枧匠六人，翻水匠八人，坐码头二人，坐楻桶二人，白水匠四人，马夫三人等。为盐场雇佣的尚有大批零工，如木匠、石匠、土匠、挑水夫、抬盐夫、挑炭夫等"②。

盐场的技术分工，也可以通过《犍为盐场灰山井场务所所属井灶工人的名册》③来获知这一详情（表2-2）。

表2-2 盐场各灶制盐的技术分工

灶名	烧司（烧盐）	筒匠	山匠	打杂	赶水	牛牌	运输	伙房
裕华灶	2	1	1		1			
正心灶	2	3		1	1			
永安灶	2	8		1	1			
纯隆灶	4	5		2				
三益灶	1	4			5	2		
同春灶	5	3	1	3	3	2		
镇海灶	2	4	2		4		2	
启祥灶	2	2	1	1	5	2	8	1
云龙灶	1	4		3	7	1		
复兴灶	1	2			2	1		

---

① 转引自张学君、冉光荣：《明清四川井盐史稿》，成都：四川人民出版社，1984年，第165页。
② 转引自张学君、冉光荣：《明清四川井盐史稿》，成都：四川人民出版社，1984年，第165—166页。
③ 《五通桥盐务管理分局犍乐区井灶工人调查表》（1939年10月11日），全宗号：4，目录号：1，案卷号：156，五通桥区档案馆藏，犍为盐场灰山井场务所所属井灶工人的名册。

续表

灶名	烧司（烧盐）	筒匠	山匠	打杂	赶水	牛牌	运输	伙房
益顺源灶	5	1			1			
四顺灶	1	4		1	1			
聚源灶	1	1	2		3			
波云灶	1	4						
珍祥灶	2	4	1		2			
德荣灶	3	1						
第二复兴灶	1	3		1	2			
春发灶	2	4	2		1			
德利灶	1	1	1	1	2			
光明灶	3	1	1	1	1	1	1	
金生源灶	2	3	1	1				
源海灶	1	2	1	1	2			
义生灶	2		1					
德生灶	1	5		1				
吉星灶	2		1	1				
永德灶	3	6	1	1	1		1	
源盛灶	2	2	1					
永丰隆灶	1	3	1	1				
协顺灶	1	2			1			
荣鑫灶	2	2	1		2			1
文记灶	4	4			5	2		
益有灶	2	2	1	2	2			
鸿福灶	1	7	1	1	4			
裕通灶	2	6		4	3	1		1
集庆灶	3	2	1	1	2			1
恒通灶	2	4	1		4	1	1	1
利昌灶	1	4			3	1		

以自贡盐场的盐业大家族之一的李四友堂为例："每灶的柜房有掌柜一人，掌管全局。其下设管账和帮账各一人，管账经管账目，系掌柜的下手。掌柜不在时，凡事都问管账……帮账是管账的助手……总灶一人，管理烧盐、捆盐、吊称等项业务。其下设坐灶数人，协助总灶工作。每一坐灶管理三十或四十口火圈……水外场一人，主要是负责关于卤水的购买、接洽交涉……总签一人，以下设散签数人，其职务是管理翻挑卤水。……大灶每天需要卤水一千多担，挑水工人须在吃早饭前就把一天煎盐所需的卤水挑足数量。……师爷一人，系斯文儒雅之士，负责招待应酬，有的还是作为东家的智囊的高等谋士……烧盐工人，每人烧火圈五口……"①而在井房，除管账、帮账外，还有"井口管事"，监督井上工人。至于枧房，尚设置"巡视管事""坐码头"等职，以统计卤水流量和管理枧上事务（图 2-4）。由此可见，盐场已非商业资本家直接经营管理的简单生产组织，而是成为在盐业资本家指挥下，由专业人员组成的、较为严密的生产管理机构了。

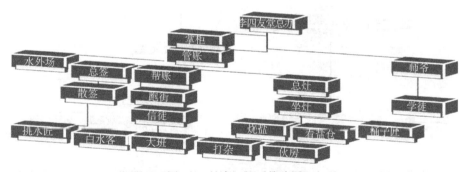

图 2-4 灶房组织系统略图

卤水枧创办地老陕，后来资本雄厚的盐商都自办卤枧，当时有十大枧，大生枧便是其中之一。大生枧的枧竿铺设路线系从贡井的苟氏坡经曾家祠到自井大湾井，全长近廿里。大生枧管理机构共有三个：上塘、中塘、下塘。上塘设苟氏坡，中塘设曾家祠，下塘设大湾井，每个塘的组织基本相

---

① 《自流井李四友堂由发轫到衰亡》，《自贡文史资料选辑》第六至十辑合刊本，内部资料，1982 年，第84—85 页。

同。就上塘的组织系统（图 2-5）简列如下："掌柜一人，对内外事务负全责，其下管账和帮账各一人，管理现钱一人。管账和帮账的任务与灶房相同。水外场一人。交涉卤水的买卖。总签一人，在总签下设散签四五人，协助总签工作，即在总签指导下经管卤水的出入。大生枧业务兴盛，特设一人坐码头，专管卤水的收入。写水账一人。……此外，还有伙房、打杂、大班等工人。"①

另有自贡盐场在钻凿盐井时的工匠分为直接与间接两种。直接的有管事、山匠、十五班碓工、三十班碓工、拭篾匠五种；间接的有牛牌子、辊子匠、白水客、炊事五种。至于各种工匠的人数，除管事永远只有一人外，其他有的则需因井凿深而有增加。

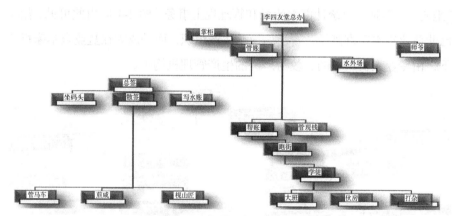

图 2-5 大生枧组织系统略图

井成之后，一口日产百担以上的卤井，井上职工即需 40 人左右。计有井口管事、使牛匠、牛牌子、拭篾匠、抠水匠、土工、木工、石工、杂工、学徒等十余种。设锅 30 口以上的灶房，则需职工 30 人至 40 人。计有灶头、烧盐匠、桶子匠、打锅匠、车水匠、抬盐匠、伙房等工人。每条输卤的竹笕则有笕山匠、翻水匠、坐樻桶、坐码头、白水匠、马夫等工种。在井、灶、笕中，又设有掌柜、经手、管事、外场等职，组成了较为严密的

_____
① 《自流井李四友堂由发轫到衰亡》，《自贡文史资料选辑》第六至十辑合刊本，内部资料，1982 年，第 87 页。

生产管理机构。

"具有一定规模的井灶，大都由山匠、坐灶、管事等代表业主招雇盐工，或由亲友介绍，或在劳力市场即人市坝招募。这些雇工大都有人身自由，论工受值"①。

据四川省盐业会筹委会议 1942 年 12 月印发的《四川盐工概况》记载：

> 各场盐工工作时间长短不一，有当班一日闲班一日者如烧盐匠。有工作十小时者，如生火、拭篾、挑白水。有工作八小时者，如放水、电工、锅炉工、打锅匠、围子匠。有工作六小时者，如扯水、吊称、抬盐。有工作五小时者，如牛帮、挑炭、花捆盐、装盐及放盐长班。有分三班输值工作者如牛帮车，有昼夜不停者，如镶铁筒工。有整日工作者，如灶头伙房、锅砖工、看门、看仓等。亦有以工作结果计算工资者，如车水匠二人每天车水三百二十担，多者加花红（即赏钱每担四五角不等）。其他如机械修理、机械学徒、铁匠、辊子匠、筧山匠、板车工、抬炭、撑船、打杂等，则均无一定之工作时间。又盐工有所谓"上手"、"下手"之分，其意义相当于师傅学徒，大抵上手工作较闲，下手多整日夜工作，饮食起居，均在井灶房，终年无闲班之时。②

虽然盐工们的分工不同，从事的工种不同，但都是在极其艰苦的劳动环境中，从事着繁重的劳动。

三、地方因以盐运而兴盛

随着川盐运销至黔湘鄂省各处，不仅因营运养活了众多盐道沿线的民众，重要的是还为原本僻壤且冷落的乡里，打开了一道通向外乡的道路，使得本乡与外乡之间来往成为必然，亦使不同民族因盐运道路的存在，实现了各民族之间的交往与互惠，更使地方社会得此之便利，在盐运道路通达之处形成了一个个贸易集散地。

---

① 宋良曦：《盐都故实》，成都：四川人民出版社，2014 年，第 254 页。
② 宋良曦：《盐都故实》，成都：四川人民出版社，2014 年，第 254—255 页。

（一）盐道沿线兴起的集镇

因各取所需是集市交易的原初动力，而其中各地民众对盐的需求，则成为集市交易的催化剂，由此形成了以盐为主要交易物，并从基层社区延伸至中心社区的各层级结构的贸易圈。以黔省的乌江盐运为例，思南县的塘头镇，地处乌江中游，因乌江水道便利，有川黔滇湘鄂桂等省的商人、手工业者来塘头经商，被称为"小南京"，于清乾隆三年（1728 年）设立，是思南的第二大集市，以盐为大宗，交易当地的土物产灯草、斗笠、粽叶扇与红苕粉等。①文家店镇地处乌江中上游，舟楫乘便，上可达余庆等地，下可至涪陵入长江，成为临近的瓮溪、合朋等乡镇的物资集散地，因此当地人说："没有乌江，就没有文家店集市的形成。"②乌江作为川盐入黔的主要内河航运通道，四川总督丁宝桢曾于光绪三年（1877 年）整治过乌江河运，沿岸商民欣然捐资，疏凿 50 余座险滩，航道条件有所改善。由于乌江的运输物资在清代最主要是盐运，于是川盐依托乌江航运被源源不断地输送到不出产盐的黔省销售，而这恰好为河道沿线场镇的兴起与繁盛提供了历史机缘。沿河县的和平镇是乌江之龚滩至新滩间的重要码头，曾是黔东北的铜仁、玉屏、石阡、江口、印江、思南、德江、务川、沿河，渝东的酉阳、秀山，湘西的花垣、凤凰、麻阳等县的食盐和农副产品的集散地。③和平镇的盐运业是乌江航运中的大宗，以盐运和农副产品运输为主要内容，和平镇在清代发展成为黔东北地区重要的商贸中心。清嘉庆年间，有上海人贺建成到和平镇开设"祥发永"商号，经营食盐、粮食和油脂，为该镇第一家外省商人。道光元年（1821 年），又有陕西人到和平镇开设"天字号"商号，经营食盐、粮食。咸丰元年（1851 年），本地人熊承芝开设"恒永源"商号；刘忠锡开办的"卅

---

① 游涛：《对思南县乌江开发及集镇兴起的调查》，贵州省民族事务委员会、贵州省民族研究所：《贵州"六山六水"民族调查资料选编·土家族卷》，贵阳：贵州民族出版社，2008 年，第 168 页。

② 游涛：《对思南县乌江开发及集镇兴起的调查》，贵州省民族事务委员会、贵州省民族研究所：《贵州"六山六水"民族调查资料选编·土家族卷》，贵阳：贵州民族出版社，2008 年，第 169 页。

③ 陈国安：《沿河土家族自治县和平镇、黑獭乡、洪渡镇航运商贸调查》，贵州省民族事务委员会、贵州省民族研究所：《贵州"六山六水"民族调查资料选编·土家族卷》，贵阳：贵州民族出版社，2008 年，第 171 页。

号"商号；周厚安、张建初两郎舅合资开办"永昌恒"商号，这些本地商号
在和平镇主要经营食盐、粮食、农副产品和陶瓷器，等等。①洪渡镇为乌江
贵州境进入重庆境内的最后一个乡镇，其航运主要是在龚滩至贵州省出境
界石彭之间，由于地处乌江南岸边，水运比较发达，形成的水码头是周边 10
个乡镇的物资集散地。洪渡镇在清代分别有陈德才、田宏斌、陈瘄南、陈启
智、熊如斌等船帮，这些船往来于涪陵、彭水、龚滩之间，由涪陵运入食盐，
再由龚滩等处运出黄豆、大米、桐油、五倍子等。该镇开设场坝，五天一集，
逢五、十为赶场天。②清顺治十五年（1658 年）至顺治十六年（1659 年），
首批江西商人进到江口县城，其时"商贾云集，江口县之间铺行不下五六百
计，须称小盛"。江口县的怒溪场、闵家场都建有码头，可停木船 40 艘。怒
溪场在清光绪年间，有外籍商人开设的"八大商号"和本地铺行 4 个，货船
40 艘，年产销蓝靛百余万斤。③

　　德江县的潮砥场位于乌江东岸，因德江、思南、印江等地所产大米、桐
油、生漆，尤其是大米，从潮砥上船，沿乌江而下出长江外销，所以在清代
时期当地有"盐船上，米船下"之说，潮砥场也因此成为黔东地区的主要物
资集散地，日益繁荣，物资集散覆盖了德江、思南、印江、石阡、凤冈、江
口、务川、松桃、余庆等县。④新滩场位于乌江之滨，江水在此漫为大沱，导
致上下行航运船只必须靠岸，通过人力转运货物过滩再上船，称之为"盘滩"。
于是附近几十里地的农民涌入新滩，在新滩场驻扎下来，吃搬运饭，称为"盘
滩匠"。随之商业和服务业逐渐兴起，形成集市。从事搬运的人，有一部分富
裕起来，便单独或是几家人合伙购买船只办起航运业务，有的单独或是合伙
搞起了造船业。在清代，涪陵的尹记、袁利通两大商号向新滩投资造船和航

① 贵州省地方志编纂委员会编：《贵州省志·民族志（上）》，贵阳：贵州民族出版社，2002 年，第 376 页。
② 陈国安：《沿河县土家族自治县和平镇、黑獭乡、洪渡镇航运商贸调查》，贵州省民族事务委员会、贵州
　　省民族研究所：《贵州"六山六水"民族调查资料选编·土家族卷》，贵阳：贵州民族出版社，2008 年，
　　第 176—178 页。
③ 贵州省地方志编纂委员会编：《贵州省志·民族志（上）》，贵阳：贵州民族出版社，2002 年，第 376 页。
④ 田明新：《德江县潮砥场、新滩场历史文化调查》，贵州省民族事务委员会、贵州省民族研究所：《贵州
　　"六山六水"民族调查资料选编·土家族卷》，贵阳：贵州民族出版社，2008 年，第 84 页。

运，当地人用所造的船替这些商号运输食盐、药材与粮食等。①由于西南各民族间贸易往来的需求以及中原王朝开边辟土、移民戍边等系列政治经济动因，致使乌江等水运航道得以疏通和利用，如此在通航的河道两岸或是转运码头，就形成了集市。

与之不同的，则是在西南地形奇特、山脉纵横交错的深山沟涧中，开通的一条条驿路古道，成为盐运的陆路通道，亦在交通要道形成了集市或是商贸中心地。清朝的驿道在元明两代的基础上有所发展，将川黔滇有效地纳入了整个中央王朝的交通体系之中，使得交通网络更为发达。因驿道承载着驿运和邮转，关系到封建帝国的行军作战、运输粮秣、情报传递、物资流动与商贸往来等政治、经济、军事功能，随着人员往来的增多，在驿站和交通枢纽地区逐渐形成聚落和集市成为历史必然。

贵州历史文化名城镇远因控驿道，自明代"舟车辐、货物聚集"，本地所产铅和云南的铜锡在此转运，商业盛极一时。因镇远地界湘黔，亦属滇黔之门户，又当水陆要冲，外地客商在此云集，到清末已然成为"黔省之冠"。德江县的煎茶溪，是德江、沿河到贵阳的必经之地，也是铜仁、江口、石阡、印江、思南等地到遵义的必经之地，交通便利，属黔东北交通要道，在明初就设有驿道。逢二、七赶场，上千人集于镇上，大多来自偏岩、大河乡或是本镇，亦有来自德江县城，集市贸易很活跃，交易物主要有食盐、粮食等。青龙镇集市规模较大，设有食盐、粮食、畜牧、农具与竹器等贸易市场，逢四、九赶场，来自德江县各地的人数在三万人以上②。清平镇位于黔东南凯里城西，因地处由湖南通往贵州的贵阳市的交通要道，亦是自明代始成为湘黔交往的必经之地，因此在这里建有驿站，随之形成了农贸市场。至清代，清平镇集市更加繁荣，经济贸易十分发达，商人们沿着"东起长沙，西抵贵阳"的湘黔大道，以人挑背夫等方式往来于清平经商。本地出产的烤烟、棉花、

---

① 田明新：《德江县潮砥场、新滩场历史文化调查》，贵州省民族事务委员会、贵州省民族研究所：《贵州"六山六水"民族调查资料选编·土家族卷》，贵阳：贵州民族出版社，2008 年，第 87 页。
② 李霞林：《德江县乌江流域经济文化调查》，贵州省民族事务委员会、贵州省民族研究所：《贵州"六山六水"民族调查资料选编·土家族卷》，贵阳：贵州民族出版社，2008 年，第 189—190 页。

土布、百合粉等土产品被源源不断地运往长沙等地销售，而外地的商品诸如食盐等进入清平，集市贸易日益活跃。此外，在黔省与川湘两省接壤的边界，形成了历史悠久、规模较大、贸易接壤对接点增多与贸易活跃等特质的边界集贸市场，其中就有位于黔东的万山，与湖南的芷江、新晃县为邻，该处形成的边界集市贸易十分发达。万山地区边界集贸的发展，乃是"有货丹砂者"以及水银的开采推动的结果，至明洪武二十五年（1392 年），省务程、龙鳌、坪岳溪和都坪峨溪两个蛮夷长官司并入道司，之后刘姓在万山的黄道建司前（又叫司里）市场，每逢农历初二、十二赶场；罗姓建仓前市场，逢农历初七、廿二赶场。黄道场的花生等几乎全部流入湖南。万山的下溪乡，建场已有百余年历史，因东界湖南省芷江县大树坳，西接敖寨，南连黄道，北邻铜仁之瓦屋，属典型的边界市场，每逢赶场，万山各乡镇及附近地区如湖南的芷江、新晃等县的群众都带着自己的货物到下溪村进行交易，主要交易货物有木材、粮食、食盐、农具等，品种繁多。[①]清光绪年间，彭架山（今下溪侗族乡）张嗣干专营木材，大量砍伐杉木，从烂泥塘扎木排运至湖南麻阳销售，回程则运销食盐等[②]，由此使下溪村的边界市场更为活跃。另有松桃地处黔省东北角，东界湖南的花垣、凤凰，南连铜仁、江口，西接印江、沿河，北靠重庆的秀山、酉阳，其边界集市贸易不仅与湖南发生关系，也直接与重庆的秀山、酉阳有着密切的联系，呈现了纷繁复杂的特点。主要交易物品为桐油、花生、红苕干等，多是流入湖南和四川境内，从而也造就了松桃边界市场的繁荣。[③]

另有，清代中后期兴起的黔北四大名场，即民间所称"一打鼓、二永兴、三茅台、四鸭溪"，当属于因处陆路交通要道而兴盛之类。尤其是"打鼓场"居四场之冠，该场地势宽阔且平坦，联系附近村落较多，田畴连片，

① 桂晓刚、蒋立松：《铜仁地区边界集贸调查》，贵州省民族研究所、贵州省民族研究学会：《贵州民族调查（之九）》，内部发行，1992 年，第 320 页。
② 桂晓刚、蒋立松：《铜仁地区边界集贸调查》，贵州省民族研究所、贵州省民族研究学会：《贵州民族调查（之九）》，内部发行，1992 年，第 317 页。
③ 桂晓刚、蒋立松：《铜仁地区边界集贸调查》，贵州省民族研究所、贵州省民族研究学会：《贵州民族调查（之九）》，内部发行，1992 年，第 328 页。

乃通川大道，可经遵义至綦江，可由茅台达合江，亦可自鱼塘抵古蔺。同时，省内可经黔西往毕节，可经鸭池河至安顺，从六广河至贵阳，是省内外商旅往返便途及中途停歇地。①因此，该场呈现了"四方商贾络绎往来"的繁盛之势。

除此之外，从四川的盐场的规模生产食盐的巨额数量来看，"一般煎锅每口'昼夜出盐三百数十斤'，大宁这样的中等场，日产量也在三万斤。清代前期，富荣盐场按引票盐计算，每年花盐三千八百二十一万斤，巴盐一千零二十四万八千斤，实际产量当然不止此数。这都是为市场销售而生产的，不仅供应全川，并贩卖于贵州、云南、湖北、湖南等地，拥有辽阔的消费市场"②。如此大规模的四川境内与境外的消费市场，不仅带动的是各大盐场的兴盛，也通过纵横交错于省内省外的盐道路线，于盐道沿线兴起的大量市场及其城镇，这一社会历史已有学者关注，此处不再赘述。笔者于此仅选取一处田野调查点龚滩为例，来分析地方因盐道而兴盛的过往历史，以及在龚滩形成的特有民俗事象。

龚滩水深滩急，多是悬崖峭壁，很是险恶。"明代嘉靖年间，赵瓒所著《贵州图经》对龚滩有这样的记述'龚滩波涛汹涌，声震如雷，长十余里，舟至皆搬其货上，凭空舟上下'"③所以，原来称其为"龚湍"，后因古镇的发展和此处多居住龚姓人家，故得名"龚滩"。龚滩古镇位于乌江的东部，因水而生，由龚滩码头发展而来，曾是渝、黔、湘、鄂的重要中转站，是乌江盐油古道的一个货运中转重镇和物资集散地，故以前有"钱龚滩"的美誉，民间还流传着"一个红苕，一把伞，跑去龚滩当老板"的民谚。听龚明据老人回忆，曾经的龚滩是很有名、很有地位的，在"地图上没有标注酉阳县，而是标注的是龚滩"，从老人的回忆中可以想象得出龚滩曾经的繁荣。

龚滩码头盐运繁盛，聚集了很多商人，尤其是陕西的商人居多。清朝光绪年间，陕西商人张朋九在龚滩开设盐号，建了一座川盐古道上出名的西秦

---

① 何仁仲主编：《贵州通史》第三卷，北京：当代中国出版社，2003 年，第 229 页。
② 张学君、冉光荣：《明清四川井盐史稿》，成都：四川人民出版社，1984 年，第 162 页。
③ 王绍荃：《四川内河航运史（古、近代部分）》，成都：四川人民出版社，1989 年，第 154 页。

会馆，因其外观墙壁是红色，便也叫红庙子。①西秦会馆位于龚滩码头上的龚滩古镇的石板街中，会馆是四合院式的高墙大院，内设正殿、偏殿、耳房和戏楼，里面的建筑都是经过精心设计，雕刻有精美的图案。为了储售食盐方便，盐商还在龚滩修建了半边仓（半边仓半坡青瓦覆顶，木板横装为壁）、董家仓、友兰店、夏家仓、罗家店等多个储存食盐的仓库，便于食盐在当地销售或是装运销往周边其他地方。民国时期，龚滩码头有冉、罗两大家族，他们分别居住在龚滩的上下码头，势力很大，对上下码头有着极大的影响力，当时还流传着"上街不惹冉，惹冉下不了坎；下街不惹罗，惹罗过不了河"的说法，他们也十分讲义气，不是蛮不讲理。

亦据文献记载，迫于战时军需民食运输压力，招商局与民生公司曾于1940年，联合开办川湘联运业务。之后"涌现出'大业'、'久大'、'中南'、'蜀通'、'蜀运'、'玉成'等十余家较大盐号及百余家商号"②，龚滩码头更是成了这条航道上最为重要且繁忙的码头之一，也发挥着不可替代的重要作用。行船量和人流量较以前更大了，当时"龚滩有官仓8间，可存盐5.23万担，'大业'、'中南'等盐号有仓7间，可容盐4.5万担"。③由此可见，盐业运输繁忙，使得龚滩市场经济更是达到了空前地繁荣，就有了"百日场"之称④。正是如此，也带动了其他行业发展。

盐道的通畅与繁忙，促成了地方的兴盛，而地方社会的民众则把对盐道畅通的寄冀之情转移到了对盐运背夫们的怜悯与同情，在龚滩就出现了一种特有的民俗事象，即点盐灯习俗。⑤在枯水时节，天黑的比较早，繁忙的盐运却不会因为天黑而早早结束，背夫们依然会继续前行。当他们经过龚滩老街，老街建筑物对光线的遮挡，导致了街道昏黑一片，背夫经过时便看不见路。

---

① 访谈对象：冉启才（1948—），重庆酉阳县龚滩人。访谈人：杨亭等；时间：2016年3月11日；地点：酉阳县龚滩古镇。

② 赵万民等：《龚滩古镇》，南京：东南大学出版社，2009年，第9页。

③ 《涪陵地区盐业志》编纂委员会：《涪陵地区盐业志》，成都：四川人民出版社，1991年，第144页。

④ 何瑛、冯瑛：《龚滩古镇与巴文化的历史渊源及兴衰原因初探》，《重庆师范大学学报》（哲学社会科学版）2004年第4期，第110页。

⑤ 访谈对象：冉启才（1948—），重庆酉阳县龚滩人。访谈人：杨亭等；时间：2016年3月11日；地点：酉阳县龚滩古镇。

于是老街上一个手巧的妇女，用竹子编了一个方正的笼子，然后在里面放一盏灯，为过往背盐的背夫照明。看到这个妇女这样做，老街上的家家户户就都仿照着做了一盏灯挂在自家屋檐下。后来都形成了一种习惯，到了点灯的时间，只要打几下板，听到响声家家户户就点亮"檐灯"，为背运盐的背夫照明，所以"檐灯"也叫做"盐灯"。

（二）盐场的"同心圆"模式①

施坚雅把对传统村庄作为独立对象进行微观研究，转而进行"作为社会结构的市场体系"的宏观研究。也就是要重点探究中国农村的定期集市本身的运作、互动与外部之间的关系，尤其是集市对农村社会经济结构的影响，因此，实现了研究范式的转换。即如他说："研究中国社会的人类学著作，由于几乎把注意力完全集中于村庄，除了很少的例外，都歪曲了农村社会结构的实际。……我要论证的是，农民的实际社会区域的边界不是由他所住村庄的狭窄的范围决定，而是由他的基层市场区域的边界决定。"②正是以此为基础，施坚雅以集市贸易体系来研究中国社会，以为"一个特定的中心地可以根据它在连锁性空间体系内的地位来分类，而在这个空间体系内，经济职能是与等级层次相联系的"③，不仅如此，"一个居民点的经济职能始终如一地与它在市场体系中的地位相符合，而市场体系则按固定的等级自行排列"④。而在集市贸易体系中，基层市场尤为重要。"如果可以说农民生活在一个自给自足的社会里，那么这个社会不是村庄而是基层市场社区"⑤，因

---

① "同心圆"的提法，可以参看朱炳祥：《〈农村市场与社会结构〉再认识——以摩哈苴彝族村与周城白族村为例对施坚雅理论的检验》，《民族研究》2012年第3期；李亚、李英：《改土归流后酉水流域的市场网络》，《广西民族研究》2018年第6期；任放：《施坚雅模式与中国近代史研究》，《近代史研究》2004年第4期；崔应令：《回顾、反思与重构：近百年来中国社区研究》，《华中科技大学学报》（社会科学版）2011年第1期；郑海花、富强：《人类学的中国乡村社区研究历程》，《广西民族研究》2008年第4期；桂华、贺雪峰：《再论中国农村区域差异——一个农村研究的中层理论建构》，《开放时代》2013年第4期。

② （美）施坚雅著，史建云、徐秀丽译：《中国农村的市场和社会结构》，北京：中国社会科学出版社，1998年，第40页。

③ 转引自（美）施坚雅著，史建云、徐秀丽译：《中国农村的市场和社会结构》，北京：中国社会科学出版社，1998年，第5页。

④ （美）施坚雅著，史建云、徐秀丽译：《中国农村的市场和社会结构》，北京：中国社会科学出版社，1998年，第5页。

⑤ （美）施坚雅著，史建云、徐秀丽译：《中国农村的市场和社会结构》，北京：中国社会科学出版社，1998年，第40页。

此，在集镇体系理论的基础上，他提出的基层市场共同体理论，最终是"当一个农民对他的基层市场区域的社会状况有了充分良好的了解……会引起的某些结构上的后果"①，于此，施坚雅完成了"作为社会结构的市场体系"的宏观模式的形塑，由基层市场延展至中国城市贸易体系和经济等级结构，同时对市场贸易体系的讨论，揭示了市场也是作为文化的载体而存在②。这就是以基层市场为中心，形成的"同心圆"模式。

恰是以盐场为中心的基层市场社区，"它满足了农民家庭所有正常的贸易需求：家庭自产不自用的物品通常在那里出售；家庭需用不自产的物品通常在那里购买。基层市场为这个市场下属区域内生产的商品提供了交易场所，但更重要的是，它是农产品和手工业品向上流动进入市场体系中较高范围的起点，也是供农民消费的输入品向下流动的终点"③。当然，在"同心圆"的模式下，人们的流动和相互联系是沿着从村落通向贸易中心这一路线，即人们以盐场为中心，从基层市场社区的纵横交错的道路和河流，通向其他更高层次的中心。

正是如此，在不同等级层次之间的区域，就会形成"中心—边缘"社会结构。

资源主要集中在大河冲击而成的低地平原，在这些地区土地肥沃，面积广大，可耕地比例较高，水利灌溉方便，由于天然的资源优势，农业的集约化经营程度高。在农业发达的基础上，由于河流和平原上的交通优势，商业活动随之发达起来，逐渐形成经济中心。边缘地带大多相对处于远离河流的地区和山区，不论在农业和商业方面都比较落后，在一些日用必需品（如食盐）方面必须依赖中心的商业供给。边缘地带的一些特产和手工艺品同时反方向流向中心市场。在这样的中心—边缘结

---

① （美）施坚雅著，史建云、徐秀丽译：《中国农村的市场和社会结构》，北京：中国社会科学出版社，1998年，第45页。

② 张青仁：《如何理解中国社会：从模式争论到立场反思——对杨庆堃和施坚雅集市研究的比较分析》，《云南民族大学学报》（哲学社会科学版）2015年第5期，第67页。

③ （美）施坚雅著，史建云、徐秀丽译：《中国农村的市场和社会结构》，北京：中国社会科学出版社，1998年，第6页。

构中，每个经济区都形成了联系乡村、市镇、城市的不同层次的市场等级和独立的城市体系①。

通过观察，我们会发现以盐场为中心地区形成的"同心圆"模式，以盐的生产和销售，牵动了周边地区社会乃至于外省的特色资源，却也凸显了不同区域内外形成的非农生计差异和特色。如制作汲卤的筒、锉井、取井（即打捞井下落物）用的篾、输送卤水的笕、包装盐斤用的篾包以及推汲卤水用的拭篾等所需的斑竹、楠竹、寿竹与刺竹以及制索、盐包等盐业用竹。而用竹产地除四川省山区如天全、荥经、名山、灌县、大足、凉山、大竹、屏山、长宁、合江等地外，还需远至贵州、陕西、湖南、湖北等省采购。云南产区为昭通所属的黑堰溪、冒水孔等地，贵州为思南、土城、遵义、仁怀、赤水、习水各地。陕西为紫阳，湖北为施南，湖南为常德一带。②最为明显的是，供应我国西南地区人民生活需要的井盐，在其生产过程中已经体现了地域分工的特点。

具体来说，如在富荣盐场（图 2-6），"为金工、木工、石工、杂工者数百家；贩布帛、豆粟、牲畜、竹木、油、麻者数千家"，同时"盐场所需之盐锅来自江津，温锅来自泸州、合江，煤炭产于威远……花麻来自温江，篾索产于宜宾"③。胡豆（饲料）分"乡料"与"河料"，前者购于富荣乡区，后者则来自江津。"各地物资贩运而来，并在盐场设立商店、厂坊。在辅助行业中，以橹船帮、篾索帮及稍后之牛推户帮地位最高。为盐业生产服务的各种行业的活动，是当时社会经济生活中的重要内容。如在蓬溪，'……潼南竹、斑竹、寿竹，其积如汉滨之蓬。剥麻束其肤，担负时至。烧盐之茅，在山弥望，在市塞途。涪上之舟，盐去物来，帆桨如织。荷盐致于舟，易炭以旋者，其人总多世继为业'"④，由此看到蓬溪场的一片兴旺繁盛之势。

---

① 才佳兴：《美国汉学研究中的施坚雅模式》，《赤峰学院学报》（汉文哲学社会科学版）2012 年第 12 期，第 76—77 页。
② 宋良曦：《盐都故实》，成都：四川人民出版社，2014 年，第 169 页。
③ 张学君、冉光荣：《明清四川井盐史稿》，成都：四川人民出版社，1984 年，第 163 页。
④ 张学君、冉光荣：《明清四川井盐史稿》，成都：四川人民出版社，1984 年，第 163 页。

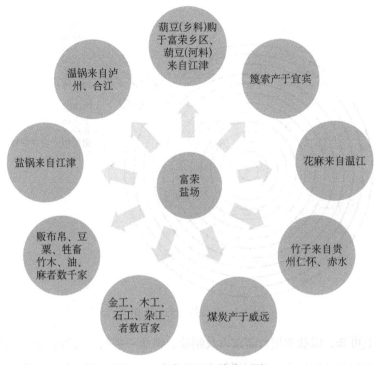

图 2-6　富荣盐厂地域分工图

　　再以自贡盐场为例，可以看出牛来源于贵州省邻近四川的县和本省的凉山、西昌、高县、珙县、长宁、筠连、庆符、永宁、涪陵和万县等山区；牛的市场与交易点在邻县有隆昌的隆市镇、富顺的茅头铺，盐场以内的有大山铺、贡井新拱桥、自流井上桥等处；牛的饲料蚕豆来自江津、万县等地；牛的草料即青草产自本地，如此在"同心圆"的吸引下，实现了周边特产向盐场中心的流动。不仅如此，还以盐场中的牛，形成了鲜明的以牛为对象的行业分工（图 2-7），这是自贡盐场的独特之处。他们主要是牛行户、粟粮帮等，但这些分工以牛王庙作为其共同的精神凝聚，在每年十月一日（据说是牛王的生日）举行祀典，办酒席多达二三十桌，年久成为风气，因此也成为相互协作团结的有效方式。

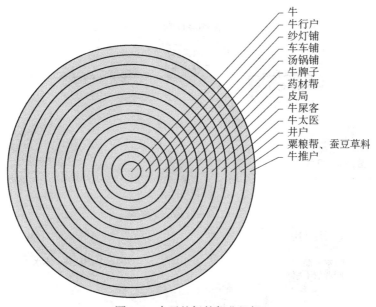

牛
牛行户
纱灯铺
车车铺
汤锅铺
牛牌子
药材帮
皮局
牛屎客
牛太医
井户
粟粮帮、蚕豆草料
牛推户

图 2-7 自贡盐场的行业组织

　　由上可知，以盐业用竹需求以及制盐、销盐一系列用具等需求，把涉及提供盐业用竹和产销盐用具的四川省内外地区，全部纳入整个盐业经济中来。将不同地区形成的非农生计差异和特色，一并汇聚到附近盐场，从而折射出不同地域社会的当地民众，最初选择某种生计方式与当地自身的自然环境、生态条件等之间的关系。但是，问题的复杂性在于，以盐场的"中心"与非农生计的其他地区的"边缘"之间，既有张力的同时，村落"边缘"与盐场"中心"又是各自如何增加内聚的呢？最终村落"边缘"又是如何汇聚到盐场"中心"的呢？如此之类的话题都值得推敲。因为"人的独特本性在于，他必须生活在物质世界中，生活在他与所有有机体共享的环境中，但却是根据由他自己设定的意义图式来生活的——这是人类独一无二的能力。因此，这样看来，文化的决定属性——赋予每种生活方式作为它的特征的某些属性——并不在于，这种文化要无条件地拜伏在物质制约力面前，它是根据一定的象征图式才服从于物质制约力的，这种象征图式从来不是唯一可能的。

因而，是文化构造了功利。"①

所以说，当地民众自觉选择的生计方式，在生产和生活实践中不断地上演，成为日常生活，就必然会在趋同性的文化心理作用下，促进了地区内部共有的生计传统的形成，这种传统一经形成，便成为地区内民众行为选择的一种习惯，久之形成了一股强大的地区共同体内聚力，不仅对个人也对群体产生影响。作为"边缘"的非农生计和特色资源的地区和民众来说，在当地凭借自身的资源优势，在村落社会中形成一种特色传统，譬如竹制品、牛制品等。这些非农生计用品还需要流动，使其成为民众之间的日常交往和互惠互助的重要物品，于是形成了村落社会内部生活共同体的内聚力。这种内聚力受到了由社会意识支配的"自律性连带"的影响，"是以自然形成的村民的亲和感情为基础产生的，伴随着义务感的行为、思维以及感受等方式。这种自律性自治的村落结合的主观基础，是血缘村落中的血缘结合以及地缘村落中的地缘结合"②。两者相比较来看，作为"中心"的盐场地域社会而言，通过河道和山路的长途运输，汇聚了来自各地的特色资源和盐业制品，"中心"的盐场共同体的形成，并不是村落社会中日常生活里的宗亲、血缘、邻里互助等的内聚，而是在一个更大的地区、更复杂的地域社会，依托有实体的组织建设和维持的协同关系，以及盐场的民俗节庆发挥作用，促进其内聚。最能证明此说的就是各种同业公会等社会组织以及盐场的"绞篏节""牛王庙会"等节庆活动。

四、国家赖以盐运而统摄

川盐运销，无论是销往黔省，还是湘、鄂、陕三省，都有盐运古道绵延伸展其间，但也不是都能直接通达的，尤其是对僻远之山地乡村而言尤为如此，要求于"数十里之外"，于是就有了关于盐运古道直接通达和不直接通达僻远山野乡村的明文倡议，意在实现社会整合的有效化和国家控制地方社会这一目的的最大化效益。在盐道直接通达的地方，为纠正盐运出现的弊端，

---

① （美）马歇尔·萨林斯著、赵丙祥译：《文化与实践理性》，上海：上海人民出版社，2002年，第2页。
② （日）清水盛光：《中国社会的研究——社会学的考察》，东京：岩波书店，1939年，第53页。

吕星垣在《盐法议》中说："到肆之盐，本难画一，一拘此例。遂令先到者留包不卖，未到者拨包借销。村肆守候于市廛，老弱奔走于道路，舟人不行紧趁，非偷走小路，则迟滞挖包，弊端百出。惟令运盐到肆，随到随行，舟商攒程，赶裕民食，则勤商得辛苦之实获，惰商不得蒙祖父之虚名，市无壅盐，商无虚肆，而引不留滞矣。"①

而在盐道不能直达的偏僻乡野设立盐店，成为控制川盐的官销通道和维护百姓生活需求的必要手段，甚至也是达到社会整合的有效方式。大学士朱轼的奏折《请定盐法疏》中说道："荒僻乡村，宜择良民领盐零卖，以便民食也。查穷乡僻壤，难于消盐之处，从无开设盐店，穷苦小民，经年食淡，或煎熬咸土充食，以致生病，老人尤不能堪。间有家道充足之人，从城市多买数斤携归，途遇巡兵，盘诘讹诈，往往不免。请令有司于荒僻村庄，择一谨厚良民，给以小票，令其领盐零卖，卖完缴价。又复发给，如此则衰老穷民，得以就近零星买食，而于盐斤之行销，亦不无少补矣。"②

由此提议，不难看出针对西南地域诸多交通不便的乡村，如何实施有效的管理与控制，在大学士朱轼看来，即以"谨厚良民，给以小票，令其领盐零卖，卖完缴价"，也就是在乡村设立盐店、子店或是零售店，意在原有的四级销盐机构基础上，将其扩展为五级结构，如图 2-8、图 2-9 所示。

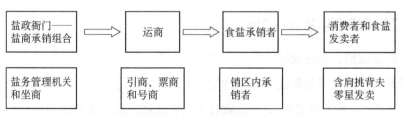

图 2-8　清中期川盐官督商销的运销组织和结构

① （清）吕星垣：《盐法议》，杨家洛主编：《皇朝经世文编》卷五十《户政》，台北：世界书局，1964 年，第 148 页。
② （清）朱轼：《请定盐法疏》，杨家洛主编：《皇朝经世文编》卷五十《户政》，台北：世界书局，1964 年初版，第 171 页。

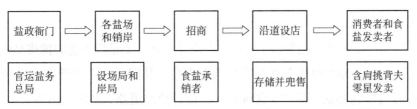

图 2-9 光绪三年（1877 年）实行的川盐官运商销的运销组织和结构①

由此亦知，清政府为挽救晚清盐政衰败，进一步强化了国家对盐的管控，同时也借此达到社会整合的目的，也就在一变之间，于民之受福不少，而国家增益良多矣。随后在黔省内实施，并有了规定："川商在黔开设子店处所，亦不准该地方官，需索苛派，以轻商本，而利行销。"②

除此之外，无论盐道直接通达与否，大学士朱轼都提出了甄别商人并慎为选择的主张：

> 查运盐办课，有本有利，必身家殷实之人，始能承办无误，且知自爱，不致生事。而各处引名，俱向来预定，有初本有余，而花销败落，仍然为商者，亦有豪强棍徒，欺压霸占者，又有私相售卖，顶名钻充者，或系赤手无藉之徒，或系凶棍不法之辈，始则夹带营私，继且穷奢极欲，误引亏课，诸弊丛生，欺官累民，无恶不作，此皆商中败类也。宜令巡盐等官，严行稽查，并着众商从公举首，逐一甄别，慎选老成富厚之人，情愿承充者，更立引名，使之承办，仍不时教训众商，严加管束，务令谨身节用，尽去从前积习，勉为善类。其子弟俊秀者，设立义学，延师教授。如此，则商贾亦敦善行，而风俗归淳厚矣③。

如此做法，是为避免盐运的主要承载者出现不利于盐运的行为，尽量解决盐运的陋习，其具体做法，就是剔除商中败类，标榜商中楷模，甚至以自己的忠敦善行福及后代，在今天看来仍不失为一种修身立行最有效的

---

① 官运盐务总局负责盐引的配运、核本、奏效等事务；在各盐场和销岸分设场局和岸局，专门管理购盐押运和招商发商事务。

② （清）丁宝桢：《四川盐法志》卷十三《转运八·官运上·贵州、云南、湖北八州县、带本省近边州县》，清光绪八年（1882 年）刻本，第 33 页。

③ （清）朱轼：《请定盐法疏》，杨家洛主编：《皇朝经世文编》卷五十《户政》，台北：世界书局，1964 年，第 170—171 页。

管理方式。

但是不管怎样,也采取了有效地在市肆赶运,或是设立盐店抑或是甄别商人的办法,为实现社会整合的目的而进发。其间,也不排除存在一种更为有力地实施办法,即"以重新确立各自行盐的道路,划定出边界",以此办法即可使得盐道与社会整合的关联性问题,在一定时间内和效能程度上成为操作性最强的措施。在道光年间,由于犍富两边商人皆在黔蜀交界,设店发卖,嗣则渐入黔省腹地,各占口岸,以致互相侵越,讦讼不休。于是,根据查勘运盐道路情形,提集犍富两商,公拟划清界限,作为定岸。具体规定如下:

> 令犍商行黔水引,一由叙永;一由涪州龚滩。分运黔省安顺、大定、兴义、普安、思南、石阡、镇远、思州等府厅销售。其分给代办之潼引,由涪州挽运至龚滩,转运思南、石阡、镇远、铜仁、思州。又由婺川之王家沱,转运婺川县销售。富商行黔水引,一由合江;一由綦江;一由涪州。分运黔省贵阳、遵义、都匀、正安等府州销售。其分给代办之潼引,由涪州白马镇陆运正安、水车等处。又由彭水县江口陆运濯水关直达平越、都匀等府州销售。犍商婺川引盐,从王家沱起运,不得侵富商白马、江口地面。富商由白马进运正安、水车引盐,只许在马头山过道,不准设店洒卖,其由江口进运濯水关直达平越、都匀引盐,不准在婺川地面开包挂秤。[①]

如此这般,则口岸既清,使犍富两商各自边岸行销,各自择隘设卡,互相稽查,以此确保自身利益,又使盐场之间相互争讼现象在短时间内得以解决,从而为社会整合夯筑了坚实有力的基础和保障。

总之,川盐运销中庞杂多向的盐道分布,随着盐等物资商品的流动和交换,加强了族际和不同族群间的经济商贸往来。更重要的是,促进了社会分工,加速了现代性在内陆地区的推进,从而进一步促成了清代直至民国时期

---

① (清)王守基:《四川盐法议略》,(清)盛康:《皇朝经世文编续编》卷五十四《户政二十六·盐课五》,台北:文海出版社,1966年,第6243—6244页。

的社会统制与国家整合。一是在其间也体现了权力的交织，即国家采取强制性的力量来压制地方，通过对盐的垄断获取高额盐税，颁布严苛的专卖法令，实现对地方社会及民众的规训与惩罚，但是在出现不利于盐的生产和销售时，地方社会往往会对这种权力产生不满；二是国家采取以利诱人的方式来管控地方社会，该种权力注重以利益为先导，通过开筑驿道、疏通河道、修建盐仓、减免租税等措施，促进盐的流动，为地方社会中的民众和各利益阶层带来有限的物质利益，从而诱使地方社会被不自觉地统摄进中央集权的意识架构里，实现社会整合，但是在利益面前，尤其在国家与地方、社会上层与普通民众之间发生利益纠纷与博弈时，这种权力会随着利害的变化而变化。上述两种权力，往往会在国家自上而下来统制地方社会时，以一刚一柔相互掺杂与交融来具体实施。但是，我们不能忽略的事实是，国家统制下的地方社会，并不是一个完全被动的接受者。它也存在对权力的价值诉求，即在中央集权强大的意识形态与权力话语侵袭下，如何展现自身的姿态？如何获取一种身份？抑或是寻找地方社会的一种话语权或是表达一种自治的途径，这成为地方社会积极追寻的目标，并成就了一个地方社会创造权力的能力所在。与前两种权力不同，这种力量往往贯之以"弱者的武器"来实施，也就是通过奏请或是上诉，甚至极端的怠工、偷懒、破坏制盐工具、故意撒漏盐等行为，来彰显地方社会在国家统治中的存在感。

中　编

第三章 规范整合：川盐产销中的盐业纠纷与调处

川盐的生产和销售过程，无不体现着因盐业产销需要而结成的人与人、人与群体、群体与群体之间的人际关系，这种人际关系也被称为业缘关系，它属于社会关系的一种。我们应该认识到，盐业产销活动结成的业缘关系，往往是围绕获取各自盐业利润与实际利益，而引发的经常性交往和随之产生的关系，譬如盐工与盐工、灶商、销商；销商与运商、盐务管理机关，等等。他们又在业缘的经常性的生产与销售中，难以回避相互之间发生的利益纠纷与矛盾，于是围绕各种各样的纠纷，各产销群体在已建立的业缘关系的基础上，进行了力所能及地调处。

第一节 盐包的包装及其改良

盐包的包装及其改良，是盐运整合结构的组成部分，但在盐业研究中，常常被忽略。鉴于此，本书欲以自贡馆藏民国档案为依据，揭示花盐、巴盐和砖盐包装与运输过程中浮现的各自弊端，以及各盐务机关就此问题推行的改良措施，并以此为基础，进一步探究改良进程之中，引发的执政者与执行者、执政者与民众之间的纠纷与矛盾。同时，我们也通过考察盐包包装问题及其改良措施，来反思国民政府的盐务管理政策。

川盐分为巴盐、花盐和砖盐，川盐包装由盐包本身和篾条捆扎组合而成，但仔细分辨却会发现花盐、巴盐和砖盐的包装又各不相同。花盐包装大体分为三种：号包、灶包和票包。号包，每个重约一斤半，最早开始由公家统制，为政府规定的市场标准形制。灶包，每个重约两斤半。民国二十九年（1940

年）六月，成立号包统一收售处，之后的十二月也成立了灶包统一收售处。票包，又名敞口包，不常用。巴盐的包装为篾勘，相较于花盐篾包篾勘编制较稀疏。砖盐篾包与花盐巴盐不同之处，主要是装捆的规定，其本身并无太大的独特之处。自民国二十九年（1940 年）后，富荣篾包统一收售处成立，川盐盐包收归政府同商户共同管理，先由各公会及政府规定形制，再由编户编制，最终由捆篾工人在装好川盐后封口捆扎完成。

一、盐包包装改良的缘起

川盐的运输分为水运和陆运，其中又以水运为主。川盐运输的路线主要是川盐入湘、川盐济楚。由于川盐运输的道路较为遥远，途中经过的销岸校多，盐包包装经过多次搬运称重后，出现破裂损坏的问题。鄂盐、湘盐、砖盐在运输的过程中都出现了不少问题，具体如表 3-1 所示：

表 3-1　鄂盐、湘盐以及砖盐在运输途中出现的问题

鄂盐	湘盐	砖盐
编户偷工减料，篾勘质量薄脆	盐斤转运湖南岸口，交通不便，路途遥远，水运航道曲折湍急。盐包辗转起卸难免有撒漏的情况	砖盐在运销过程中损失严重不是由于称重有误，而是无良船户在称重时偷盗砖盐。盐砖性质比巴盐松散又比花盐水分少，有狡猾的船户用热水的蒸气使盐块自然增重，以此来偷盗盐砖
出场后的盐在运输途中堆放在船上的时间或是在仓库存放过久，篾勘被卤侵蚀后超过它的效用期限	川盐运湘的运道水陆交替频繁。原装每包重约一百五十千克，船户起卸没有三四个人是无法进行的，需要的人力过多，成本损耗大	
在船只水运途中，每过一个阶段就会换乘另一批船只，在换船和不断地称吊重量的过程中，使用篾勘的位置都是勘口。包装的开口部分不断受力所以导致包装本身完全受损而破裂	到达龚滩需要将包装改装成锥形椭圆木桶，方便背负。由龙运沉是水运，因此又需要改装成圆桶，便于装舱。包装多次改变，容易发生偷盗掺杂事件。浪费人力物力，也会提高盐价，加重人民负担	运销过程中不便于重新分装盐砖
在巴盐运输的过程中，使用船运，到达目的地后再向陆地搬运。巴盐包装在沿途装船期间盐包堆积重叠在一起，难免会被磨损	运输过程中运输工人在盐包中掺杂石块沙砾偷盗盐斤	
在运输过程中运盐工人会私自在篾勘中掺杂石块沙砾乘机偷拿盐块		

续表

鄂盐	湘盐	砖盐
花盐篾包在运输过程中是使用铁钩钩抬盐包，更换船只运输。在这一过程中，盐包容易被铁钩破坏，造成盐粒洒出损耗严重		

　　包装问题存有已久，导致的盐斤损失数量不可估量，又是紧缺川盐的时刻，改良包装势不可缓。政府也发现"运黔川盐包装潮湿途耗加重，仰令属认真办理，并具报由川康管理局览准资源委员会运务处，本年一月十七号第二九一号公函，略以承运黔区渝筑段川盐，因篾篓常有潮湿，致到岸亏耗甚大，请予设法改善，以免赔累等由"①。运黔川盐包装的问题，早在民国二十九年（1940 年），盐工等已然多次反映并没有得到解决，财务部盐务总局的公文，反映出政府开始着手解决这一问题。"眼漏出者，每包皆有巴盐篾包，篾条无一完好者，盐块散存仓中。已无包装之可言，耗损奇重"②，在财务部川东管理局视察川东区盐包情况后，有关官员也证实篾包问题确属实情。合江盐务办事处也反映：

　　　　开始进盐之日起，各俄包勘多属亏烂，扛抬及称吊时，均用篾席包裹，方能移运进仓。如果将来出仓折耗势必加剧，应祈转报备查，并请以后发包改装，俾利转运，签呈前来，查亏烂包勘，亟应设法改装，以免折耗。唯查本处对于此类包勘不易购制，除令该员妥慎办理，并将前官盐店剩余旧包运下数十，以便择换再查存盐过多，一经卤质浸蚀包子不无亏坏，拟请通令各处事前预为检查，如有此类情事早为预备空包以便转放时，就便更换，既省折耗而免购置不易③。

包装不牢，也使运输过程中运盐工人有机可乘，偷盗盐斤。这些问题的存在，都促使了改良包装迫在眉睫。

---

① 《电为运黔川盐包装潮湿途耗加重仰饬属认真办理并具报由》（1931 年 2 月 4 日），全宗号：3，目录号：5，案卷号：3854，自贡市档案馆藏。
② 《函请饬场改善巴盐包装希查照由》（1931 年 6 月 13 日），全宗号：3，目录号：5，案卷号：3854，自贡市档案馆藏。
③ 《为拟陈改善巴盐篾勘办法仰析鉴核示遵由》（1931 年 7 月 15 日），全宗号：3，目录号：5，案卷号：3854，自贡市档案馆藏。

二、盐包改良具体措施

（一）巴盐篾勘改良——双耳密底篾勘

民国三十一年（1942年）七月十四日，富荣西场会同各公会，对运往黔地盐斤包装改良的方法及问题进行了初步的分析。巴盐篾勘，曾多次改良，均以失败告终。如1913年，"行商改用篾笄（篾条改良加宽）垫于勘底，时间不及一月弊病百出，运工或掺泥沙或集石块"①，"以篾席包捆露出四角，前清时曾有此项办法，殊盐到岸，将包开视发现石块甚多，纠纷无已"②，"又如垫用篾笄于勘底，亦曾发现泥沙，均不甚适宜，始乃仍用漏明篾勘，较为妥洽，但似此又多破烂，而盐斤仍有损失"③。根据以上多次改良经验，发现篾勘易于损坏的原因'纯在勘口之篾，因沿途搬滩过坰，及称吊均钩勘口，以致篾身完全受损'④。于是，西场署召集了东西场署有关人员、富荣号包统一收售处、仓户联合会、篾帮代表、西引灶公会、西炭巴公会和大郭两区分署，召开了两次会议，并提出了改良方案："在勘底，增加用篾片编制严密的底座，除了运盐商贩加捆的篾条外，每个篾勘，再用牛鼻索两次兜底加固。除此之外，用篾索（因为篾条材质过硬所以只能用篾索）在篾勘的侧面、两边，向上在包装空隙处，穿入穿出，到达顶点时束缚紧实，并把篾索的尾端，在勘子开口部两端的篾条上，挽成圈套扛抬盐包过秤。"⑤搬运时也可以用索套，不用再用铁钳钩抬盐包过秤，以免破坏开口处的篾条。这样可以延长包装的使用寿命，达到多次利用的目的，减少成本。同时，盐斤不会因为包装破坏而消耗太多，搬运盐包的工人也不能作弊。

在篾勘的改良形制初步设计完毕之后，富荣盐场用改良后的一俣盐包，运往黔区，以此试验新包装的性能。川康盐务管理局发布公文，告知篾包运

---

① 《为拟陈改善巴盐篾勘办法仰析鉴核示遵由》（1931年7月15日），全宗号：3，目录号：5，案卷号：3854，自贡市档案馆藏。
② 《为拟陈改善巴盐篾勘办法仰析鉴核示遵由》（1931年7月15日），全宗号：3，目录号：5，案卷号：3854，自贡市档案馆藏。
③ 《为拟陈改善巴盐篾勘办法仰析鉴核示遵由》（1931年7月15日），全宗号：3，目录号：5，案卷号：3854，自贡市档案馆藏。
④ 《为拟陈改善巴盐篾勘办法仰析鉴核示遵由》（1931年7月15日），全宗号：3，目录号：5，案卷号：3854，自贡市档案馆藏。
⑤ 《为拟陈改善巴盐篾勘办法仰析鉴核示遵由》（1931年7月15日），档号全宗号：3，目录号：5，案卷号：3854，自贡市档案馆藏。

往黔岸途中的各个岸口（泸州、合江、江津），注意检查新号包的破损情况。篾勘在到达黔岸时，发现改良后包装效果显著。但对于是否添置双耳，黔分局和自贡分局产生了分歧。黔分局认为双耳号包有利于扛抬，便于运盐工人装卸盐包，同时，用铁钳钩抬盐包时，不易损坏盐包。但在自贡分局会商各个公会商讨，并由邓关分局试验后，得出了双耳号包实际上不便于吊秤的结论。但双耳号包便于搬抬运输，所以最终多次商讨试验后，决定使用双耳密底篾勘（在原来篾勘的基础上用牛鼻索搂住双耳，并把勘底用篾编密）。

（二）花盐篾包改良——大包改为小包

川盐运往湖南路途遥远，交通不便，且其中水陆交替，对号包要求更高，既需要号包便于船运，堆积换船时，扛抬称吊，又要求陆路运输时运盐工人便于挑运背负。"查川湘盐运途程穷远，交通不便，沿途辗转，起卸盐斤撒漏勘忧。"①针对这些情况，自贡分局与其他有关机构提出，将原为两百至三百斤重量的盐包，改为小包装，以此适应川盐运湘的特殊情况。民国三十一年（1942年），政府首次提出五十斤小包的方案。随后，同年四月三十日，另外试行百斤小包方案，"饬将济湘川盐改小一百斤包装案，迅遵迭令克速试装二傚交捆，并将包装捆运困难及弊害情形，详细分条叙陈"②。两个方案的试验同时进行，提高效率的同时，也方便川康盐务总局及各分局比较效果。在要求改装小包装的同时，自贡分局也强调百斤小包及五十斤小包，都需保证双层号包装捆，以此来减少盐斤撒漏情况及运盐工人偷窃情事。另外，自贡分局及捆运公会，在编制方法和竹片用量等细节方面，也开始提高警惕，"每包用篾四片，分作十字形，上面加圈两个，腰篾两片，共为八片"③，"并于捆扎方面可酌添篾条力求牢固"④。

① 《奉电饬令试捆五十市斤小包湘盐费用一案电陈复仰析鉴核由》（1931年8月25日），全宗号：3，目录号：5，案卷号：3854，自贡市档案馆藏。
② 《为湘炭花改装小包一案今已试捆百斤小包一傚谨将改装捆放情形呈请鉴核由》（1931年8月22日），全宗号：3，目录号：5，案卷号：3854，自贡市档案馆藏。
③ 《为湘炭花改装小包一案今已试捆百斤小包一傚谨将改装捆放情形呈请鉴核由》（1931年8月22日），全宗号：3，目录号：5，案卷号：3854，自贡市档案馆藏。
④ 《示湘盐以后专捆五十斤小包请转饬务须多加篾条力求牢固》（1931年11月16日），全宗号：3，目录号：5，案卷号：3854，自贡市档案馆藏。

　　同年八月，正式启动小包试用项目。泸州盐务办事处、合江盐务办事处、川东局沿岸分局，直至湖南盐务分局，对百斤小包湘盐的试运情况，做了记录和总结。五十斤小包，成绩斐然。但由于包口增加，以致换船检查过程过于烦冗，所以自贡分局在八月二十二日，提出试行百斤小包，并由川康盐务管理局，电令沿江各岸局实地考察，配合自贡分局试验百斤小包运盐情况，"关于沿途换船起卸及抵岸内运，是否便利有无尚须改进，已分别电令沿江各岸局实地考验。"①

　　试验结果显示：百斤小包在五十斤小包的基础上改进，成效并无明显改变，但是相较于原两百斤包装而言，盐斤损失大幅度减少，"对于称吊换船，均无不便之处"②，"该项盐俦共多三七二个半斤，折合为一八六斤，较未行此项称吊办法前，实减除盐斤损失不少"③。但是，仍然具有"包口增多，较比原来四百五十包盐俦称吊时间延长，复因秤具添有半斤花星，登记码薄亦较烦冗"④和"一百斤包装不便肩挑"⑤的不足。五十斤小包与一百斤小包比较而言，邓、泸、合三地盐务办事处一致认为五十斤小包更为现实便利，纷纷发布公文请求统一形制改用五十斤小包，以此减少工费同时减少包装混乱而带来的一系列纠纷，"一百斤包装运输管理，两均不便"⑥。同时，川湘盐务联运处提出了一百斤小包对于内运实属不便的问题，"运输工具不一，多数系以夫运为主，一百斤包装只可便于背负，不便肩挑"⑦。除此之外，根据邓、合、泸三岸提供的五十斤小包与一百斤小包所用费用的单据，"试捆百斤小包

---

① 《奉电饬令试捆五十市斤小包湘盐费用一案电陈复仰析鉴核由》（1931年8月25日），全宗号：3，目录号：5，案卷号：3854，自贡市档案馆藏。
② 《呈复试运百斤小包盐俦称吊换船实地考察情形请鉴核由》（1931年9月10日），自贡市档案馆藏，全宗号：3，目录号：5，案卷号：3854，自贡市档案馆藏。
③ 《为电呈百斤小包湘盐试运情形仰乞察核由》（1931年9月21日），档号全宗号：3，目录号：5，案卷号：3854，自贡市档案馆藏。
④ 《呈复试运百斤小包盐俦称吊换船实地考察情形请鉴核由》（1931年9月10日），全宗号：3，目录号：5，案卷号：3854，自贡市档案馆藏。
⑤ 《呈报准湘盐联运处电知百斤小包运输管理两均不便等由以后拟予停止续捆仰鉴核由》（1931年10月17日），全宗号：3，目录号：5，案卷号：3854，自贡市档案馆藏。
⑥ 《呈报准湘盐联运处电知百斤小包运输管理两均不便等由以后拟予停止续捆仰鉴核由》（1931年10月17日），全宗号：3，目录号：5，案卷号：3854，自贡市档案馆藏。
⑦ 《呈报准湘盐联运处电知百斤小包运输管理两均不便等由以后拟予停止续捆仰鉴核由》（1931年10月17日），全宗号：3，目录号：5，案卷号：3854，自贡市档案馆藏。

湘盐一僄各项费用比较表中总计增加费用为 127 849"①、"试捆五十斤小包湘盐一僄各项费用比较表中总计增加费用为 133 057"②，两相比较，百斤小包和五十斤小包所需费用相差无几，综合而言五十斤小包更胜一筹。最终，盐务总局发布公文"遵查一百斤小包，已饬停捆，嗣后湘盐自应多捆五十斤小包，籍利运输"③，并转令富荣东西两场署、号包统一收售处及自贡盐务分局注意竹篾质量以及编制工艺。

（三）砖盐包装改良

砖盐是由久大盐场产出。民国三十一年（1942 年），开始由官方售卖管理。最初实行办法是："关于久大制盐场砖盐，每包规定三十五块，每块六斤，每僄另定尾包一至十包，不定块数以便适合全僄重量一节。"④由于砖盐运销第一僄的效果不甚理想，发生"不肖船户从中作祟……砖盐质较巴盐为松又较，花盐水分为少，致有狡猾者，船户施以热水蒸汽手续，自然发生溢斤"⑤等问题，川康盐务管理局关外监运办事处，于民国三十一年（1942 年）二月五日，会同东场场署协商改良办法。

至二月二十一日，久大盐场擅自改制包装，以致一僄砖盐不能运销，成为砖盐包装改良方案提出的导火索。砖盐原包装以斤数为定额，每包规定三十五块。久大盐场指出：原包装不仅使运输过程中搬运不便，"现商场奉准自运砖盐二僄由三斗坪入湘，中途起旱，大包分量过重不便人力搬运，势须于大包之内另分四小包，方便分运"⑥。而三十五块不便分装，因此久大盐场私自将盐砖重量改小，并每包装三十六块分装四小包，以此来解决尾包不足而

---

① 《试捆百斤小包湘盐各项费用比较表》（1931 年 9 月 5 日），全宗号：3，目录号：5，案卷号：3854，自贡市档案馆藏。
② 《试捆五十斤小包湘盐一僄各项费用比较表》（1931 年 6 月 20 日），全宗号：3，目录号：5，案卷号：3854，自贡市档案馆藏。
③ 《呈报准湘盐联运处电知百斤小包运输管理两均不便等由以后拟予停止续捆仰鉴核由》（1931 年 10 月 17 日），全宗号：3，目录号：5，案卷号：3854，自贡市档案馆藏。
④ 《据大区呈报久大制盐厂擅行改制砖盐斤情形到署，除指复外转请鉴核示遵由》（1931 年 2 月 28 日），全宗号：3，目录号：5，案卷号：3855，自贡市档案馆藏。
⑤ 《为关于奉令官收久大砖盐内运试销一案略陈建议改进事项仰析鉴核遵由》（1931 年 1 月 31 日），自贡市档案馆藏，全宗号：3，目录号：5，案卷号：3855。
⑥ 《据大区呈报久大制盐厂擅行改制砖盐斤重情形到署，除指复外转请鉴核示遵由》（1931 年 2 月 28 日），全宗号：3，目录号：5，案卷号：3855，自贡市档案馆藏。

搬运不便的问题。根据久大盐场擅自改制包装的情况，川康盐务管理局关外盐务办事处拟定了砖盐改良办法：

> 砖盐每傲净重仍按 12 600 斤计算，每包固定装三十六块，并固定为六百包。按斤重之实数装捆完后再行过秤。准单上只定包数块数，俟装放后由秤放处于准单上填注盐斤重量。将砖盐装放，由秤放机关及本处专案呈报，以便办理上税保险及与久大算账各项手续。包面既须注明斤重、块数，即应将填写方法改用长方形小木块(全傲若干个)，一面写斤重，一面写号数（自第一号至某号止），称吊后速将斤重填上，放于包内，饬由捆盐工人拴于勘上。由管理局令饬各监运处，盐傲到达时，派人查验，如发现有疑点，用木牌与码单上之号数斤重，启包核对查验，并令沿河各船户对于木牌切实保护，如有遗失更换及涂改情事，加以重惩。秤放处时划写码单，记录斤重，由秤放处，灶商，行商，各派一人，临场监视。所有码单由行，灶，秤三方负责人同时盖章，以资证明，由灶商持单向局结算盐价，至本处将每傲之码单交邓处手续，仍照前案办理。取消额定斤数办法。每包面只盖墨戳，对于写斤重块数亦可省去。①

会商后，东场署根据前案经验，认同了改良办法，并将新包装方法运用于砖盐，以试验新包装方法的适用性。再同大文堡及关外办事处试验后，最终决定：每包规定三十六块，每傲共六百包，以二十包作为尾包，调剂重量，以符每傲一千二百六十担之数。木牌易于遗失，拟用盐包编号办法每包编列号数于显明处，尾包加注尾包字样并于筹码单上填明某号盐包装盐块数重量等项，以便查收。秤放时码单由两方及秤放人员会同盖章。准单上仍应照规定注明秤放担数。②同时，发布公文给邓、泸、合、津及重庆分局，告知其改良方案，并要求其注意盐斤损失情况。各岸口切实履行查验职责，试行结果较为满意。

---

① 《为据情转请捆放久大砖盐改装办法仰析鉴核示遵由》(1931 年 2 月 23 日)，全宗号：3，目录号：5，案卷号：3855，自贡市档案馆藏。

② 《据大分署转报关于久大砖盐改装办法四项之试办结果情形仰析鉴核备查由》(1931 年 5 月 8 日)，全宗号：3，目录号：5，案卷号：3855，自贡市档案馆藏。

三、包装改良过程中的问题

　　盐包包装的改良，是在政府的主导之下进行的。而包装的改良办法，需要政府领导各个公会配合协调，在探索试验中，不断改进并逐渐形成一个完整的构想。这一过程，技术及机构督察是不可缺少的。双耳篾勘改良，最大问题是换船时，用铁钳不能精准地钩到双耳，易使包口破烂。对此，政府提出全面实行扛抬过秤的办法，强行禁止使用铁钳，切实督促搬运工人保护盐包，"沿途扛抬及上下车船吊验复秤，一律改用套索……为再发现有用铁钩抓抬装盐包勘情事，准予立将铁钩没收"。①运湘川盐的包装改良，也出现了一系列的问题，主要有包口增加包装费用增多，换船搬运吊验所需人员增多。对此，政府也提出了相应的解决办法，并切实履行，"遴调忠实秤手称吊以期迅捷"②。每包盐斤重量减轻大半，在盐斤交接过程中，约定俗成的规定不再实用，如沿用传统办法盐斤损失过大，鉴于此情，东西场署及川湘盐运特派处提出，将每一包盐包的重量差值控制为原来的半数，"对于称吊小包湘盐之秤每一差数为半斤（秤只星点其差数为半斤）"③，并相应地更换了各岸秤只，"备制 10 斤起花至 120 斤秤只"④。

　　但是，政府主动的出击，对原本发展缓慢而被动的包装市场和包装的生产与销售过程，造成了冲击，也造成了不少纠纷、矛盾与冲突。其中，就有政府内部矛盾和政府与底层人民的矛盾。

　　首先，政府内部矛盾。执政者与执行者。最明显的是执行人员贪污腐败。民国二十九年（1940 年）三月，购篾代表何九江等，指控售篾代表汪汝中、汪渭卿等"图谋统制盐业篾条，迭次操纵，中途垄断，居心妨碍盐场"⑤。经过调查证明，案件实属事实，且造成的影响极其恶劣。此案中，本应作为监

---

① 《奉饬川盐包装渐湿途耗加重饬属认真办理具报等因除呈复并分行外仰遵办具报》（1931 年 3 月 17 日），全宗号：3，目录号：5，案卷号：3855，自贡市档案馆藏。
② 《据呈吊验湘盐五十斤小包交斤以半斤为差数应予批准》（1931 年 7 月 30 日），全宗号：3，目录号：5，案卷号：3854，自贡市档案馆藏。
③ 《为吊验湘盐五十斤小包交斤以半斤为差数电传查照由》（1931 年 7 月 30 日），全宗号：3，目录号：5，案卷号：3854，自贡市档案馆藏。
④ 《据呈吊验湘盐五十斤小包交斤以半斤为差数应予批准》（1931 年 7 月 30 日），全宗号：3，目录号：5，案卷号：3854，自贡市档案馆藏。
⑤ 《为图谋统制盐业篾条迭次操纵中途垄断恳请严究由》（1929 年 3 月 5 日），全宗号：3，目录号：5，案卷号：3848，自贡市档案馆藏。

督者和统制者的统一收售处，却成为执行者牟取私利的权力支撑，售篾代表以权谋私，损害了捆篾公会的利益。更重要的是，破坏了盐业运售过程的连贯性。统一收售处，作为一个官督商办的机构，其成立目的之一，就是严查杜绝包装垄断问题。可讽刺的是，虽然有政府的监督，但仍然出现了严重的权力滥用的情况。此时，正是"盐业增产时期"①，所需篾条已然入不敷出，"近来计收购不过三十万，用出七十余万之多，只得将前存储之篾敷用"②，政府内部腐败问题，更是从根本上导致了盐业发展的停滞。

此外，还有执行者工作效率低下。运输盐包的执行者为船户、搬运工人以及码头上负责重新检查盐包的人员。详情陈述了"改善包装的编制、盐质煎制，以及加倍注意保护盐包。迭经本局三令五申，淳令注意改进，现仍难免承运者之烦言啧啧。可见奉行尚欠努力，办理亦未彻底"③，如此之措辞，自然在实际执行中会产生许多问题。此外，"编制方面，自不应偷工减料，勿需力求紧密，富荣俩场处及号包统一收售处应即切实负责监督。勿任草率敷衍。藐视玩忽不听者，酌处罚钱，或不准其再营抬盐业务""各段承运花巴盐俩之车工船户，对于傥运之盐，随时随地均应妥善爱护，非但保重物资，且交斤不亏，自身不少，受赔累，倘敢浸水掺杂，盗窃撒漏，一经查实定予严惩。以上数端应即切实负责督查，以期改善"④。上述档案材料的记录，反映了政府企图通过执行者的严加管控，来实现包装的完整，以此来减少盐斤的损耗，却忽略了通过管理来减少包装损坏这一措施所需要的条件和背景。执行者的行动力，取决于运输过程中的监督体制和利益回报。政府虽然在公文中三令五申，强调加强监督及惩罚，但实际上并没有付诸行动。

从运往湖南的盐斤包装改良费用表来看（表3-2），并没有提到监督人员的相关费用，只有最后一项"送引专差"略有可能为隶属于政府的监督人员。

---

① 《为拟陈改善巴盐篾勘办法仰析鉴核示遵由》（1931年7月15日），全宗号：3，目录号：5，案卷号：3854，自贡市档案馆藏。
② 《兹据盐业捆转装帮购篾代表何九江等呈称》（1931年3月5日），全宗号：3，目录号：5，案卷号：3848，自贡市档案馆。
③ 《奉饬川盐包装渐湿途耗加重饬属认真办理具报等因除呈复并分行外仰遵办具报》（1931年3月17日），全宗号：3，目录号：5，案卷号：3855，自贡市档案馆藏。
④ 《奉饬川盐包装渐湿途耗加重饬属认真办理具报等因除呈复并分行外仰遵办具报》（1931年3月17日），全宗号：3，目录号：5，案卷号：3855，自贡市档案馆藏。

而其费用并没有增加，也就是说，监督人员的工资都没有改变，就有了上文中提到的监管人员，既无制度的规范，也无物质上的奖励。所以，实际上监督人员的监管力度是很小的。这也就在执政者与执行者之间产生了隔阂和矛盾，执行者无法从中得到相应的回报并且制度也不完善，造成了执行者的懒散和疏忽，更进一步地影响了盐务的发展。

表 3-2　自贡盐务分局试捆百斤小包湘盐一俩各项费用比较表①

项目	大包费用		改用小包费用		增给费用		附注
转盐工价	158	52	233	60	75	08	
捆盐	395	23	603	34	208	01	
篾包							
篾条							
挑包脚力	128	79	386	37	257	58	
吊价	51	56	77	46	25	81	
放价	38	61	77	22	38	61	
盖印	14	22	34	44	20	22	
准价					180	38	
扛力	541	16	721	54	180	38	
准单	5	03	5	03			
津贴	7	85	7	85			
堰运费	2006	10	2362	67			
拨价	340	47	340	47			
至灶盐捆盐车费	30	00	30	00			
伙食	3	00	3	00			
覆秤车费	30	00	30	00			
上橹抬吊划码费	52	23	156	69	140	46	
至邓橹运费	7092	00	7092	00			
送引专差	28	76	28	76			

其次，执政者与人民的矛盾。从篾包收售的起点——竹料的收购开始，两

---

① 《试捆百斤小包湘盐各项费用比较表》（1931 年 9 月 5 日），全宗号：3，目录号：5，案卷号：3854，自贡市档案馆藏。

者之间就产生了纠纷。竹料是篾包生产的必需品,在盐斤大量生产的时期,竹料的储存也更为重要。一方面有些竹户为牟取私利有意囤积竹源,为解决这个问题,政府强制要求竹户售卖。在强制要求的同时,政府也稍有补助,但这不可避免的会将市场问题转变为官民矛盾。另一方面,作为篾包的运输主体——挑夫,在与政府交涉过程中,也发生了利益纠纷。与盐同为生活必需品的米的包装,也是篾包,在米价高昂的时期,对于挑夫而言,为米店挑运粮食所得报酬更加丰厚,挑夫故转而运输其他物品。这样一来,盐斤所需篾包数量远远不足。政府为了避免脚力不足的问题,为挑夫群体增加津贴,以此避免出现编户篾包堆积、编包工人积极性不高的问题,但却出现了挑夫津贴没有落实的问题,挑夫群体合理所得被侵害,打击其挑运的主动性。且挑夫作为弱势群体,同盐斤生产者社会地位相同,若不落实其津贴补助,必然会挑起官民纠纷,导致社会动乱,动摇执政者统治。同时,是时正处于盐斤高产时期,挑运不及时必将影响湘黔地区用盐。

四、对包装改良引发的思考

因战争情势急迫严峻,战时军务费用亦不断增加,造成了中央政府财政赤字问题的进一步恶化。为改变财政的窘迫,国民政府不得不对盐务进行调整,彻底废除专卖引岸制,实行盐专卖制度,对盐务实行统制。"实行盐专卖后,所有盐税名目一律取消,把盐的生产、收购、囤储、销售和定价全部归入盐务机关控制"[1]。纵观历时一年多的盐包改良事件,主要是盐包损坏情况严重,导致盐斤大量损失,"漏出者,每包皆有巴盐篾包,篾条无一完好者,盐块散存仓中。已无包装之可言,耗损奇重"[2],这对于政府的增产要求,以及减少运输与储存过程中的盐斤抛洒显然是相违背的,也是难以容忍的。

富荣号包统一收售处的成立,说明了包装在盐斤买卖过程中的突出作用,是盐务进一步成熟和细化的体现。川盐每月所需篾包,高达二百七十傲(每傲五十个),其中还不包括巴盐和砖盐所需篾勘,实际反映了川盐产量之

---

[1] 李德成:《抗战时期国民政府对盐务的管理》,《江西农业大学学报》(社会科学版)2003年第3期,第130页。

[2] 《函请饬场改善巴盐包装希查照由》(1931年6月13日),全宗号:3,目录号:5,案卷号:3854,自贡市档案馆藏。

丰富。同时，包装这一环节，带动的人和物的流动和交易，也是不可忽视的。编包作为农户的副业，有效地利用了其闲散劳动力，同时消除了部分的社会动荡现象的发生。政府通过调动各地的编包人员，实现了篾包生产的劳动力需求平衡，也避免了人员剩余。自贡市捆盐篾商公会主席汪渭清、篾包处临时登记员郑伯安，在漆树、高升两乡，解救出被拉充兵役的篾业力夫彭银武，并"且由职将该两乡篾业工人，分别登记，并造册分送两乡联系保处存据，以备查收，如有被拉充役，即可查明释放"①。解救篾业力夫，实则是保障盐斤的增产增收所采取的措施。

政府还通过设立新区，有效利用丰富的竹源，并建立编包工场，统一篾包形制，提高篾包质量。篾包作为盐斤的载体，在市场上占有一席之地，而各乡的交易，也就促进了货币的流动和各乡人员的商品交流。因市场趋利避害的固有特性，决定了包装的改良，不可能由市场自身的优胜劣汰来完成，政府作为包装改良的主导者，推动了篾包从改良形制的设计到新包装的试运，直至履行检查和监督的职能。从此意义上来说，在对盐包的包装改良的调控与管制的过程中，充分体现了国民政府的国家统制之措施，对实现社会资源整合，发挥了极其重要的作用。

但是，事物总是呈现一体两面的。纵观盐包改良事件，可以看出中央政府对地方政府实施管控的吃力。虽说是政府通过强制的手段，实施对号包的统制和包装改良，可以看出，是国家统制经济的表现，也就是强行要求地方政府及民众服从盐业政策，以此来强化中央集权，构架国家生活形式，但是，改良却激起了诸多难以调和的矛盾，即官僚阶级之间以及执政者与人民之间的矛盾。尤其是国民政府贪污腐败问题异常严重，政权与资本勾结发国难财；政府内部监督体系不完整，相关规定也弊病百出，执行者在政权的保护下垄断物资牟取私利。

南京国民政府还是抗战后期盐务衰颓的肇始者。专卖制度下盐业利润不断攀升，促使资本快速渗入盐业生产销售之中。"官僚资本因其掌握的政治、军事、经济等特权，通过对盐业的统制，垄断了产、供、销各个环节，囤积

---

① 《钧谕以篾业力夫彭银武被宜宾漆树乡保长拉充兵役饬即前往交涉，请予释放一案》（1929年6月7日），全宗号：3，目录号：5，案卷号：3850，自贡市档案馆藏。

居奇，操纵黑市，大发横财。"①由于官僚资本的垄断和渗透，民营企业纷纷倒闭，对人民的压迫日益严苛，导致后期盐务一蹶不振。中央对地方的控制力不足也导致了地方政权在督察盐运中敷衍了事，致使包装改良不能得到有效及时地反馈，更是因为社会动乱、政权内部争权夺利等诸多弊端，致使盐业产销以及管理均遭受了重创。

第二节　全面抗日战争时期川盐产制纠纷及其裁断

全面抗日战争时期，由于工商业集中的沿海、沿江的大都市，如上海、广州、青岛、武汉等地的沦陷，日本对我国海口的封锁，进出口贸易受到严重影响，导致了政府岁入的减少。同时，受战争影响下的盐政，以供应充实各地军需民食为主要目标，然面临盐源减少的事实，加强盐场管理、增加生产与调节各地食盐之供需，遂成为盐务机关的当务之急。但在川盐增产过程中，不仅存在着盐工、灶商、盐警等各方盐场不同身份主体之间的利益纠纷，还有商户、佃主、井灶、佃户、盐务机关等，因争取各自利益产生的矛盾纠纷，甚至在开县盐场发生了灶商呈请核免盐斤事件。我们从中可以看到，盐务机关等为实现"盐产充足，供销均衡"之目标，面对川盐产制中复杂的纠纷与矛盾，进行了积极地调处。在此期间，受战时时局等各种因素限制，特别是对身处于社会底层的民众而言，自身的根本利益始终很难得到保障。

一、制盐之各类纠纷杂陈

查阅四川、重庆、贵州等地馆藏民国盐业档案，其中大量地反映了川盐从汲取卤水、砌灶置锅到熬煎盐巴的整体生产环节中的以烧薪熬盐为生的盐工、以攫取利益的灶商、保障盐场和驻地治安的盐警、防止走私的缉查队以及各级盐务机关等盐的生产主体，在围绕增加盐产、避免私售等两大方面，相互之间产生的诸多错综复杂的矛盾与纠纷的案件，以及当地政府与盐务主管部门的调查与解决结果。因此，我们认为分析上述纠纷案，是还原民国时

---

① 李德成：《抗战时期国民政府对盐务的管理》，《江西农业大学学报》（社会科学版）2003 年第 3 期，第132 页。

期盐业史的重要组成部分。

（一）生产过程的纠纷不断

四川盐业生产由来已久，井灶作为川盐生产中一个至关重要环节，一直都处在矛盾的中心。生产过程又不可避免地与各方产生各种各样的矛盾，譬如井灶佃户和商户佃主、井灶管理方和井灶工人、井灶和官方，等等，都出现了矛盾与纠纷。

首先，井灶租佃及灶民之间的纠纷。井灶佃户与商户、佃主交往最为直接。商户、佃主拥有井灶的所有权，而井灶佃户只拥有井灶的使用权，二者之间不可避免地会产生利益纠纷。井灶佃户为得到更多的井灶生产利益，罔顾井灶自身状况，过量使用井灶，使井灶产量下降，甚至成为废井，导致租佃期满后，佃主接收之井无盐可产。佃主考虑井灶未来发展，便呈诉佃户。如昌明灶老灶主杨陶齐称，佃户张树宣"接办以后给延年余之久，方始下竹嗣，又腰对井垫盐不清淘，令竟停搁未办，再者井房倾折停不建筑；现在产量每月仅能出盐数千斤，而走井竟至成废"①。

同时，有的佃户将井灶办坏，佃主要求期满之前修缮完全，而佃户企图拖延佃期便拒绝修缮，租佃之间的矛盾更加激化。佃主往往也会选择将情况上呈以求解决，如怡和公灶代表杨述成，在租佃期限将满时，催促佃户鲁章甫和其子季康，"将井眼淘办至底，将房屋等修建完善"②，而佃户不听，继续淘办井眼，杨述成认为其意图拖延不愿归还，且在期满之后，由于井灶未得修缮，完全拒绝接收，钧署介入解决，"严令该佃户火速加丁，将所垫盐井淘办至底，并将拆毁房屋等修建完善，以便早日接回自煎"③。

在档案中，还有"贺玉之呈控佃户王之元，期满退佃，坚不缴销质监许可证，建灶私煎，暨王之元呈控贺玉之侵袭灶籍权益"的案件。其中，记有广利井吉兴灶灶主王之元的控告词："为请查明吉典灶成立在前，而……佃毙井边灶在后……有登记许可证及开牌灶牌火簿等项，均系王之元之名在可

---

① 《为陈明佃户将灶办坏及组织贷款经过情形，请予察核主裁事》（1945 年 11 月 26 日），全宗号：4，目录号：1，案卷号：827，犍为县政府档案。

② 《为呈复佃户裕泰灶原主怡和公灶代表杨述成佃期届满延不接收仰祈》（1945 年 12 月 24 日），全宗号：4，目录号：1，案卷号：827，犍为县政府档案。

③ 《为呈复佃户裕泰灶原主怡和公灶代表杨述成佃期届满延不接收仰祈》（1945 年 12 月 24 日），全宗号：4，目录号：1，案卷号：827，犍为县政府档案。

考，不容侵冒"，控告声称吉兴灶的制盐许可证和灶籍，均依法照章，归王之元名下。而井灶生产因被告贺玉之等"以冒袭井灶之侵权行为"所妨害"停煎已逾两月有余""直接虽仅妨害生产，使民全家生活遭受重大损害……而受意外限制，使国家税收亦然遭受影响，两重压迫，公私均蒙不可利"①，此为王之元控告贺玉之之因。材料里还有贺玉之对王之元的控诉词："王之元早年承贺玉之新井一眼，连同自锉湾湾井一眼，合并在玉之业内，请立吉兴灶一座，煎制上年年底，租佃期满，玉之将井灶收回自煎，应缴销原领许可证，更换新证。而王之元以退佃后，自有一井无灶开煎，乃将原许可证及灶籍派，握不交出。"②此案属于佃主与佃户之间，因灶籍权益问题而引发的争执纠纷。

除此之外，档案里还反映了灶伙友间的纠纷案件。如西充场李家石内灶呈报修淘，井主王同与地主唐傅如间，因修淘后，井内咸度早晚不一致，而引发井灶伙友间的纠纷。材料记录说："市内井系井主王同与地主唐傅如等共有，当日订立契约，规定由王同修淘，成功占四成、地主占六成。该井成功后，每日汲水，由朝至暮洽可车干，其咸度朝一度，余暮四度。以此情形，地主唐姓认为竹上有病，要求王同重行下竹，王同认为竹是下好的，坚执不见。"③双方因此争执不已，以致李家石内灶，尚未正式营业。类似案件，还有李大钧与邓纯良争夺推帮井，引发的纠纷案件。"井主邓纯良称，此井于本年三月初二日满期，曾于去戚征求李大钧同意，是否续推下轮，李拒不表示意见。嗣商量结果，乃出推与邓宗元……可向邓宗元交涉等语，邓宗元则称此井契约已立，不能退让。嗣李宗元坚持优先权，请求照价续推"④。由上述案件可见，矛盾纠纷主要集中在井灶的所有权和使用权上，井灶租佃现象使得在所有权和使用权上发生冲突，牵涉井灶盈利问题。

其次，工籍、工资津贴及雇佣关系纠纷。盐工是川盐最直接的生产者。

① 《三台西充盐场公署呈报对灶民互控纠纷处理情形》，全宗号：民027，目录号：001，案卷号：0089，四川省档案馆藏。
② 《三台西充盐场公署呈报对灶民互控纠纷处理情形》，全宗号：民027，目录号：001，案卷号：0089，四川省档案馆藏。
③ 《三台西充盐场公署呈报对灶民互控纠纷处理情形》，全宗号：民027，目录号：001，案卷号：0089，四川省档案馆藏。
④ 《三台西充盐场公署呈报对灶民互控纠纷处理情形》，全宗号：民027，目录号：001，案卷号：0089，四川省档案馆藏。

在川盐生产环节，盐工亲历川盐萃取的每道程序，通过亲身劳作以维持生计，不断增加盐产。在此过程中，盐工也面临着生产生活的各种问题，其中的盐工工籍、工资津贴待遇以及雇佣关系等产生的各种纠纷与矛盾，则是属于典型。

比如，《关于函请解释陈焕荣工籍问题一案》记载，案件反映的是装、放各级盐工，过去概统一于盐业工会领导之下，在同一个单位以内，原本无区别。但是，放盐长班郭文清，以装盐手册作放盐工作，居同吃喝工人工资，依照工会法第十四条规定，议决除名。这就涉及盐工的工籍问题，也就是装盐的工人，却占用了放盐工人的岗位，自然也就享受了相应岗位的津贴。尤其是在运输工会刚成立时组织尚未健全，而以"理事长之陈焕荣而论，原以特工并极色小组副组长而竞选理事长，其是否以一人而占有两人身份，应否予以除名？"①而场方给出的解释是，郭文清任装盐，现任放盐。他与运输工会成立时当选理事长的陈焕荣，情形实有不同。主要是郭文清自称已二十余年，未在装盐支部担负任何职务，与装盐支部失去关系。陈焕荣虽现任运输工会理事长，仍负本场盐业工会属（特）盐支部常务干事职务。所以说，查核结果是：究属不同况，以此了结此案。

受物价上涨、生活艰难的影响及困扰，在盐业生产环节的矛盾多是围绕工资问题的案件。涉及了井灶方和井灶工人、盐场运输工人与场产工人的利益各方，同时井灶管理方常以各种借口，解除对井灶工人的雇佣，导致雇佣双方产生纠纷，甚至发生工人之间的矛盾（岗位被其他人取代，被取代者心有不甘，加上旁人闲言碎语，二者便会产生矛盾）。

因为工资产生的分歧和矛盾属最多，也最为复杂。工人对工资增长的要求，无法得到满足便会产生矛盾，甚至井灶迟发工资也会引起纠纷，不顾井灶方面之困难，采取罢工、损坏井灶等措施，以此影响盐业生产。更有甚者，聚众罢工、捣乱，造成社会秩序的混乱。如锡鑫灶因为盐款愆期，未能按时将盐工工资支付完毕，盐工借故罢工，并威胁锡鑫灶经理"如不将七月份工资及五月份起之津贴，概予补清，均拒绝作工"②，同时"阻挡开放池内蓄水

---

① 《自贡市盐业工会呈报工资运输人事纠纷煽动工人案及加入工会人员各册市盐业工会会议记录》，全宗号：民027，目录号：01，案卷号：0063，四川省档案馆藏。

② 《为呈转三区锡鑫灶盐工借故罢工各情形请予转令晓谕并予按月公布核价数字以免时起纠纷致碍生产由》（1944年9月15日），全宗号：4，目录号：2，案卷号：3349，犍为县政府档案。

至灶，并于勉强恢复工作之际，将商灶正泰井座井之推索十余根、签一架，有意落于井底"①，影响了井灶生产。如果没有及时解决，纠纷扩大甚至会导致整个盐场生产紊乱，不利于盐场整体稳定发展。

在各盐场均存在着盐工向盐务主管部门上书请求追加薪资待遇的案件。档案里记录有因为物价上涨，使得生活艰难，请予增给薪津，以维公众示矜恤书。情词恳切地谈道："工等服务盐垣应有年所虽无成绩可观幸无陨越……只冀物价低落即跻余资以价书债，谁料物价反比从前超百倍，书价不偿新债更增，虽叠调整工津，然亦不能维持（众庚）最低生活。"②矜恤书中，还通过将盐场工人与木石工等的薪津待遇、减员前后盐场工人工作量、工会工人与非工会工人薪津待遇进行了对比。从中可以看到，盐工迫切需要追加工薪及生活补助的现实需求。

还有自贡井盐场运输工人，请求与场产工人一体待遇、追加工薪，以维持生活的案件。档案里反映出自贡井场产工人与运输工人，在性质上存在差别。场产工人的工作与井灶、盐垣有关，并在此领取工资津贴；运输工人工作与运商相关，则应在运盐商号处领取工资津贴。但是，运输工人事实上历来是由自贡井场管辖，且所在地区距离自贡井场更近，工作与灶方有着直接关系，且一直从灶方领取工资。其中记录了场产工人增加七百余元，而运盐工人却丝毫未加。运盐工人提出了"合价"请求，监运处却又未函转自贡井场，此项津贴，竟虚悬未得。"窃（职部）工人于抢运赶运及安定盐场，增加产量流有相当血汗。过去工津增减，概与场产工人一体待遇。今日寇已降，胜利已获，而（职部）则变为运输，工津不能与场产工人平衡。工人工津纯系血汗换来，去岁十及十一月，增加迄无着，（职部）以生活高涨，工人难谋生活"③。因此，请求盐务主管部门照准由自贡井场按场产工人比例摊加。这一案件实际反映了运盐工人在抗战期间为盐场增产付出血汗，待遇却与场产工人有别，从而引发与场产工人一体待遇、增加薪资以维持生

---

① 《为呈转三区锡鑫灶盐工借故罢工各情形请予转令晓谕并予按月公布核价数字以免时起纠纷致碍生产由》（1944 年 9 月 15 日），全宗号：4，目录号：2，案卷号：3349，犍为县政府档案。
② 《自流井盐场工人请求追加工薪及生活补助情形调查处理案（B）》，全宗号：民 027，目录号：01，案卷号：0089，四川省档案馆藏。
③ 《自贡井盐场工人要求一体待遇及增加工薪以维持生活案件（A）》，全宗号：民 027，目录号：01，案卷号：0090，四川省档案馆藏。

活的要求。

在生产过程中，井灶工人因为雇佣关系的变动和井灶管理方也会产生矛盾。井灶管理方以各种借口解雇工人：消极怠工、违反规定、无故捣乱、影响生产、身染不良嗜好等。如"刘相高于天福井任技师职务，前后十余年。勤慎辛劳，并无损越。其父在生之时，又为该井之草创者。乃去岁冬月，相高突被该井东主马宗泽，无故开除。借故相高身染嗜好"①，显然对刘相高的解雇，是井灶管理方单方面的措辞。井灶随意解雇井灶工人，工人对自己被解雇有疑问，大多选择向盐务机关求助调查协商解决。而部分井灶工人因为工作丢失，聚众捣乱，横暴加厉。如光明灶解雇原有烧司周敏华，后雇请易华安担任烧司，同时由短班尹烧司接替，易华安不按照约定时间到达，光明灶便聘请尹烧司为长班烧司，并委托人带口信，告诉易华安不用再去上班，易华安认为光明灶主吴德煊，出尔反尔，心怀不满。"于十四日，团聚数十名盐工，并招呼吴德煊在乡民代表会，茶社内理剖。因盐工众多，良莠不齐或出不逊之言或唾沫侮辱，有下流举动，而吴德煊单人独马，备受亵渎"②，双方矛盾扩大，保长段正廷等参与进来，并产生打斗。经盐务机关调查，判处双方皆有过错。光明灶未经呈报，擅自解雇原有烧司周敏华，而易华安未报请盐务机关，自行解决纠纷，不利于矛盾解决，甚至扩大纠纷。

再次，官民纠纷。井灶作为盐业的直接生产方，与盐务机关联系较强，受盐务机关影响较大。然而在民国时期政府贪腐问题严重的背景下，盐务机关常常不能很好地为井灶服务，甚至损害井灶生产利益。井灶和盐务机关的矛盾，首先是因为官方贪腐损害井灶利益引起的，其次是因为部分盐务机关工作人员仗势欺人，盘剥诬陷井灶工人，井灶工人上诉以便矛盾解决。

民国时期政府机关贪污腐败，中饱私囊，盐务机关也是如此。盐务机关部分工作人员贪污腐坏，借公营私，经常与商户勾结，包庇商人的违法行为，蒙骗井灶户以牟取私利。特别是在井灶生产所必需的生产资料上，盐务机关

---

① 《为据实呈明恳请作主令撤复事》（1944 年 2 月 24 日），全宗号：4，目录号：2，案卷号：3349，犍为县政府档案。

② 《呈报光明灶因解雇盐工，当地保长与盐工互殴一案，谨将解决情形报请鉴核备查由》（1944 年 6 月 29 日），全宗号：4，目录号：2，案卷号：3349，犍为县政府档案。

与商人勾结，串通舞弊。商人参与最直接的生产环节应该是运输，由官商共同参与煤的运输，最容易让官商从中获利，运煤商以公谋私，亏吞各井灶块煤和运费，并且和官方勾结作假账、作弊，蒙骗井灶户，如"高明安、高朗清弟兄承运各灶所购华昌公司块煤，亏吞二十公吨，又亏吞运费十余万元，串通张恺元等伪账舞弊，捏控搪塞"①，还被其他灶商发现贿赂票灶处职员萧青云，借票灶处名义哄骗灶商，以谋私利。

同时，票灶处副主任赵福清和业务郑朝湘一起狼狈为奸，串通谋私，造假营私侵害灶商利益，截取灶商接济资金，"上峰贷给商等巨款三百三十余万元，并指定购煤储蓄以济恐慌，殊该赵福清等乘机贪利，既未通知复无会议，用另造之章办理证拟处，则将此与蒙领"②，同时在运煤商蒙骗灶商谎报价格"此煤当时价值系每吨六千一百五十元，伊等蒙报为八千元"③，并将亏吞煤斤高价变卖以谋私利，"查福清朝湘对于前项购煤蒙价不遂，并将此煤变卖高价以渔厚利，饱足私囊"④。官商从中牟取高利，只能损害井灶户之需求，妨害生产，如高明安、郑朝湘等从此次运煤中夺利，导致"尚有二千余灶应得之煤迄今无着落"⑤，缺乏煎盐所需燃料，井灶无法继续生产，产生官民纠纷，影响整个盐业发展。

公职人员存在仗势欺人的现象。盘剥工人、诬陷工人，与井灶工人产生矛盾，甚至无故殴打井灶工人。公职人员处理问题的方式不当会引起井灶反抗，如易华安与光明灶经理吴德煊，在茶馆内处理纠纷，段正廷保长并非盐务机关工作人员，上前干涉。"干涉无效，竟将金山寺盐工周荣华打伤倒地，背现青肿，其他各处亦有伤痕"⑥，后又先发制人，诬陷盐工周荣华打人，扩

① 《为亏吞运煤串控搪塞再恳迅赐究追由》(1945年10月25日)，全宗号：4，目录号：1，案卷号：827，犍为县政府档案。
② 《为借公营私盘剥各灶妨害生产影响税食诉恳究追以惩贪污而恤懦弱事》(1945年9月4日)，全宗号：4，目录号：1，案卷号：827，犍为县政府档案。
③ 《为借公营私盘剥各灶妨害生产影响税食诉恳究追以惩贪污而恤懦弱事》(1945年9月4日)，全宗号：4，目录号：1，案卷号：827，犍为县政府档案。
④ 《为借公营私盘剥各灶妨害生产影响税食诉恳究追以惩贪污而恤懦弱事》(1945年9月4日)，全宗号：4，目录号：1，案卷号：827，犍为县政府档案。
⑤ 《为借公营私盘剥各灶妨害生产影响税食诉恳究追以惩贪污而恤懦弱事》(1945年9月4日)，全宗号：4，目录号：1，案卷号：827，犍为县政府档案。
⑥ 《钧署批谕：检发犍为县第四区署公函一件》(1944年7月17日)，全宗号：4，目录号：2，案卷号：3349，犍为县政府档案。

大盐务纠纷，激化官民矛盾。

同时，也存在公职人员无故殴打盐工等现象。如会员陈绍清，住本镇第十五保，地名柑子桥官斗山。现在，集成灶井名白鹤井作工。"因本年五月六日，到牛华溪赶场回家。经过黄柱华家，脱有税警数人，不问清白劫打一阵，实将会员耳朵打聋。登时即请短班作工……尤恐耽误工作"①。

税警不问青红皂白殴打盐工，引起公愤。盐工往往无权无势，只得上呈盐务机关，以求公道裁决，以维持盐业生产。井灶工人遇到官方横欺时，有人会选择上呈盐务机关，以求和平解决；而有人则会以暴制暴，扩大矛盾，如易华安一案，盐工遭到诬陷后，再次与段正廷交锋，据段正廷呈报称："旋经钧所派队镇摄将引解散，职回家休息一钟时，该工等复将扁担木栋一轰入内，将职拉出店外，拳足棍棒任意毒打"②，纠纷扩大，甚至惊动上级盐务机关和政府司法部门。

盐警、乡镇保甲等作为地方盐场的管理者，常与盐工、乡民等发生矛盾纠纷。其中的纠纷可以分为两种：一是盐警与盐工、民众等以兵役、缉私等方面的纠纷；二是乡民对盐警缉私行为的不理解，蓄意滋事，甚至擅自羁押、殴打盐警，使盐警处于被动，从而引发矛盾。

档案里记载有犍乐两场盐工与王村乡公所发生兵役纠纷的案件。纠纷缘由系"运盐工人王子明、蔡洪江被王村乡公所估拉充当兵役，该盐工等要求缓征，结果无效"③。蔡洪江家住在犍场王村乡，该乡摊派蔡洪江承担驻军副食马干费及犍桥路代工金约两千元。经廖保长士元催索收取，数次皆来允付。"最近，王村乡公所奉令紧急征兵，该管廖保长又向蔡洪江坐索。蔡气愤之余，声言宁可充当壮丁，亦不能付款。数日后，廖保长即将蔡洪江，扭送乡公所充当壮丁"④。蔡某等被送充壮丁，引起了盐工群体的愤激。他们向乡公所请愿，要求释放蔡洪江等人，因双方言语不洽，发生了剧烈冲突，导致互相殴

① 《呈为特公藐法以公报私情》(1944年5月9日)，全宗号：4，目录号：2，案卷号：3349，犍为县政府档案。
② 《为据辉山乡公所报称盐工纠众殴打保甲人员，函请将肇事首要解送□□，以便讯究，即希查照由》(1944年2月24日)，全宗号：4，目录号：2，案卷号：3349，犍为县政府档案。
③ 《犍为乐山盐场工会电呈三村征兵拉充盐工服役纠纷调查报告解决方案及赔偿情形调任工会委员就取日期的训令指令》，全宗号：民127，目录号：01，案卷号：0013，四川省档案馆藏。
④ 《犍为乐山盐场工会电呈三村征兵拉充盐工服役纠纷调查报告解决方案及赔偿情形调任工会委员就取日期的训令指令》，全宗号：民127，目录号：01，案卷号：0013，四川省档案馆藏。

打。此时，该乡公所队丁遂开枪弹压，于是众怒难遏，平时对乡公所有不满的地方民众，也一行参与到此次纠纷行动中。据悉，乡镇保甲时常摊派住户，以壮丁费、马路费等，而盐工也在被摊派的行列之中，于盐工而言生活困难，不堪重负。而乡镇保甲方面，又非摊派不可，两者间自然会形成不可调和之矛盾冲突。

又有"盐警第五队成员，深夜无故鸣枪，非法侵入私宅，并拘押盐工，损害盐工自由与经营，而产生矛盾纠纷的案件"。据灶商邓策呈称："二十三日夜半，突有盐警数人，在宅外鸣枪二十余响，突入宅内大肆搜索横暴之至……将商家雇工□明洁，无故拉去予以管押，致商之营业停顿，损害不小。"[1]其中，提及该队管押雇工，是想胁迫贩盐力夫，指认商家有贩卖私盐的嫌疑，所幸该盐工天性纯良，不牵连无辜。但此事并未就此结束，盐警在未查出任何违法行为的情况之下，竟将盐工等拘押三日之久，引起民愤，导致盐工与盐警间的矛盾激化，引发纠纷。

盐工常常处于弱势，与盐警之间也是有矛盾的。档案里就有盐警殴打、严刑逼供及虐待盐工的纠纷案件。盐警要求盐工王廷元打扫道路间残留的炭渣，因"当时随挑随落，一时难以清扫，也殊该警士不允，当即带回分驻所……不由分说积施毒打，将该盐工王廷元右手打错，最后并打以扁担"[2]。随后，王廷元工友便前往警局分驻所，质问公会书记。其间，其余盐工将驻所枪弹、衣被等，全数劫去，并企图捣毁分驻所，引发规模更大的纠纷。档案还记载了东区场警对盐工施行逼供虐待一案：场警高班长在盐工吴少章家中，查出存盐十余斤，即认为盐工吴少章走私，将"工绑搏……询问此盐非工所为当然不得，其实高班长将工高吊估用拳打，并将工之胡须乱扯，扯落多半痛彻入心，旋用水贯吴少章（俗称水葫芦）务要少章咬工出来"[3]，高班长还威胁盐工，不能将用刑之事泄露出去，否则会招致性命危险。盐工与盐警、保甲等之间的冲突纠纷常有发生，因盐工处弱势地位，与盐警、乡镇保

---

[1]《犍为乐山盐场工会电呈三村征兵拉充盐工服役纠纷调查报告解决方案及赔偿情形调任工会委员就取日期的训令指令》，全宗号：民127，目录号：01，案卷号：0013，四川省档案馆藏。
[2]《自流井场盐业工会呈盐工被驻军殴打、盐警严刑逼供虐待工人扰害自由及乐山场盐工与警民冲突（川康区盐业工会指导委员会）》，全宗号：民027，目录号：01，案卷号：0038，四川省档案馆藏。
[3]《自流井场盐业工会呈盐工被驻军殴打、盐警严刑逼供虐待工人扰害自由及乐山场盐工与警民冲突（川康区盐业工会指导委员会）》，全宗号：民027，目录号：01，案卷号：0038，四川省档案馆藏。

甲等势力悬殊太大，盐工或忍气吞声或舍身群起而攻，常受到肉身等方面不公正待遇，且难于解决。

　　甚至是盐警的执法尤其是缉私行动，并未得到乡邻百姓的认可与支持，造成了盐警与民众之间的矛盾加深。乡民不配合盐警的缉私任务，而合伙滋事影响缉私，甚至羁押和捆打盐警的案件，也在档案里有所保留。有第二中队第三区队警士在杨家坝缉私时，发生的纠纷案件：四月十六日，警士罗建群被派出缉私，与警士何铭镕、李明政等，前往杨家坝缉私时，发现一人挑有较重的花盐。于是，准备将其押回审理。此时，"有赶场者数十人蜂拥而来，向警等朋殴警"①，在盐警表示奉命缉私，并且有相关证件时，肇事者并不听从。还打伤盐警，缉私之盐被抢劫一空，私贩也趁机逃逸。缉私时，民众集体滋事也时有发生。蓬溪盐场盐警，在小潼场缉私与私贩及民众发生纠纷事件，以及小汉场缉私纠纷事件，两次事件均有乡民不协助盐警缉私，甚至与私贩一起，合伙滋事的情况发生，给盐警的缉私工作带来极大的不便。事后由相关乡公所领导告知，并教育群众需协助盐警缉私，不得再做出诸如此类扰乱盐警缉私工作的行为。

　　除此之外，还有灶商黎金廷与盐警赵清林的案件。据黎双合外甥供称，黎双合有走私川盐的嫌疑，但拒不承认。警察赵清林随即前往，传讯黎双合，而黎双合父子"同该保副保长谭芪春等，主谋扰拒，先集邻妇女多人，将该警等枪弹、符号、执证及随身伙款并扯去，加以捆打，并以油烟涂满两警员面部后，随即鸣锣，称该盐警行窃，并向乡公所控告匪警"②，将所谓"匪警"押送至乡公所途中，还鸣锣以示众人，群众皆前来围观。此盐警被民众诬陷并捆打的事实，加剧了警民之间的矛盾纠纷。以及赵文正、赵源周兄弟，纠众击伤盐警副队长叶英等案件。此案件缘由，系场商办事处主任干事陈杰才、副主任干事张志和等，因对改选场商干事一事不满，于是邀集同党胡乃绛等人，由县参议会参议长郭汉屏、参议员余季朴等，胁迫数百居民、小贩甚至无赖等，由赵源周弟兄发给每人一个面包，要求他们沿街游行、张贴标语，

---

① 《自流井场盐业工会呈盐工被驻军殴打、盐警严刑逼供虐待工人扰害自由及乐山场盐工与警民冲突（川康区盐业工会指导委员会）》，全宗号：民 027，目录号：01，案卷号：0038，四川省档案馆藏。

② 《自流井场盐业工会呈盐工被驻军殴打、盐警严刑逼供虐待工人扰害自由及乐山场盐工与警民冲突（川康区盐业工会指导委员会）》，全宗号：民 027，目录号：01，案卷号：0038，四川省档案馆藏。

并指名辱骂向场署示威。"赵文正、赵源周弟兄进入县长办公室揪殴警务科长张敦录，并以言语侮辱"①，造成较为严重的矛盾纠纷。

但是，经过场方的调查结果显示，整个案件，原来是赵文正开煎灶，数日未行入仓，并查该灶内亦无盐斤，实将储存家中，准备走私。但当晚因倾盆大雨，未便前往缉查。待至翌晨，邱队长率领该队盐警与职所率盐警十名，前往赵家垮缉查。谁料行至该村梁间，即见村头聚众多人，见人等前来，当即鸣枪示威。邱队长睹此情形，首先率领该队担任警戒，而群众被击退后逃窜。邱队长等追入赵文正家，搜出花盐两千四百八十五斤。这一事件经过同张敦录调查结果事实是相符的。只是赵文正灶内有盐锅数口，被人击坏，其屋内家具虽属零乱，但盐警在其家毫无滋扰，证明自属故意为之。为避免事态扩大起见，对于肇事之盐警一班，解除武装，立送南部地方法院看管。可赵文正、赵源周及县参议会正参议长郭汉屏与陈杰才、张致和等，又诬指本署警务课长张敦录为主使肇事人，请县长吴超然及法院惩办。当张敦录押送肇事警士至法院时，法院即根据吴县长原函予以看管。张敦录亦于午间十二时回署。此事之发生，虽缘于盐警之前往赵家沟传唤赵文正，但背景实系各场商代表，因加税后分赴蓉渝两地请求实行等差税，未得结果，返时即大事造谣，谓政府又将实行限价官收，并由请原代表陈杰才及其党羽多人，公开鼓动：场商停汲、停煎。以争取生存为号召。此次赵文正、赵源周弟兄之肇事，即系暗中煽惑鼓动，以图将事态扩大，借悉遂其抗税之企图。于是，迅速地向上级管理部门提出加派警队，驰场震慑。而免走私机构，愈无顾忌，并将肇事警队换防，以免再生滋扰。

最后，私立组织和借贷的纠纷。其中较为突出的，当属自流井场盐业工会运输分会运盐板车支部与周勋涛所组织的贡东段运盐板车支部间的纠纷（以下简称为自流井场运盐板车支部与贡东运盐板车支部）。档案材料里反映的是合计车行经理周勋涛，非法组织贡东场运盐板车支部办事处，大书特书，于东新寺罗尚之保长茶社内。"群见之，惶恐万状。有影响工人工作与生活，即向本支部报告。故于本月三日，召开会议选出干事组长。于四日，即向他

① 《南阆盐场公署呈报盐警因受伤火炉与盐警发生纠纷案及财产部盐政局川北盐务局代电》，全宗号：民128，目录号：01，案卷号：1152，四川省档案馆藏。

方质询组织理由和根据，而该周勋涛则曰无责，亦为奉有命令"①。自流井场盐业板车支部认为，周勋涛此举事实上违反了工会法令中的"在同一区域内，不能有两个同一组织"的盐运条令，破坏了工会组织规定。

随后，自流井运盐板车支部干事王和林，率领工人将贡东板车支部所贴板车支部筹备会登记长条撕毁。贡东段运盐板车支部指出："应由车工推出代表自行发起，组织板车支部，选择加入某场盐业工会，仰即另行筹组，筹备会，呈由盐业工会，呈报，指委会核准成立，等。因筹备员等随即遵令组织筹备会，并选择加入，四川省自流井场盐业工会，以为隶属主管之根据，所有本会组织筹备，纯系依法进行，并无违越。"自流井场运盐板车支部干事王和林，率上百名工人蜂拥而来，大有动武之势。在被筹备员周勋涛告知，该贡东段运盐板车支部是奉本地盐务层峰的命令组设后，"该王和林答以盐管局不能擅专，纵有命令，不行准用，非马上取消不可。并须交出组织筹备之人，否则必将用武等语"②。通过双方的记录，我们可以看出，自流井场盐业板车支部认为贡东段运盐板车支部为非法组织，违反盐业工会法令。而新筹备成立的贡东段运盐板车支部，则坚持自己是依法设立的。

由上述材料的阅读可知，自流井场运盐板车支部小组之所以反对贡东段单独组织运盐板车支部，其理由是：在增产时期，未有周勋涛等之板车行，承揽盐运。尤其是在战时之超运，拥获限价、捐机、献金、服务队等方面履行的义务不少。但是，周勋涛等未尽任何义务于前，反享运盐权力于后，这是其一；周勋涛等此次组织之目的，在独吞追捕永久打头，垄断盐运，剥削工人……将来发生摩擦与纠纷影响治安，其责谁负，这是其二；减产时期盐俸减少，公家登记工人，早经明合，截止有案。况周勋涛属于资方，何能代替劳工所有，劳工又无手册，并非合法工人，这是其三。上述之理由是反对擅自成立贡东段运盐板车支部的真实原因，也是引发擅自建立非法组织纠纷的重要因素。最终，川康盐务管理局给出的答复是：倘准贡东段车工单独成立一直属组织，根本不合工会法规。若贡东段车工，领有手册之工人，愿加

① 《自贡井场炊事工人与厨工工人争执、自贡两场组织间纠纷》，全宗号：民027，目录号：01，案卷号：0109，四川省档案馆藏。
② 《自贡井场炊事工人与厨工工人争执、自贡两场组织间纠纷》，全宗号：民027，目录号：01，案卷号：0109，四川省档案馆藏。

入本会组织，自当食其于运输分会板车支部下，成立一小组。

还有，炊事支部与篾席职工会所组织之私团体"詹王会"的纠纷。即"炊事支部组织'詹王会'（纯为本身会员立助起见），当天请篾席职工会负责人指导。篾席工会负责人见此与原来'詹王会'有冲突，遂阻止成立，未果，愤痛而去。支部'詹王会'成立，贴出会育等人报条于该区茶社内，此系两团体之原因，曰之纠纷"①。此纠纷案件，篾席职工会的百余人，携带枪支等武器，在好春茶社要求给予一定说法，并带工人拥进礼堂，撕毁炊事工人詹王会报条，企图挑寡斗殴。甚至有"关于万县秦禹皋等私自组织耗盐公司案"，具体为："石漕溪西方绅士秦禹皋（即湖北运输站主任）、曾布清（该站职员）及其内人，并伙同当地上层人士谭威（即当地保长）、张启南、毛大培、陈益良、陈益善、刘孝思等十人，每人的资本一千元，合组一伙盐公司，向渝万段运盐。"②秦禹皋等人，私自组建盐业公司。因石漕溪位处忠县、石柱、万州三县交界，位置偏僻，且在行政及人事问题上较为复杂，走私川盐等违法行为因此较为猖獗，使得走私违法纠纷案件也随之不断增加。

另外，井灶生产难免产生资金不足、产销不敷等情况。有的井灶基础薄弱，借贷资本开井煎盐，又或遇到生产销售不能敷足开支，不能及时偿还债务，常常陷入债务纠纷之中。借贷期满，井灶不能及时偿还债务，债主采取非人性方法逼债会激化债务纠纷；同时，因为债主或债务人的一些意外变动（主要是债主的变动），也会导致井灶与债主的矛盾激化。

一些井灶借贷开煎，生产不顺导致入不敷出，不能及时偿还债务，而债主以抬锅、牵牛等非人性化方式索债，加剧井灶生产危机甚至无法继续生产，被逼债务井灶自然会与债主产生纠纷，并且纠纷不断扩大甚至需盐务机关介入调查协调解决。如鲁章甫裕泰灶向怡和公灶租佃初期名为"恒泰灶"，淘办两年半。就因为违法生产被封，后更名"裕泰灶"，申请启封开煎。停煎井灶，本身产盐基础薄弱，"原定额为 10 000 斤，月煎二七次，双七锅二口，推牛

---

① 《自贡井场炊事工人与厨工工人争执、自贡两场组织间纠纷》，全宗号：民 027，目录号：01，案卷号：0109，四川省档案馆藏。

② 《四川缉私处呈报查办万县秦禹皋等私熬食盐组织耗盐公司案及财政部缉私署盐务总局指令公函》，全宗号：民 004，目录号：01，案卷号：0943，四川省档案馆藏。

十三支，自大雪后相继倒毙牛将近二十支，虽继续补充现仅剩存七只"①，产额下降导致负债过重，资金不足无法正常产盐。井灶佃户没有利润来源，借贷期满而无力偿还，商户债权紧逼还债，井灶佃户只有选择变卖井灶锅口、牛只还债。甚至有债权者聚集井灶牵牛与抬锅，裕泰灶"现有牛支被债权牵去三只，有保甲长证明"②。井灶没有锅口、牛只，导致井灶停煎断产，遭受更大损失。债权主选择不恰当的方式向债务井灶索债，只会激化债务矛盾，引发井灶和债权佃主之间的借贷纠纷。

债务发生的纠纷。如乐山第十四公仓代表杜明亮，于民国二十一年（1932年）佃办第十四公仓，"被告等先后来仓储盐，或向民仓借款接济，或售卖跟盐"③，杜明亮所呈被告即为王德海、当届代表戴绍卿、兴和灶灶主现任牛华溪联保主任郭凌之等十家。杜明亮奉令将民办公仓改组为公办后，被告等均有欠款且不还，"杜明亮则有钱无势，是以惟有恳求官厅作主"④；而被告则呈控杜明亮盘剥灶主，称"颇受原告盘剥以久，生意亏折且与原告往来账项并未结算"⑤。双方各执一词，无法断决，双方甚至还在案件性质、办理地点上产生争论，使得借贷矛盾被扩大。由于被告戴绍卿为本届公仓代表，债务纠纷上升为官民灶仓借贷纠纷，因此，纠纷引发的矛盾更加难以解决。

（二）盐务机关对井灶展开的调查

井灶一直处于盐业生产的风口浪尖，与各方产生矛盾，利益遭到损害后不断上诉，希望得到盐务机关帮助解决。盐务机关针对井灶面临的不同矛盾，派员接洽，开展调查，了解井灶情况，掌握井灶拥有生产资料情况和井灶的产量及生产方法，同时针对井灶与商户和官方的矛盾，调查井灶的情况，以求更好地解决各方纠纷，维持稳定生产。

---

① 《为呈报裕泰灶现有牛支被债权牵去仰祈鉴核由》（1945年7月30日），全宗号：4，目录号：1，案卷号：827，犍为县政府档案。
② 《为呈报裕泰灶现有牛支被债权牵去仰祈鉴核由》（1945年7月30日），全宗号：4，目录号：1，案卷号：827，犍为县政府档案。
③ 《照抄乐山县司法处民事判决（二十五年度第二十九号判决）》（1937年4月26日），全宗号：4，目录号：5，案卷号：75，犍为县政府档案。
④ 《查灶户王德海等十家借欠第十四公仓代表杜明亮款项纠纷一案》（1977年4月30日），全宗号：4，目录号：5，案卷号：75，犍为县政府档案。
⑤ 《照抄乐山县司法处民事判决（二十五年度第二十九号判决）》（1937年4月26日），全宗号：4，目录号：5，案卷号：75，犍为县政府档案。

首先，生产情况调查。盐务机关针对井灶生产情况的调查，包括两个方面：井灶生产资料拥有情况和井灶增产或者短产原因。掌握井灶生产资料拥有情况，可以大致掌握井灶产盐量，并发给灶籍牌，官方掌握资料签发证件，以便随时查核，避免分歧。了解井灶生产增产或短产，掌握井灶产量变化，并了解井灶生产所面临的问题，便于盐务机关制定解决纠纷的方案。

井灶生产资料调查，主要有井灶名、所在地点、负责人姓名、所属场署、职工人数、生产数量、盐井深度、盐锅数量、设备概况、烧盐燃料情形、取盐方法。通过切实的调查记录，掌握井灶实际生产情况，处理纠纷有据可依。如民国三十二年（1943 年）六月廿七日的川西盐业井灶调查表①，具体情况见表 3-3：

表 3-3　1943 年 6 月 27 日的川西盐业井灶调查表

灶名	井名	负责人姓名	所属场署	职工人数	生产数量	盐井深度	取卤方法	盐锅数量	烧盐燃料情形	设备概况
仁顺灶	第一井、第二井、第三井	吴永顺	犍为盐场	十九人	每日产盐五百斤	七十五丈	水牛推卤	二口	炭火煎制	牛支笆码家具等项
荣盛灶	天吕井、金堂井、丰顺井	张烦运	犍为盐场	五十六人	现时每日产盐一千八百斤	八十五丈	用木车索牛取卤	六口	由犍为盐场统筹处分派	
旭亨灶	后宫井、房正井、花园井、官万井、油井、座井、桉井	王瑜如	犍为盐场署	十五人	每日产盐五万余斤	七十七丈	牛推汲卤	二口	炭火煎制	牛只笆码等项
荣全灶	复兴井、复胜井	王显臣	犍场署	十二人	平均每日产盐五二〇斤	六十九丈	用篾筒系于木车滚之上再用牛力牵引升降入井取卤	二口（花笆一口）温笆二口	由犍为盐场燃料统筹会购派煤煎烧	木车滚架牛支笆码家具等项
裕丰灶	庙王井、财门井、龙头井	张仲庭	犍为盐场	六十五人	每日产盐约二千七百斤	约九十丈	以木筒篾牛汲卤	一十口	以炭铲入灶内烧	灶内设捏盐仓
豫泰灶	万宝井、座井、高山井	李仲犹	犍场	二十二人	百余斤	九十丈	用牛推篾筒取卤	二口代冲	由统筹处分配	牛支笆码家具等项

① 《川西盐业井灶调查检表》（1943 年 6 月 27 日），全宗号：4，目录号：5，案卷号：597，犍为县政府档案。

续表

灶名	井名	负责人姓名	所属场署	职工人数	生产数量	盐井深度	取卤方法	盐锅数量	烧盐燃料情形	设备概况
明永灶	太海井、天思井、五家井、庙王井、桥哑井	周介明	犍场	二十三人	每日约九百斤	约八十丈	用篾筒系于木车滚之上再用牛力牵引升降入井取卤	三口	由统筹处派配煎制	木车滚架牛只笕码等项
裕通灶	天台井、荣恒井、官山儿井	王士宽	犍场	二十人	八百斤	七十丈	用篾筒牛只等取卤	三口	由统筹处分派煎制	
天宝通灶	灰包井、三元井、羊泉井、墙垣井、义全井、三益井	周忠斋	犍场	十八人	九百三十斤	七十丈	用篾筒牛车滚等取卤	三口	由烧筹处派配煎制	牛只笕码等家具等

　　盐务机关要求井灶负责人住进井灶，以便随时稽查。同时，对井灶生产情况进行监督，使得井灶生产能够做到按部就班，并在盐务机关掌握之中，避免井灶生产户出现偷漏走私、违章舞弊等现象。如金山寺分场署查核义昌灶有短产的现象发生，"卅三年三至十二月份，计短产四八一九七三九担"，次年的"一至六月份，计短产二四八六三〇八担"[1]。继之，金山寺分场署查明了义昌灶短产原因："去冬大雪二次，毙牛八百余只；机车、材料之缺乏；物价上涨"等因素造成了本场署盐斤的短产。而梅旺场务所，也于1945年"一至六月份，计短产二〇五六三担"。梅旺场务所提及了本所皆零星小灶，多以制盐为业，灶户穷困。短产的具体原因："偷漏走私、资力薄弱、井老水淡。"[2]

　　针对金山寺分场署和梅旺场务所的盐斤短产现象，上级盐务机关提出了处理意见，指出了明确的改进之处。即金山寺分场署要对金山寺灶户进放盐斤，严密监视吊秤，以防灶户谎报籍资，偷漏现金。分场署查产员警，要稳妥分配且发挥员警力量，严密监视吊秤，这项工作应该特别注意。同时，要求加强专班管理。因金山寺顺河街两地引盐灶户，运盐进入公仓，向由运盐

① 《视察金山寺分场署梅旺场场务所报告》（1945 年 10 月 4 日），全宗号：8，目录号：12，案卷号：74，犍为县政府档案。
② 《视察金山寺分场署梅旺场场务所报告》（1945 年 10 月 4 日），全宗号：8，目录号：12，案卷号：74，犍为县政府档案。

专班承运。此种专班系灶户信托办理，场务方面均未重视，亦无妥保盖。大灶走私，必须勾结专班，在进公仓途中，以其多放之盐斤，转售私贩。因此，加强管理专班的条件，就是须有股实铺保，平日考察其工作优劣，分别留用汰除，随时甄选。

其次，违章情况调查。盐务机关调查处理违章的对象除井灶外，还有商户。商户奇货违章哄抬盐价，倾销谋利，祸害百姓，制造食盐恐慌，盐务机关对其进行依法调查处理。井灶通过私自改煎、涂改灶表等手段违章舞弊，企图谋私，盐务机关派员设置关卡稽核盘查，同时随机调查查处井灶。

违章商户抬高盐价，倾销获利，却损害场民利益，使场民发生无盐食的恐慌。因不利于地区的稳定发展和国税民食，盐务机关必须出面查明且尽力解决。譬如，清水乡盐商之间互相竞争，互相控告与检举，甚至捏造名字相互指责。其中有清水乡盐商控告苏远山等二十余人"假借清水铺设店零售为名，登记第六官仓之盐，每月八、九、十担推销。殊该奸贩苏远山等违章数月，收盐抬价，倾销所得利益每担五六十元。场民发生没食恐慌，几酿巨祸"[1]；盐商苏远山违章收盐聚集，抬高盐价，从中牟取高利，"非常收盐通称即卖每担售价一百五六十元，以牌价计算得利四五十针孔……盐贩买去以收，清水铺场民更加发生没食恐慌"[2]。引起民众恐慌，不利于社会稳定，盐务机关多次派员调查，以便解决纠纷。

井灶违章，主要集中在两方面：井灶私自改煎和走私舞弊。井灶煎盐分为巴盐和花盐两大类（巴盐：硬块状；花盐：颗粒状），井灶方为了达到利益最大化，私自违反规定改煎巴盐或花盐；井灶私自改煎，会影响川盐整体岸销，如"义昌灶灶主朱叔卿，以金钱运动蒙准改花，妨害岸销"[3]。义昌灶朱叔卿，贿赂金山寺场务所崔主任，以求批准改巴煎花，妨害岸销巴盐。袁灰山、邹顺和等呈报检举后，犍为盐场派钧署佐理员徐共恒，前往查核。调查发现："该灶经理人朱叔卿，以请改煎未成，随即分头运动。益赠送崔主任热水瓶、毛巾、香皂及现款等约值八千余元，该主任拒绝接受益，令该灶来人

---

[1] 《奉总局令处仁寿清水铺盐商雷贞银呈诉苏远山、毛培德违章舞弊，请彻查办一案》（1941 年 2 月 26 日），全宗号：4，目录号：2，案卷号：2584，犍为县政府档案。

[2] 《奉总局令处仁寿清水铺盐商雷贞银呈诉苏远山、毛培德违章舞弊，请彻查办一案》（1941 年 2 月 26 日），全宗号：4，目录号：2，案卷号：2584，犍为县政府档案。

[3] 《查后电复》（1943 年 4 月 17 日），全宗号：4，目录号：2，案卷号：773，犍为县政府档案。

取回，以重名节。益有该主任改该经理便函及福麦源，灶经理设□□□元为证，该主任确未收受上项物品。该灶主朱叔卿乃又向场署，分别面给，而适值张场长赴调之时，始准改煎一部。查该灶所请煎花……该灶具有出款运动之重大嫌疑"①。私自改煎影响岸销，不利于川盐整体性生产和销售管理，因此，盐务机关对私自改煎行为开展了稽查并处理，勒令义昌灶朱叔卿"请予停止改花仍全煎巴等"②。

盐务机关对井灶违章的调查，主要通过盐警稽查和随时突击检查。通过拦截缉查能够直接缉捕走私人员及私盐，挽救已发生的走私事件；突击检查能够发现井灶涂改灶表、短产舞弊、仓存盐斤与灶产不符等情况，掌握情况以杜绝走私。

井灶通过挑夫、背夫等运盐走私，盐务机关派遣盐警对井灶运私盐进行拦截，按照盐政条例收缴私盐、缉捕私贩，并呈报上级处理。如1948年3月5日五通桥呈盐警缉获私盐送案单③，具体情况见表3-4：

表3-4　1948年3月5日五通桥呈盐警缉获私盐送案单

举获人姓名、年籍、地址	缉获日期地点	获案经过详情	直接缉获人	协缉人	主从各犯姓名年籍住址	私盐来源及种类数量	附获物名称及数量	所犯法条	人犯、私盐及附获物解送日期处所
无	民国三十七年（1948年）三月十日于五通桥二保	获于本（十）月午前四时，警士李兴华、耿海文等二名，交换警卫时，遇二老。二人各负背篓，其形可疑。当时检查，该犯弃盐逃避，获缉得走私巴盐一百廿七斤。当请地方保甲出具证明，遂送桥售盐处收秤也	李兴华、耿海文	无	无	来源不明巴盐一百二十七斤	无	盐政条例第二十九条	民国三十七年（1948年）三月十日送桥售卖盐处

盐务机关为了便于管理，给每座井灶发配井灶籍牌，记录井灶基本信息、生产情况等，并要求井灶户悬挂于显眼地方，便于随时查核，力求杜绝井灶

---

① 《奉均产后查义昌灶以金钱运动，朦准改花一案》（1943年2月11日），全宗号：4，目录号：2，案卷号：773，犍为县政府档案。

② 《查后电复》（1943年4月17日），全宗号：4，目录号：2，案卷号：773，犍为县政府档案。

③ 《盐警缉获私盐送案单》（1948年3月10日），全宗号：4，目录号：1，案卷号：218，犍为县政府档案。

走私贩盐。如犍为盐场赵吉祥灶请求换灶籍牌时，黏附旧灶籍牌①：

> 本场七区三段八牌七五户，双顺灶在大湾井地方，设有煎盐灶房一间，煎制票盐，合行发给门牌。仰该灶悬挂于瞩目之处，以便考查，不得损坏弃置，如果停煎歇业，将此牌缴销，不准转授他人，其无此牌之灶，即以私制论罪，须至门牌者计开应填各项。
>
> 灶主：赵吉祥；灶工：二名；盐井：二眼；每日取卤约一六七斤；卤水平均每斤约成盐六两八钱；小锅一口；每月约开煎三次约成盐一三〇〇斤；产出之盐向存：第一公仓；成盐后限八日点钟送入公仓；本段段长：赵云集；本牌牌首：胡通海。
>
> 中华民国廿四年四月廿四日　给

然而一些井灶，却是罔顾制盐销盐之规定，私自更改灶产，更改灶籍牌，蒙骗盐务机关，企图走私以谋巨利。而盐务机关发现以后，对其展开调查，维护川盐的整体生产秩序。如民国三十六年（1947 年），犍为盐场第四十五队警长钟宝智，发现杨柳湾全永灶涂改灶表和查产手册。四望关场务所根据税警核查结果展开了调查，进一步发现"邹建伦以灶房数月未开支，讬乔友信向郑荣君要求走点私盐，并郑荣君亲见涂改灶表，不予制止，复自行涂改查产手册"②。犍为场署核实后，依法对井灶进行处理。"该灶管事向通走私，涂改灶表各情，尤是证实该灶偷漏走私，确无疑议。此种则为害己，违反《川康区盐场井灶户管理规则》第十三条第二项之规定以及规则第二十七条规定的'涂改稽查表等所载数目者，依刑法变造文书罚处断'"③，以郑荣君与警士乔友信渎职谋私，被押解至法院听从判决。

为了走私获利，一些井灶盗卖私盐。盐务机关随机调查发现：灶户的仓存盐斤与灶表不符合。盐务机关依法调查处理，派员监视。民国三十六年（1947 年），红豆坡场务所前往双成灶查核灶表，发现"应结存一百一十九斤，仓内颗粒无存，显有盗卖情事"，双成灶经理"称系历次削下劣盐积成，

① 《具由犍场七区王村场三段花盐灶商赵吉祥灶为淘办卤出增产换牌事情》（1936 年 8 月 22 日），全宗号：4，目录号：5，案卷号：25，犍为县政府档案。
② 《为据报杨柳湾全永灶涂改灶表及查产警涂改查产手册情形仰祈鉴核由》（1947 年 4 月 19 日），全宗号：4，目录号：5，案卷号：1329，犍为县政府档案。
③ 《案查关于四望关场务所呈报全永灶涂改用卤产盐登记表案》（1947 年 5 月 20 日），全宗号：4，目录号：5，案卷号：1329，犍为县政府档案。

次数以下楻化水”[①]。显然，双成灶已经将此盐走私贩卖获利，造成仓存盐斤与灶表不符合，引起盐务机关注意，派员调查了解情况。

（三）盐务机关为缓解生产矛盾实施措施

面对井灶生产中的各种矛盾，官方设立各级盐务机关，专司解决井灶生产矛盾，如川康盐务管理总局、五通桥盐务管理分局、犍为盐场场署、红豆坡场务所等，一旦盐业生产中矛盾产生，便积极解决。各级盐务机关在井灶生产之中，发挥着一定的作用，即主要采取了协调矛盾、惩处违法违章、组织盐业有序生产与销售等。

首先，协调矛盾。盐务机关在解决井灶与商户、工人之间的矛盾时，最常采用的方法，就是派员主持双方协调，或派员到井灶查明情况，或请双方到场务所协商，组织井灶商户签订佃约并遵守，折中满足井灶工人的要求，最终达到解决矛盾的目的。如锡鑫灶盐款愆期，商灶各款积欠而拖欠工人工资，“盐工借故罢工妨害生产”[②]，井灶商户无法解决，便报请场务所协商调解，由场务所派员解决矛盾纠纷，“当由王场务员至灶劝导解决，允将七月份工资即日支给，五月份起之津贴发款即补清。于是工人等始于下午逐渐复工，商灶以兹事既经王场务员，暂时解决”[③]。盐务机关协调盐工和井灶之间的矛盾，折中处理，尽量满足盐工要求以维持生产，保证川盐整体生产发展。

其次，组织生产。井灶生产不断面临着诸多的问题，如凿井淘废、请求开办、加办病井、资本缺乏、无力煎烧、场价疲滞、炭价昂贵、车牛倒毙等。

譬如，以淘办旧井为例。为实现增产，犍、乐两场各灶商，奉令淘办旧井。可是，淘办旧井所需要的财力、物力，短时间内不能被满足，即使是灶商愿意，淘办旧井却也实难做到。自十月份起，实行增产。“势不可能。井油非海水，可以予取予求。亦不若富荣之有停推盐岩井，可以随时起推。故职场增产之法，实唯有凿新、淘废之一途。凿新非一时所能办到，且非巨资不办，

---

① 《案查关于四望关场务所呈报全永灶涂改用卤产盐登记表案》（1947 年 5 月 20 日），全宗号：4，目录号：5，案卷号：1329，犍为县政府档案。

② 《为呈转三区锡鑫灶盐工借故罢工各情形，请予转令晓谕，并予按月公布核价数字，以免时起纠纷致碍生产由》（1944 年 9 月 15 日），全宗号：4，目录号：2，案卷号：3349，犍为县政府档案。

③ 《为呈转三区锡鑫灶盐工借故罢工各情形，请予转令晓谕，并予按月公布核价数字，以免时起纠纷致碍生产由》（1944 年 9 月 15 日），全宗号：4，目录号：2，案卷号：3349，犍为县政府档案。

缓不济急，姑俟另议"；至于"淘办旧井一案，自规定条例布告至今，行将匝月，投请登记者，尚属寥寥。揆其原理，实由各灶商，纵有非井，意欲淘办，徒以淘办需要资金。灶商金融枯窘，有心无力，率皆袖手旁观不前"①。对此困难，盐务机关不仅承受着上层要求刻不容缓的济销压力，也面对着灶商淘办井眼既费时日，且需办本，即使是时日充分，办本有着，而何时淘办成功，尚且是难以预测的困境与无奈。盐务机关在迫不得已的情况之下，采取了一些措施，主要在治标和治本两个方面。治标上，"拟自十月份起，将府南雅三岸，每月运额三百八十二引（连同抵补犍盐停止上运六十七引在内），以八折配运，抽取把百分之二十（计盐七十六引），再由职场凑足二十四引，每月共成一百引。东运济销，以济眉急。以现在府南雅三岸情势观之，如果短运二成，尚不至生盐荒，至于此项短额，拟俟增产有效时，再行复额，以符原案"。治本上，则是恳请"灶商呈请贷款，予以核准。俾使办本有着，得以加紧淘办。自核发贷款之日起，期以两月为限，职属各灶，一律照现在额定产量，强迫增产三成，俾达每月增产一百引之数（规定犍乐每月增产二十儎，依犍六乐四比例约为一百引），并辅以奖惩办法，以防或有怠玩"②。

同时，为保证灶商能够按量生产以济民食，管理部门还提出了一些奖惩措施，以求最大限度的提高灶商的生产积极性。属于奖者："第一次较规定产额（例如原额为一万加额三，成为一万三千之定额），增产百分之十以上者，有场署传令嘉奖。第二次较第一次产数再增至百分之十以上者（即计全额增至百分之二十），由场数予以记功一次。第三次较第二次产数再增至百分之十以上者（即计全额增至百分之三十者），由场署呈报分局给予奖状。凡得有奖状者必要时，准予单独呈请酌予贷款，以示鼓励。"属于惩者："第一次较产额无故减产至百分之十以上者，除照章赔税外，由场署传令申斥（如得有场署嘉奖文件者，追还奖件，免予申斥）。第二次又较产额无故减产至百分之十以上者，除赔税外，并由场署予以记过一次（如曾经记功者准予抵折）。第三次再较产额无故减产至百分之十以上者，除赔税外，并取消其永远贷款权利

---

① 《四川盐务管理局、五通桥盐务管理分局关于川盐济销鄂豫皖湘诸的呈、训令、指令、代电》（1938年），全宗号：4，目录号：3，案卷号：66。
② 《四川盐务管理局、五通桥盐务管理分局关于川盐济销鄂豫皖湘诸的呈、训令、指令、代电》（1938年），全宗号：4，目录号：3，案卷号：66。

（如得有分局奖状者，追还奖状，免予置议）。至第四次无故短产百分之十以上者，除赔税外，并以妨害民食论，送请军法机关，以军法惩处。"① 值得注意的是，未能完成增产任务，尤其是"无故短产百分之十以上者"，惩罚是最重的。因为盐务机关意识到要想强迫增产，难免各灶商不怀怨望，将来控诉在所难免，重要的是不实行重罚，也就会无力推动增产计划，甚至是出现相率观望、无所恐惧的结局，这是盐务主管部门最为担忧的。

为组织场商井灶正常经营生产，盐务机关倡导成立场商合作社，并制定了场商合作社章程。《乐山县盐场场商信用供给合作社章程》规定了入社条件、规范社员行为，"凡在乐山县盐场各区，目前正经营井灶之盐商，年满二十岁而有行为能力，无吸食鸦片或其他代用品，及宣告破产、褫夺公权等情形者，均得入社"②；规定合作社社股分配及组织形式，同时规定各部门业务及资金结算形式等。《场商合作社章程》规定入社社员生产各方面之行为规范，以达到"扶助社员、增加生产、改进业务、流通金融、调节消费及经营其他有关业务，增进本盐场场商经济利益"③的目的，建立场商合作社，规范场商生产行为，促进盐业生产平稳发展。

盐务机关为了便于井灶生产管理，制定了《井灶户管理规则》。《井灶户管理规则》囊括井灶生产各个方面的内容，规范井灶生产行为。首先，规定井灶生产需各证件齐全以及程序符合规范。如遵守制盐许可规定汲卤制盐，可申领制盐许可证；便于场务机关管理，依照申请制盐许可证登记簿情形编发井籍牌，记载井灶生产信息（井灶主、经理人和生产资料情况）并要求悬挂于显眼处方便查核。同时，"各井秤产之卤售与灶户，煎烧时得由井灶双方，会同煎验碱重，并由公家派员监督"④。足额同质公平交易，交易双方会同检验，并有第三方官方监督。各井应将每日预计推卤担数及卤量，于当日上午六时，书面报请场务机关制领配卤单放卤，所有实推桶数、原卤浓度、扣合

---

① 《四川盐务管理局、五通桥盐务管理分局关于川盐济销鄂豫皖湘诸的呈、训令、指令、代电》（1938年），全宗号：4，目录号：3，案卷号：66。
② 《乐山县盐场场商信用供给合作社章程》（1945年1月27日），全宗号：4，目录号：5，案卷号：859，犍为县档案馆藏犍为县政府档案。
③ 《乐山县盐场场商信用供给合作社章程》（1945年1月27日），全宗号：4，目录号：5，案卷号：859，犍为县档案馆藏犍为县政府档案。
④ 《川区各盐场井灶户管理规则》（1948年），全宗号：4，目录号：1，案卷号：140，犍为县政府档案。

官碱担数，均应于表簿内分别填注，以便查产员警考查；并应将逐日实放卤数碱量，呈报场务机关，俾便于枧户日报核对。各井如因洗炉淘井补匡，修理车炉等耽滞，应先呈报核准，但因机械突生障凝，或其他意外事件，含有危险性者，准于停推后两小时内补报，至恢复推汲，亦须报查。

再次，规定了井灶制盐行为。各灶每日产盐，花盐于成盐淋燥时，即须秤明数量，预备流折。巴盐于制盐脱锅后，由查产员警眼同镶饼、过秤、填注循环簿稽查表内，并由查产员警于表簿内签名说明之。各灶产盐数量，须逐次登记，不得数次并填，或事后补填。循环簿稽查表内所填注数目，不得涂改。存灶散盐，不得分装数处，或出离灶房。产盐进仓期限，由各地场务机关参照实际情形，呈由管理局以命令之，并呈报盐务总局备查。花盐锅底产出之白色锅巴之，质杂味劣，有碍卫生，应由各灶化水做卤，不得捣烂掺入盐内。小灶煎渣盐者，不得淋成花盐。凡煎炭锅者，只准照额定锅口煎制，不得添烧余锅。各灶应视其业务大小单独装备，或合备新衡秤一套，以便随时吊秤之用。灶盐入仓出仓所除钩索重量，应由各场分别统一规定，所用钩索，并须由各场务机关随时考验之。

最后，规定了井灶生产过程中人员管理办法。灶房不准闲人混入，如门道过多，易致透私者，得令闭塞之。各井各灶无论何时，须有负责人住井住灶管理，如负责人外出时，应另委托一人负责，以便查产员警随时查询灶工、井工及其他雇佣人贩私，如为灶主、井主或经理人知情者，以共犯论。由此可见，《井灶户管理规则》为井灶生产及管理提供了规范与标准，尤其是对未经请领制盐许可证而私汲制者、涂改稽查表簿所载数目者、灶盐不在限定期间缴仓者等情形，加强了惩罚。如此则是确保了井灶有序生产，便于官方管理井灶。同时，盐务机关以《盐政条例》为执法原则，缉查违法走私行为。盐警稽查走漏私盐时，详细记录下各类信息，包括缉获人、协缉人、缉获地点与日期、主从各犯姓名与籍贯及其住址、私盐来源及种类数量、附获物名称及数量、人犯、私盐及附获物解送日期与处所，甚至是获案经过。

由于盐陆续被携带出灶，然后召集为整盐，再由私贩分销，此种情形，实际是井灶户管理未尽周密所致。为杜绝这一事态，加强盐业管理，盐务机关相应地制定了《盐警队对于驻地井灶应行注意事项》，其中规定了应会同当地治安机关、保甲彻底调查，以便明了每一个居民的身份及其职业，然后对可疑者，严加注意，尤其是注意私枭。如有井灶曾因售私，奉令查对现有井灶是否有化名顶替之情，应报请主管场务机关核办。各井灶对于卤水的供求数量，及其碱度与各灶锅口之大小与数量、火力之强弱、燃料之多寡、产盐担数均应详加调查，仔细计算，以期达到"计卤收盐"原则，使产盐颗粒归仓，不致丝毫撒漏。灶户成盐后，应堆放指定地点，依限入仓，倘有逾期及藏匿盐斤意图，私漏者，应注意缉拿，报请主管场务机关处办。进出仓盐斤，务必切实派警会同场务人员办理。查产表簿，应行填列有关重要数字，应一律用大写，不得简写，以杜涂改。井灶门道设置太多，易滋私漏者，应切实踏勘，严饬闭塞。井灶附近居民切实调查登记外，并可利用其供应情报，检举当地灶户走私，并予奖励。

（四）引发的思考

明清时期，国家对盐业实行，民产、商收、商运、商销[1]。民国政府设置的盐业机关，管理川盐井灶生产及运销，积极协调盐业生产矛盾，打击违章舞弊行为，努力维护盐业生产相对稳定。

盐务机关不断介入解决盐业生产过程中各方的矛盾，有利于维持地区的稳定与发展，特别是井灶工人与井灶之间的矛盾，盐务机关的调解，显得尤为重要。井灶与商户、井灶与官方的矛盾，都上诉相关盐务机关，上级派员调查说和即可；而井灶工人组织庞大，罢工、聚众捣乱，影响盐业生产，如在保长段正廷与盐工周荣华的矛盾中，周荣华纠结众人在辉山乡公所肇衅蒙凶，被解散后，企图二次登门寻打段正廷，"其心愿于昨傍晚，纠合党徒，分人寻职报复，幸被税警团乐连长察觉，派兵儆戒"[2]，周荣华等的第二次行凶阴谋，被税警团乐连长发觉，派兵阻止，避免酿成大祸，引起社会治安问题。

盐务机关采取强制措施镇压、调解盐业生产过程中各方的矛盾，恢复生产，促进地方盐业、经济发展，避免矛盾扩大，以维持地方稳定发展。

盐务机关管理井灶生产，查核井灶蒙骗官方、走漏私盐、商户违章舞弊，有利于保证政府税收。民国时期，面对外敌入侵，特别是抗日战争全面爆发以后，中国沿海地区经济崩溃，工业生产无法继续，以四川为代表的大后方

---

[1] 张雯、彭新武：《盐铁官营：流变与反思》，《求索》2017年第4期，第189—195页。

[2] 《为据辉山乡公所报称盐工纠众殴打保甲人员，函请将肇事首要解送，以便讯究即希查照由》（1944年2月24日），全宗号：4，目录号：2，案卷号：3349，犍为县政府档案。

盐业经济，成为国民经济的支柱。"盐"作为税收的重要来源，此时由官方管理显得尤为重要。盐警缉私，抓获私运私贩，缴获私盐；查核井灶生产状况，掌握盐产量，杜绝走私发生；查核商户违章舞弊，维持地方盐价，打破商户地方垄断，保证民食。总之，盐务机关处理纠纷、调查违章，主观出发点是稳定国税民食，助力抗战。如盐务机关人员常常提到上峰明令并启发下属："窃以乱值抗战紧急关头而盐务在统制之下，凡我场商均应仰体上行法令，努力生产无敢稍渝，该产业工会既为盐工代表，应如何督率领导，切取劳资合作相互协调共济时艰，始为合理。纵有若何请求也应采取正当途径寻求合理解决，抑或请由盐务长官及该管直辖之犍为县党部主持商确，庶与现行人民团体组织法令两相符合，否则弁髦法令作俑生枝短产误食病民害国关系何等重大。"①盐务机关对井灶商户纠纷、违章情形的处理，维持地方稳定，恢复盐业生产，促进地方盐业发展，有利于保证国税民食，保证经济收入，维持大后方对抗战的物资支持。

作为当时执政者的国民政府，在时时面临日本帝国主义侵略的紧逼之下，意识到川盐作为重要战略物资，通过组织散户，扩大井灶统一生产，积极协调与处理矛盾纠纷，以此弥补东部地区工业瘫痪造成的损失，同时对社会政治经济乃至民众生产生活发挥了极为重要的作用。

二、灶商核免盐斤事件

开县盐场灶商呈请核免盐斤事件的发生，皆因自然或人为因素导致额盐产量不足，不仅伤害了盐场的灶商利益，也危及到国民政府的财政收入，因此受到上级盐务机关的重视与介入，并依据具体实情做出最终裁断。从馆藏档案来看，该事件看似是灶商们为选择利益最大化的举措，但实际却是灶商们在"安全第一"生存伦理下追求较低的风险分配与较高的生存保障的同时，要求盐务机关在奠定的附从关系基础上，继续履行对灶商们经济保护与帮助的义务。因战时时局等各种因素限制，使得灶商们的呈请终难如愿，反而遭受到进一步的盘剥。

---

① 《计抄发犍为盐场场商照合办事处主任王伯臣呈一件》（1941 年 3 月 3 日），全宗号：4，目录号：2，案卷号：485，犍为县政府档案。

所谓"天下之赋，盐利居半"，盐税是政府财政收入的重要来源和保障。尤其在国共内战后期，国民政府对战略物资的需求加大，战前面临的偌大压力逐渐辐射内战大后方，亟需确保财政收入以填补急剧增加的军费开支。正是在此迫切需要资金的情势下，加强对盐税的征收理所当然地成为了国家财政收入的重中之重。开县盐场作为盛极一时的古盐场，因井灶数量众多，产盐量大，其承受的盐税自是毋庸言说。要论及的诸多灶商请求核免盐斤事件，正是在特定时间和背景下，探究这一事件反映出灶商的真实意图何在？盐务机关在面对灶商的请求时，又是如何做出裁断？通过灶商的合理化诉求与盐务机关为继续加强盐务经济统制之目的的裁断行为，能否揭示双方围绕权利展开的争夺？依据开县档案馆藏关于开县盐场灶商请求核免盐斤资料，梳理民国三十七年（1948 年）开县盐场灶商请求减免盐斤事件的前因后果，由此看出开县盐场灶商为维护自身利益，以盐场受自然灾害和人为因素影响导致减产为由呈请核免盐斤。看似简单的灶商呈请事件，实际上不仅是灶商要求盐务机关继续履行经济保护与帮助义务之责，更是灶商与上级盐务机关之间的利益博弈以及对盐业权争夺的具体表现。

（一）灶商请求核免盐斤之事件发端及缘由

开县盐场灶商请求核免盐斤，集中发生于民国三十七年（1948 年）。正值国共内战反转期，涉事灶商据资料记载共 23 处，所属盐署多为河东场务所，事发缘由也有所不同。现据重庆市开州区档案馆藏关于灶商请求核免盐斤相关资料，为让此事件涉及灶商、事发时间或处理时间、事发缘由及请求内容一目了然，特制表 3-5 以详细阐述之：

表 3-5　盐场灶商请求核免盐斤一览表①

事发灶商	所属盐署	事发或处理时间	事发缘由	请求内容
巨利生老灶	河东场务所	1948 年 1 月 9 日	修井时淡水浸入，且储盆朽坏	核免六担额盐
兴太和灶	河东场务所	1948 年 1 月 25 日	塔炉崩塌，礁盆浸漏	核免盐斤
元太韩灶	河东场务所	1948 年 1 月 26 日	制盐器具年久失修	短产八担
裕太灶	河东场务所	1948 年 1 月 26 日	盐卤修缮完竣，择日开煎	拟补足差额盐十担

---

① 《川康盐务管理局、开县盐场公署关于本区盐产应行改革事项及灶户管理等办法、训令等》，全宗号：J029，目录号：1，案卷号：23，开县政府档案。

续表

事发灶商	所属盐署	事发或处理时间	事发缘由	请求内容
春生永灶	河东场务所	1948 年 1 月 26 日	夏季河水暴涨冲坏盐井	核免差额十三担
和发永灶	河东场务所	1948 年 1 月 29 日	适遇修井时淡水浸入	核免差额五担
胜丰元长、高灶	河东场务所	1948 年 1 月 29 日	夏季老井被冲,淡水浸入	核免长灶八担,高灶十担
裕元灶	河东场务所	1948 年 1 月 29 日	适遇修井之际淡水浸入	核免欠七担
陵春发灶	河东场务所	1948 年 3 月 26 日	所存咸卤被盗	核免五分之一
信义和灶	河西场务所	1948 年 3 月 23 日	停煎过久,盐卤蚀化过多	减少五分之一
华义胜灶	河东场务所	1948 年 3 月 30 日	垅田倒塌导致减产	核查减免盐斤
裕元灶	河东场务所	1948 年 4 月 8 日	工人失慎垅田坍塌导致盐产不足	核免盐斤
吴泰昌灶	河西场务所	1948 年 4 月 8 日	资金短促致停产,咸礁回潮,且被盗	头转火减免五分之一盐斤
胜丰元高灶	河东场务所	1948 年 4 月 10 日	山洪暴发沟水陡涨,冲坏锅膛	核免盐斤
胜产元灶	河东场务所	1948 年 4 月 12 日	洪水淹没下洞浸入盐井	核减盐斤
罗祥上灶		1948 年 4 月 12 日	盐盆浸漏,垅田倒塌	准予免补
人和发灶	河西场务所	1948 年 4 月 15 日	停放日久,咸礁打湿,加之被盗	头转火减免五分之一
华义胜灶		1948 年 4 月 21 日	垅田连塌两次	短产十一担核免
韩上灶	河东场务所	1948 年 5 月 1 日	盐盆浸漏,垅田坍塌	上转火所欠盐斤下转火补足
裕济灶	河西场务所	1948 年 6 月 6 日	停煎过久咸礁蚀化并被窃	核免盐斤
吉懋灶	河东场务所	1948 年 7 月 3 日	盐井被水冲坏及上罩壳散漏	减免额盐十分之三
陈兴和二灶	河东场务所	1948 年 8 月 11 日	天雨影响卤淡及煤质低劣	延长煎烧时间
三太祥灶	河东场务所	1948 年 9 月 8 日	停煎过久,加之雷雨过多导致咸量蚀失	准许颁发开煎证

由表 3-5 可知,开县盐场灶商请求核免盐斤事件核报主要集中于民国三十七年(1948 年)一月、三月、四月,其中部分报呈于夏季;请求内容多为核免大小不等额盐,其中少部分为请求补足所差额盐或颁发开煎证;请求原因主要分为自然灾害与人为影响两种。下面将依据开县档案馆藏资料详实分析灶商请求核免盐斤事件的具体原因。

(1)自然灾害导致减产。受自然灾害影响,导致盐额所产不足,而请求核免的灶商,表 3-5 统计中有 8 起。1948 年 3 月 30 日,据华义胜灶呈报:"窃查本灶三月二十日,开火。于二十六日午后五时,垅田倒塌,当即拍火业经报请备查。二十七日午后六时，复火。突于二十八日午后四时，垅上又告塌坏，即行罢火。"①

两次垅田坍塌，致制盐损失过重。实际盐产不足，难达标准。于是，报请核免短产 11 担，以体恤商艰。剩余 7 处的灶商，呈报的理由均为暴雨山洪，导致盐井不同程度受损，以致额产不足。如春生永灶报告称："窃查本灶卤井，原系大码头废井。在（民国）三十五年，本灶办理起煎时整修。本年，夏季河水暴涨，将井盘底冲坏以后，每遇涨水即有大股淡水侵入。"②

但因时在夏季，雨水甚多未敢动修，导致每转火所产额盐均有不足，最后共计 13 担差额。同样，胜丰元长、高两灶于 1 月 25 日同时呈报："窃查老井在上年夏季被水冲坏，淡水侵入，各灶均有短产情事。"③且自井修理以前每转火产量均不足额，虽然经整修后有所增加，但咸量亦不及原产，导致年关罢火后长灶欠额盐八担，高灶十担。亦因本月八日的雨势过猛，导致山洪暴发。而胜丰元高灶，恰位于山沟旁侧，因山洪导致泥渣阻碍，沟中之水，不能流出，淹没下洞，漫入锅膛，咸醎亦被冲坏，或是夹杂泥渣。据吉懋灶呈报称，该灶原属吴太昌荒废盐灶，位于崖壳之内，后自重新开煎始，无时不在整补。"本灶与吴太昌上灶共一小井，去岁散漏，曾同吴太昌从简伙振一次，逝被河水猛涨冲坏，内外均有无数大股淡水浸入，兼之上罩崖壳散漏不已，以致产量骤减，折本非微，商醎积极鸣工振补。因淡水常涨，未敢擅自开淘，且单独无力担此巨费，故拟延至秋凉，待水位落潮后，再行会商吴太昌共同修理，额盐不足堪虑"④。由此可见，盐灶原本年久失修，加上雨水猛涨对盐产影响甚巨。陈兴和二灶与三太祥灶亦分别于 8、9 月呈报称，受天气影响，咸醎提炼成分不足导致产额短缺，恳请核免差额盐斤。

（2）人为之因造成减产。与自然灾害影响比较，人为因素对于灶商额盐减产影响更甚。其中，因煎盐器具发生故障导致减产所占比例略重。兴太和

---

① 《为据呈报华义胜灶就用塌本转及下转火产不足额第二转火填补一案指复照准由》（4 月 2 日），全宗号：J029，目录号：1，案卷号：23（1），开县政府档案。

② 《为呈春生永灶共差额壹拾叁担实无法弥补恳祈转请核免由》（1948 年 1 月 26 日），全宗号：J029，目录号：1，案卷号：23，开县政府档案。

③ 《为据胜丰元（长）（高）两灶呈以欠短额盐合计（18）担免祈转请核免俾商艰》（1948 年 1 月 29 日），全宗号：J029，目录号：1，案卷号：23，开县政府档案。

④ 《为本灶盐井被洪水冲坏及散漏无法立即振补恳予派员查勘照实际产量暂准每斤火减免额盐十分之三由》（1948 年 7 月 3 日），全宗号：J029，目录号：1，案卷号：37，开县政府档案。

灶、元太韩灶、罗祥上灶、韩上灶均因此减产，其中兴太和灶因"塔炉崩塌盐盆发生浸漏"而遭受意外损失请求核减盐斤；元太韩灶因煎盐器具年久失修"储盆篾箍折断"导致煎盐途中不得不拍火停煎；罗祥上灶经理则称"该灶盐盆浸漏"导致咸醝受损，加之盐田坍塌致产盐不足额；韩上灶以同样理由声称产盐不足请求核免。除此，因停煎过久导致盐醝蚀化过多或者被盗亦因人为监管不力而导致。据3月22日路春芨灶经理陆泽沛呈报："该灶于废历年关后正在筹购燃料，准备开煎期间，殊于本（三）月二十一日夜灶存咸醝被窃，损失重大，除明密调查缉拿窃犯外，理合报请核派员莅灶查明转报备查。"①

路春芨因灶商监管疏忽导致咸醝被窃，实非人力不可抵抗。而吴泰昌灶、人和发灶、裕济灶分别呈报："自旧历年关及因资金短绌，停放日久，咸醝回潮，且又被盗""该灶自废历年关及停放日久，咸醝被雨湿化，加之小偷窃取""该灶停煎过久，咸醝蚀化兼又被窃数次"，以请求上级核查减免所缺额盐。由此，盐场停煎过久造成盐醝蚀化过多，且停煎期间被盗严重，亦是灶商重新开煎初期产额不足的重要原因之一。

而因修井时遭淡水浸入，导致额产不足，当属人为因素引起。1月9日，河东场务所巨利生老灶呈报："窃查本灶上卫火，适遇修井时期，淡水浸入。咸醝大减，又兼储水土火盆使用年久，盆底朽坏漏水。在本（九）日四对周时，始发觉，虽经整好，而关于本卫火产量，实有所差异"。②

灶商在组织修井过程中，未全面考虑合理性。加之，对于煎盐器具，未经常做维修处理，导致额盐减产，并非巨利生灶一家。如河东场务所和发永灶亦有"转火适遇修井淡水浸入"的说辞，导致了有所差异和不足额，请求核免5担。同样，裕元灶于1月27日报告称，因修井时淡水浸入导致咸卤不足而减产，请求核免7担。

作为井盐生产者，灶商为追寻利益最大化，竭力减小额盐生产过程中自然或人为阻碍。人为因素虽说是具有可控性，灶商也势必会努力减弱一切妨

---

① 《为据报路春发灶被窃损失五分之一请鉴核一案核饬遵照由》（1948年3月26日），全宗号：J029，目录号：1，案卷号：23（1），开县政府档案。
② 《为据巨利生老灶呈以该灶上转火正遇修井时期淡水浸入，加之本转火储量无法足额，恳祈转请核示由》（1948年1月13日），全宗号：J029，目录号：1，案卷号：23（2），开县政府档案。

碍井盐生产之不利因素，但是，一些人为事件的出现，尤其是在生产过程中，某些未预料到或来不及避免的破坏性事件，总会悄然而至，使得灶商猝不及防。受自然因素影响，导致了卤水受损或盐井坍塌，虽说可尽早预防，但难以避免损失。面对上述的双重压力，面对额盐的减产，生产者可谓心有余而力不足。灶商作为统筹盐工生产的底层管理者，必须接受上层盐务机构监督与管控。民国政府为刺激生产，扩大盐税征收，对灶商管理从严从实。当遇有自然或人为因素阻碍盐产时，灶商在竭尽全力挽救的同时，据实以呈报上级，请求上层体恤，成为化解利益损失的唯一出路。面对灶商的损失，开县盐场公署势必做出裁断与处理，为减小损失，扩大额盐生产，盐务管理局在解决请求核免盐斤事件的同时，亦将制定或实施某些管理措施，以保证盐税的征收，从而让灶商管理更为制度化、规范化。

（二）盐务局的裁断及其后期管理

面对灶商以"人力不可抗""体恤商艰"为由的请求，开县盐务管理局作为上层监督管理机构，必须行使其职能，以有效解决灶商请示减免盐斤事件，为避免同类事件再次发生，制定相关政策亦成为重中之重。

（1）盐务局的裁断。纵观开县盐务局就灶商请示减免盐斤的反馈，依据具体问题具体分析原则，根据不同灶商的不同实际情况，处理主要分为三类：准许；暂时准许，后期补足；禁止。准许多针对"人力不可抗"导致生产不足的灶商，暂时准许主要针对由自然灾害造成但本可避免造成额产补足的灶商；禁止则主要针对"非人力不可抗"导致额盐减产的灶商。具体分析如下：

据统计，准许减免的灶商共计 7 处，为巨利生老灶、春生永灶、信义和灶、吉懋灶、裕济灶、胜丰元高灶及罗祥上灶。巨利生老灶因修井遭淡水浸入，加之盐盆年久失修，导致减产请求核免。开县盐场公署给予的处理办法："既据查明确属实，在拟准备查差额醵，准免补。以恤商艰。"①

同样，春生永灶亦因春季涨水，导致减产，经开县场务署查照属实，准予减免。与之不同，信义和灶因商灶停放过久，导致不足额，开县盐场公署考虑正值旺销期，经查照该灶咸醵确实损失五分之一，于是同意头转火减免

---

① 《为据巨利生老灶呈以该灶上转火正遇井时时期淡水浸入，加之本转火储产量无法足额，恳祈转请核示由》（1948 年 1 月 13 日），全宗号：J029，目录号：1，案卷号：23（2），开县政府档案。

五分之一，但着重强调下转火须照额产生产足额。膏井区吉懋灶因盐井被洪水冲坏，加之上罩崖壳散漏，导致额盐减少十分之三，报请后经"钧署派员查勘，以明真伪，并恳照现实产量，准予每转火暂减额盐十二担，一矣振补竣事后，即行恢复原额"[①]。裕济灶因咸蹉蚀化，导致无法达到开县场署所核定的二十担额产，经盐务总署 7 月 12 日查照后呈公文表示该灶所称确属实情，并转裕济灶公文称其损失二分之一以上，因此该灶欠额盐五担准予减免以恤商艰。而胜丰元高灶因暴雨导致盐灶被淹，开县盐场公署虽然准予核减该灶额产盐斤，但同时叮嘱该灶必须"预先防范，否则不予核减"，旨在警策灶商在选址时应考虑自然灾害因素，力求减小甚至避免灾害造成减产的损失。罗祥上灶因盐盆浸漏导致咸蹉损失，加之垅田倒塌造成盐产不足，据钧署查实，"准予复煎八对周，重炼咸蹉，以免下转火不足少产盐斤……并乞准予免补，以示体恤所请之处"[②]。综上，除罗祥上灶外，上层盐务管理部门准许减免额盐均为自然界"人力不可抵抗"所导致，并及时鞭策灶商预先防范以减少损失，可见其为保证额盐顺利生产所付诸之努力。

暂时被准许免减，后期补足的灶商主要有吴泰昌灶、人和发灶、韩上灶、裕济灶。据上可知，吴泰昌灶因咸蹉回潮且被盗导致减产，经查实，开县盐场公署根据具体情况对该灶做如下处理："甲、头转火准减少五分之一。乙、下转火仍应照额产足，不准短少。丙、该灶仍应具结蹉头转火起，将前欠产盐数分批补足。"[③]

允许头转火减少，但需后期分批补足，只是缓解暂时危机；以同样理由上报的人和发灶所接收的处理意见与吴泰昌灶相同，准予头转火照额减少四分之一，下转火不允许短少，后期应分批补足头转火所欠额盐；韩上灶因盐盆浸漏及垅田坍塌遭受额盐损失，开县盐场公署据实照准拟进三十担，所差两担需在下转火中补足，并要求查产警密切注意。由于咸蹉蚀化造成短产的裕济灶，则接到盐场公署公文："据该所查照裕济灶，咸蹉损失二分之一。姑

① 《为本灶盐井被洪水冲坏及散漏无法立即振补，恳予派员查勘照实际产量，暂准每斤火减免额盐十分之三由》(1948 年 7 月 3 日)，全宗号：J029，目录号：1，案卷号：37，开县政府档案。

② 《为据罗祥上灶经理龚书城报该灶盐盆浸漏损失及垅田倒塌，本转火产不足额，恳请转呈敬祈核宥一案由》(1948 年 4 月 17 日)，全宗号：J029，目录号：1，案卷号：37，开县政府档案。

③ 《为据转吴泰昌记灶回潮咸泥被盗请查勘一案核勘转遵由》(1948 年 4 月 15 日)，全宗号：J029，目录号：1，案卷号：23 (2)，开县政府档案。

准该灶头转火产额，最少须进足二十担。如有超产，仍须扫数进仓，至以前欠额产，并应照案奉令，分批补足不及短少。"①

允许减产，但需按照奉令，分批补足。此种情况多由自然因素影响，但亦有不作为因素的存在。如若灶商预先引起重视则可避免，但事实既已发生，考虑灶商后期额盐供应不致倒闭，盐场公署只得以暂时允许减产缓解灶商压力，以刺激生产。

严厉禁止核免，主要针对"人力可抵抗"但不作为的灶商，主要有元太韩灶、陵春发灶、华义胜灶。1 月 19 日，开县河东场务所就元太韩灶制盐器具发生故障为由，报请开县盐场公署核免盐斤。经查实，盐场公署认为："制盐器具发生故障系由经理人督饬不力，并非人力不可抗争之因。"②要求该灶照短产额盐足额补进，绝不允许减产。陵春发灶因被盗，损失五分之一咸醿，损失重大。报请上级体恤，以求核免。但经开县盐场公署调查认为："咸醿被盗五分之一，该灶当时并未发觉追回，实系疏于防范，并非人力不可抵抗。拟饬该灶不及，据此请求减少额产"③，以此明确表明禁止减产，需该灶自行寻找补救方法，补足被盗额盐。因垱田两次坍塌，导致共短产十七担的华义胜灶，请求核免同样遭拒。据材料所示：该灶本转火及下转火产不足额，以第二转火填补，不允许核免，并要求查明第二次垱田坍塌之原因。据此，开县盐场公署直接回复："呈悉，所请不准。仰仍遵前令补呈！"④最终拒绝了华义胜灶减免盐斤的请求。

（2）盐务局的后期管理。开县盐场灶商核免请求数量的扩大，让盐场公署意识到问题的严重性，加之贩卖私盐、盗窃盐斤现象时常发生，开县盐场公署以及盐务总署，竭力制定各种避免此类现象发生的规章制度，旨在保证开县井盐的正常产销，以达到国民政府征收盐税的要求。由开县档案馆所存资料显示，国民政府制定了相对完善的管理办法，加强了对灶商的管理，主

---

① 《为据转报裕济灶蚀化及被窃一案核示知照由》（1948 年 6 月 4 日），全宗号：J029，目录号：1，案卷号：23（2），开县政府档案。

② 《为据元太韩灶呈以本转火产不足额恳祈转请核示由》（1948 年 1 月 17 日），全宗号：J029，目录号：1，案卷号：23（2），开县政府档案。

③ 《为据报陵春发灶被窃损失五分之一请鉴核一案核饬遵照由》（1948 年 3 月 26 日），全宗号：J029，目录号：1，案卷号：23（1），开县政府档案。

④ 《为据呈两转火垱田连塌二次约共短产十七担请核免一案批饬遵照由》（1948 年 4 月 21 日），全宗号：J029，目录号：1，案卷号：23（2），开县政府档案。

要集中在两方面:

一是对盐产销手续的严格化。1946年3月,国民政府颁布的《盐政条例》第三章"制盐"之第十三、十四条,明确规定制盐人必须领有制盐许可证,且不得任意停歇业。灶商在熬盐前,需向国民政府申请制盐许可证。如若需要转移灶产权,亦须办理过户手续,否则勒令停煎。档案中的案例,同样反映了这一事实。据财政部财盐产(42113号代电)核示:"以福星灶产权既已转移,应饬原制盐人将所领制盐许可证缴销。至受让人在未依法办理、过户手续领得制盐许可证以前,本无经营制盐业务之依据。经处罚后及限期办理过户手续后仍不遵办,应以违反盐政条例第十三条之规定,论依同条例第三、四条处办。仰即转饬遵照!并分饬各场布告周知等因,查各井灶产权转移,为便于管理起见,应限于一个月以内,向该管场署呈报,并申请换发制盐许可证,为逾期隐匿不报,一经查明,即照部电所饬,办理处分。"①财政部以福星灶为例,告知全体灶商,应依照程序办理制盐或过户手续。原领证人在转移灶产权后,必须缴还制盐许可证,以表明失去制盐资格。而受让人必须依法申请制盐许可证,在未取得许可证之前,擅自私制私售,同属违法行为。将依照盐政条例第三、四条,给予处分。国民政府对盐产制度化、规则化的推行,意在实现盐的国有化,以此保障盐税征收。

二是对盐场查产警职责的明晰化。制盐场警编制,自民国二十年(1931年)五月,国民政府公布的新盐法之第三十三条中,明确了行政机关上下所属。"盐务机关之规定,中央设盐政署及稽核总所,直隶于财政部。各产盐场区,设盐场公署及稽核所分所,隶属于盐政署及稽核总所。盐政署及所属机关掌理盐务行政、场警编制、仓坨管理及盐之检验收放事宜"②。场警制在民国二十年(1931年)既已成立,新盐法亦进一步明确要求:"产盐场区应划定稽查线,配置相当之水陆场警,稽查盐之出入,并保卫盐场仓坨。"③开县盐警管理主要针对查产警,将查产警工作进一步细致化。

1948年3月23日,川康盐务管理局就查产簿的制定发文:"兹为便于改

---

① 《为奉部令核示产权转移不遵办生产手续处分办法仰遵照由》(1948年4月21日),全宗号:J029,目录号:1,案卷号:23(1),开县政府档案。
② 曾仰丰:《中国盐政史》,上海:商务印书馆,1937年,第138页。
③ 曾仰丰:《中国盐政史》,上海:商务印书馆,1937年,第294页。

核查产员警服务情形起见，拟设置查产簿一种。由各警查填回队，呈核所有应行，订定各种必要查核之项目，仰饬各场查产员警，就平时查产实际情形，建议本局，以便统一规定办理。有关查产方法，并仰饬以平时查产经验，缮具报告书，呈由本局拟订领行，俾于各警执行查产任务时，易于明了各种查产技术，除分令外，仰即遵照！"①

由此，为有效管理各灶商，确保盐产，川康盐务局拟争取各盐场查产警实际意见，制定查产簿，以便明确各种查产技术。4月2日，河东场务所就加强管理灶产提出意见，明确查产警的三大职责："（一）查灶警士须常驻场务所，以便本所随时问询，经常照了各灶开火、罢火及中途拍火之实际情形，作合法合理之解决；（二）每日查灶表务于午前送至场务所，以资核对当日进仓盐斤，以作次晨进仓盐斤之标准；（三）查灶警士负查灶填表责任，至核对是否相符，完全由场务所办理，严禁查灶警士先抄进仓（中途乘机走私）或仅将进仓盐数合并灶存盐数，即为实产数目之流弊，而失察产真义。"②

河东场务所的管理意见，让盐场查产警职责更加明晰，更便于管理各灶商，以杜绝走私偷漏。除此，还要求查产警每日及夜间，正常三次查产，并随时前往抽查，以防偷漏。查产时间应随时变换，以防灶商准备检查。拂晓时，需增加抽查次数，以防止灶商走私。同时，查产警需注意灶商时间、产盐数量及查询产出之盐，是否登记于循环簿上，以及进仓等事项。查产员警工作职责规定得如此细致明晰，可见国民政府为保证盐产私化所付诸之努力。

（三）由请求核免盐斤事件引发的思考

为扩大政府财政收入、弥补军费支出及战后重建所需的大量财政支出，国民政府对盐场灶商的管控越来越严格，盐场灶商所能获得的收益自然越来越少，甚至部分盐场倒闭破产，加上洪水灾害的直接侵扰，政府不但未能发放盐场建设补修款项，反而责问灶商未能做到防患于未然，要盐场自行承担盐斤损失的责任。如此情形之下，激发了多家盐场联名上书，请求核免盐斤的事件发生。这一事件，实际是灶商为维护自身及其余各方利益，向地方政

---

① 《为遵令呈转饬据查产员警就示时查产实际情形及经验，建议查产簿内应例项目敬祈鉴核由》（1948年4月19日），全宗号：J029，目录号：1，案卷号：23（2），开县政府档案。

② 《为据河东所建议加强管理灶产意见案仰转饬遵照由》（1948年4月2日），全宗号：J029，目录号：1，案卷号：23（2），开县政府档案。

府与盐务主管部门积极表达意愿和诉求的充分体现。

开县盐场规模和盐产量不敌四川的其他盐场,如犍为和乐山盐场,但因战争时局,加之通货膨胀加剧,即使多次调整税率,但国民政府的实际收入仍然日益下降。于此背景下,对开县盐场请求核免盐斤事件的重视,也就成为理所当然。据档案资料记载,地方政府不仅派员查勘是否属实,还具体问题具体分析:由"人力不可抗拒",导致的减产给予免补;"人力可抗拒"的要求自行解决问题,并照额盐补齐。而像吴泰昌灶、人和发灶,就是属于"人力可抗拒"范围,却又因资金短促、停产过久,导致咸醝损失,日后开煎仍需补齐,实属艰难的情状。这种处理办法,引发了灶商的不满,以致到后期出现了灶商集体请愿之事件。

新的盐法条例"民制、民运、民销"宗旨,使得民众享有部分权利。面对春季雨水泛滥,加之盐井本身卤水咸度不足,这是盐场产盐量减少的直接原因。开县盐场灶商益发裕经理、韩上经理、积玉经理、永泰新经理、宝康经理,于 1948 年 6 月 8 日,联名请求"钧署鉴核,准予减低额盐,以恤商困",并陈述"初以国税攸关力谋挣扎,奈因病根未除天赋素弱,仍难如愿,盖本场产额,月有等差,早蒙体察其情,商等素守规章,向不后人亏折血本,诚属天灾为患,唯恐实情不明,反受无故短产之咎,当此物价飞涨,场情暗淡,无米之炊,恐不易为引"[1]等物价飞升、场情暗淡的情形,虽未明显表现出对国民政府的经济政策的对抗,但亦从侧面反映了对现状不满。三天后,元太韩灶、巨利生灶、和发永灶、腾丰元长灶、芨生灶、裕太灶、华义胜灶经理,以"老井区在本年二、三月间,计有十四灶开煎。兹因井坏产量骤减,均赔折不堪,无力煎熬,也没已停歇者,计有半数。虽现有半数开火,实因维转场情关系,勉强挣扎。而在开火时间一转火内,如未遇天雨,井水稍好,亏折稍轻。查日前天雨河水增涨,井内较前淡水浸入,更为剧烈。而开火各灶,此转火之产量,实难预计"[2]为由,联名呈请钧署体恤核免盐斤。此举亦实属于无奈,却也是对自身利益的合理化争取的一种表达。

总之,透过开县盐场灶商请求核免盐斤事件,虽说是属一地之典型案例,

---

① 《为呈贵三十七年八月份产盐数量表二份敬祈鉴核由》(1948 年 9 月 4 日),全宗号:J029,目录号:1,案卷号:23(3),开县政府档案。

② 《为财政部川康区开县盐场公署河西场务所三十七年八月份产盐数量表》(1948 年 9 月 12 日),全宗号:J029,目录号:1,案卷号:23(3),开县政府档案。

却是体现了特定时期的"历史真实"，即盐业产销利益共同体中的灶商一方，从表面上看来是为追求收入的最大化，但从深层观之，在"安全第一"生存伦理之导引下，追求的则是较低的风险分配与较高的生存保障。也就是说，灶商们在当时是"接近于生存边缘的小商人"，他们在生存边缘拼命劳作，在有限的制盐技术加上变幻无常的天气等因素的制约下，这些食盐生产者面临着更大的难以避免的风险，因此他们也要分散风险，毕竟"分散风险的技术并非为农民所专有"[①]，灶商们同样需要分散风险，以确保稳定的收入。譬如，灶商们以组建盐业公会、盐业生产委员会等组织，来避免将引盐分销给一家销商，还有就是如上文中提及的呈请核免事件发生，如此这般来分散风险。问题的分析远没有结束，耐人寻味的是分散风险行为，实则成为对原有盐务机关同灶商之间附从关系中的权利与义务规范秩序的召唤，也就是要求盐务机关履行对灶商的帮助、保护义务，毕竟"对社会权威的最为宽泛的表述，也暗示了那些要求社会特权的人应尽义务的规范结构"[②]。所以说，盐务机关的权威合理性，是以对灶商的责任和义务的履行情况作为基础的。就此处来说，盐务机关的权威规范是来自承担灶商的义务之上，就是要盐务机关履行对灶商的帮助和保护的义务，帮助灶商核免盐斤，若不能如愿，或者是义务得不到履行，就必然会破坏权利的规范基础，于是灶商与盐务机关之间就会发生冲突，盐务机关权威也会因此失去正当性与合理性。但是，需要注意的是，受时局所限，此种义务履行的规范性，难免不会被打破，因为国民政府对盐税征收的迫切性，亦难以顾及广大民众的生存权利以及社会权威的规范基础，所以说，当这种不可以履行的义务被表达时，灶商为维护利益，愤而行动要求恢复权利，也就成为理所当然。

第三节　全面抗日战争时期川盐运销矛盾及其裁断

自清代始，川盐大量运销至湖北、湖南、贵州、云南、陕西等地销售。其一是内在因素的激发，即是丁宝桢改革盐政以及川盐优势倾销他岸使然；

---

① 詹姆斯·C. 斯科特著，程立显、刘建等译：《农民的道义经济学：东南亚的反叛与生存》，南京：译林出版社，2013 年，第 30 页。

② 詹姆斯·C. 斯科特著，程立显、刘建等译：《农民的道义经济学：东南亚的反叛与生存》，南京：译林出版社，2013 年，第 232 页。

其二是外在因素影响，即清代的农民起义阻断了海盐的供给，导致了上述地区民众淡食。到了民国时期，受日本侵华战争的直接影响，海盐生产地沦陷，湘鄂等地再次出现了盐荒，于是川盐又一次开始了外运，一路向东、南和北，通过波涛汹涌的水道与艰险重重的陆路，源源不断地外销，极大程度地解决了上述地区民众的食盐问题，也为稳定社会起到了重要作用。不过，应当注意的是，在川盐运销过程中，为维护各自私利产生了争夺与矛盾，造成川盐运销不畅，甚至是一些地方因缺盐而出现人口减少现象的重要原因。

一、济销湘楚盐之利益之争

档案里反映了川盐沿长江下运至湖北、湖南行销，且在此过程中，盐商号之间及盐商号与上级盐务机关之间，为获取各自的利益，围绕修缮和租住盐仓、轮船盐运秩序、盐斤皮包重量、直运盐额补贴等而相互博弈的情形。应该说，盐务主管部门对盐的运销，采取了有效的调控，可是受时局的变动、盐政的变更等因素的制约，济销湘楚盐过程中始终争执不断。

（一）盐仓之争

为调节长江沿线川盐淡旺季盐运量，于是有了沿江建盐仓的提议。理由是九月份以后，枯水时期盐运量，比四月份以后平水、洪水时期，增多一倍有余，"在枯水中正值三斗坪旺销季节，而川江航轮相继停驶，木船运量有限，实无法照表配合筹运足额，况坪销仍以湘贩运夫为转移，即如最近在农忙季节或因故运道发生故障，运夫缺乏，而坪仓屯量有限，不能储备调节旺淡"，上述之运量有限、运夫缺乏，使得湘销盐积滞，"到渝之盐无法下运时，既无法官收存仓，一方面势必搁压上游运县，一方面运商资金搁置，万坪各地惜洪水时，又值坪销淡季，为谋运能济销，似应及早设法在坪香巴万各地，租建大量仓房，预为屯储枯水短运时调剂销食"①。

但同时，也出现了与建仓房不同的观点，即因川江运输同盐销量背道而驰，建仓不易，应由公家依照销市予以支配。主要认为：沿江快速筹建仓房，

---

① 《关于运屯万茅盐截应极早筹建大量仓房案》（1945 年 3 月 13 日），全宗号：3，目录号：5，案卷号：3386（2），自贡档案馆藏。

由商运到仓，验档放售自应遂办，但修建容量值虑，还有商人肯否在此屯存，如许盐重，如不官收或无有效保险办法，恐难行通。但是，为了减除公家资金之困难起见，"不如将济销湘鄂之井盐总数，或由产地，或由重庆完全招商迳运该地，但为免除洪水时期运多销淡，枯水季节运短销旺之两项背驰，应采行商人订运，以一年内承运若干，各月运量由公家依照销市淡旺，予以支配之办法，方能配合运销，减除各项积弊与困难。倘虞枯水时期，轮船停减不足销，大可以木船接济，盖平枯水季节，正木船畅行时期也"。唯有如此，才能解决宽筹仓储之烦。同时，建仓与增仓，还面临着客观条件之限制，"盖沿江一带，颇少宽大而适于作仓之房屋，即有亦属容量有限，而租金奇昂且不易租觅"，自建人又以"经费预算转辗需时，遑论能否邀准，抑且缓难济急"①等诸多因素导致了租建仓房的困难。

　　由上可知，一部分盐商提出，盐务管理机构在沿江建仓，以此缓解盐运压力，是调节盐销旺淡季的较好办法。但是，反对建仓的盐商则认为，由于建仓受各种不利条件的限制，如资金短缺、地势所限、无有效管理等，建议公家按照市场需求做出调控，也就是沿线盐务管理部门，根据市场的盐量行销状况，统一调度与调节，方为上策。鉴于此，川康盐务管理局做了如下调整：一是令沿江各盐务监运处，修葺购买百姓房屋，改作盐仓，并附有云阳盐运处改造房屋样表说明书②；二是根据销盐有淡旺之分，运销数量将原之月计改以年计，由商家预先估定全年销量，再行运输；三是因济销地点不同，借配转账颇多周折，将济湘济楚万楚计井盐，合并为济销井盐，简化名称便于统筹；四是对原有木船加以技术上之改进，增加押运人员，简化装卸手续，组织橇夫，备足趸船和驳船，以期达到快装快运之目的；五是鼓励商运直达销地，减轻公家资金负担，同时回程也可揽载货物，如棉花等。③正是因为上述盐运措施的调整，川盐济销盐量有了较大的增长，仅民国三十四年（1945年）就达到了运销三万三千担。

---

① 《川东盐运处陶守贤呈川康盐务管理局电文》（1945 年 2 月 27 日），全宗号：3，目录号：5，案卷号：3386（2），自贡档案馆藏。

② 《云阳盐务监运处修葺购买向姓房屋改作盐仓说明书》（1944 年 10 月 18 日），全宗号：16，目录号：1，云阳档案馆藏。

③ 财政部盐务署、盐务稽核总所：《中国盐政实录》第一册，台北：文海出版社，1971 年，第 803 页。

（二）轮次之争

为了川盐济销，盐务管理机关制定和实施了一些有效的措施，在短时期内增加了盐的运销量。而各盐商及商帮号在川盐运销过程中，却出现了相互争斗现象。最突出的当属大昌裕号盐帮同大陆、协同、衡孚、鼎昌、衡源盐帮之间，为承运自流井至茅坪经重庆，轮运湘盐轮次的争夺，可谓是在川盐外运中，为了实现盐帮自身利益最大化之极为典型的案例。

这一诉讼发端于"大昌裕号在渝所接湘盐，优先配发运输工具"之规定条款，这是由渝分局做出的决定。随即，引发了大陆盐号、重庆衡源盐号和衡孚盐业股份有限公司等的坚决反对。他们的理由是："惟各岸配运配销，均按到岸先后，大挨轮办法依次配运配销办理有年、官商相安、秩序井然，从无有商人向官方要求特惠待遇之情事，官方亦无对同岸商人有差别歧视之措施。"①毕竟他们同大昌裕号都同属湘岸运商到岸，自应按到岸先后，按轮静候配运配销，而正因为如此，大昌裕号在渝所接湘盐具何理由优先配运？渝分局给出的答复仅为："大昌裕号在渝所接湘盐优先配运是否合理，当由上峰决定。"寥寥数语将其推诿之，从而引起了这些盐帮们的强烈不满，于是给川康盐务管理局具文声明之。

最终，川康盐务管理局考虑到湘盐运量甚众，公家配运困难，为增强盐运效率，平息争执，于是出面协调并召集渝分局与众商会议检讨，提出了解决办法："湘盐每月四十五儎，现分七家承运，本应照先到先转之原则办理，惟在派船之时，泊渝湘盐如甲月份额盐反在乙月份额盐之后到岸者，得予提前转运以资救济。其长、涪、万、渠各岸，盐载之转运，除确因某岸存盐雍积，或其他特殊原因，得将到盐即行起仓外，其余应连同湘盐按照岸别、船别及到达先后比例分配。例如，本日计有待装木船若干艘，应一查明最先到渝之各岸盐载数目，先按岸别、载数，比例配给船只，再以本岸分得之船，照上项规定支配各商，俾杜争执。"②由此可以看出，川康盐务管理局对各盐号之间争夺轮次的纠纷进行了化解，在总的原则即先到先转的基础上，又细

① 《据陈诸商号对大昌裕盐号优先配运湘盐表示异议等情案》（1945年5月19日），全宗号：3，目录号：5，案卷号：3391，自贡档案馆藏。
② 《召开会议定轮船运坪湘楚盐轮次一案》（1945年6月18日），全宗号：3，目录号：5，案卷号：3391，自贡档案馆藏。

化为需要提前转运和存盐积滞的特殊情况，再按到达渝的岸别、载数，继而比例配给船只加以转运，并且制定了湘盐配运轮次表进行规范，详见表 3-6。

表 3-6　湘盐运坪各商号轮次表①

牌号	大昌裕	大陆	协同	衡孚	久大	鼎昌	恒源
	15	10	10	5	4	3	2
	1	2	3	4	5	6	7
	8						
	9	10	11				
	12						
	13	14	15	16			
	19	17	18				
认额	20						
	21	22	23	24	25	26	
	27	28	29		30		
	31						
	32	34	33	35			
	36						
	37	39	38	43	41	40	42
	44	45	46				
	47	48	49				

通过上项轮次表，我们看到，经诉讼后，盐务管理局把每家商帮的轮次加以延长，而每家商帮又区别对待之。大昌裕似乎没受到任何影响，轮次密集且较频繁的自然运输量大，实际所得的利润也就高，这是不容置疑的。大陆、协同商帮争取到了较大的利益，轮次增加，实际收益也颇丰。只有衡孚、久大、鼎昌和衡源商帮轮次稀疏，运输量小，利润微薄。所以说，上述轮次表只是暂时性地处理了各盐商号之间的矛盾与争执，而商号之间长期的运输矛盾仍然存在。随后，盐务局又再次议定：将久大盐号特批为专运，从重庆到茅坪转至津市的湘砖盐，不列入轮次表，但为维持原有制定的轮次表不变更，于是将久大的轮次转给了衡源和衡孚两帮，以资平衡。还规定："当轮盐

---

① 《轮船运坪湘盐轮次案议定事项》（1945 年 7 月 26 日），全宗号：3，目录号：5，案卷号：3391，自贡档案馆藏。

号如无盐存岸，以次轮提前转运，原当轮盐号盐到岸时，尽光补轮转运""当
轮盐号如有盐存岸，因故不运，皆应退至最末轮次。"①这两项规定，是将静
态的轮次表做了动态处理，当遇有无盐存岸或有盐存岸不运时，可将固定的
轮次做出适当调整。实际上这也是针对轮次密集的盐商号而言的，这些商号
因盐运频繁，无盐存岸属时常发生的事情；有盐存岸不运，也是这些商号为
获取丰厚的利润所采取的伎俩，于此情形可以轮次少的盐号进行替补的办法
加以贯行。可以说，公家也就是盐务管理机构针对盐运各商易滋争执情形，
采取了积极的应对办法，是一种较为公允且有效的做法，从而协调并缓和了
各盐商号之间，以及各盐商号同盐务机关之间的关系。

（三）皮重之争

盐的包装和皮重，是直接关系到盐场获得经济利益的条件。它是随着川
盐外销的不断增加，随之出现的各盐场之间，甚至是各盐场同上级盐务机关
之间的利益争夺，而在川盐外运中成为值得关注的重要话题。在川南各盐场
看来，因川省水路险远，独异他省，盐包自场运岸动需数月，折耗过巨，"如
楚盐到岸，每包必折二十斤有奇，又以产销两地分征税款，不欲到岸包斤与
产地包斤过异，致预算之税款无定"。后经四川盐运使牌示："川盐包装粗笨，
系属实情，该运使斟酌中衡定，花盐每引连包装绳索共重一万一千斤，巴盐
每引八千五百斤，暂准照办。"②据此测算，酬定为花盐每包皮索二十斤，巴
盐每包皮索十斤。

井仁盐场提出，花盐每百斤，其皮重应以十斤为率；巴盐每百斤，其皮
重应以六斤四两为率。犍为和富荣两场皆认为："通计盐斤到岸，花盐以规定
之二十斤，巴盐以规定之十斤，敷补包索流折尚形不足，呈请体恤，今一旦
花盐减称十斤，巴盐减称三斤，则以后到岸之盐短折尤甚。"③因此，此两场
提出引盐包皮重量，可定为花盐每包十斤；巴盐每包七斤，这样花盐每包，

---

① 《轮船运坪湘盐轮次案议定事项》(1945 年 7 月 26 日)，全宗号：3，目录号：5，案卷号：3391，自贡
　档案馆藏。
② 《四川盐运使就川盐盐包粗笨属实经斟酌衡定后一案》(1915 年 6 月 5 日)，四川盐运使指令稿第 30 号，
　全宗号：1，目录号：1，伪川康盐务管理局盐运使档案。
③ 《驻井行署详为据边计济楚各公司禀请盐包重量仍旧从前规定避免更章一案由》(1916 年 6 月 24 日)，
　四川盐运使公函第 194 号，全宗号：1，目录号：1，伪川康盐务管理局盐运使档案。

共重二百一十斤；巴盐每包，共重一百六十七斤。而大宁场则提出了自己的难处，由于该场僻处边隅，迥异他场，水路则层出皆滩，陆路则崇山峻岭，"故各商到场购盐，势不得不外坚其包篓，内厚以草梗重叠，包护方免流盐段耗，拟照历来方法另算，包装绳索十五斤，连皮每包重量，应一百一十五斤"①，等等。于此情势下，四川盐运使不得不制定且颁布了川南各属每包盐斤之皮重暨嗣后应行之办法，详见表3-7。

表 3-7　川南各属每包盐斤之皮重暨嗣后应行采用之皮重斤两一览表②

地名	自流井		犍场	乐场	云场	大宁
盐类	引花	引巴	引巴	引巴	引花	引花
每包皮重	220 斤	170 斤	170 斤	170 斤	80.8 斤	220 斤
完税之盐每包重量	200 斤	160 斤	160 斤	160 斤	73.5 斤	200 斤
空包实重斤两	双层袋 6 至 8 斤	5 至 6 斤	5 至 6 斤	5 至 6 斤	2.5 至 3.5 斤	双层袋 6 至 8 斤
每包内免税放行之盐	12 至 14 斤	4 至 5 斤	4 至 5 斤	4 至 5 斤	5 至 6.5 斤	12 斤至 14 斤
规定之皮重	8 斤	6 斤	6 斤	6 斤	4 斤	8 斤

注：按司马秤计算

应该说，川南各属盐场经过同上级盐运处和各盐场之间，围绕盐包皮重展开的利益博弈，最终以相互协定之盐包皮重，获得了认可，且得以差异化实施。那么，相比较而言，川北的情形又是如何的呢？

由于川北之前是不分引票花盐、巴盐的，一概拟定皮重五斤。但由于花巴盐其质既异，所用以盛盐之物轻重自不相同。据四川盐运使对川北十一场的核查，发现只有射蓬、简阳两场系属引票并行，其余场皆只行票盐。同时，川北各属行票盐盐场存在的根本性问题在于："包与包异，篓片既有厚薄、粗细之悬殊，绳索亦有大小、轻重之不同，商贩锱铢必较，为顾惜成本，但凡置盐包一具，绝非使用一次，用至四五次，盛具皆为卤汁浸泡，重量必日渐增加，也因随时插补盛具越久，随之重量也愈增。为此，上级盐务机关即四川盐运处，将各该场花盐和巴盐，每盐百斤所用之包装绳索等件，抽调考验，

① 《驻井行署详为据边计济楚各公司禀请盐包重量仍旧从前规定避免更章一案由》（1916 年 6 月 24 日），四川盐运使公函第 194 号，全宗号：1，目录号：1，伪川康盐务管理局盐运使档案。

② 《川南各属每包盐斤之皮重暨嗣后应行采用之皮重斤两一览表》（1916 年 11 月 14 日），盐务署训令第 265 号，全宗号：1，目录号：1，伪川康盐务管理局盐运使档案。

并令职员到各场实地调查，得出的结论是：不仅是各属场，甚至是同一场内盛装盐的用具，也不齐一，竟然达到了十五六斤以上。若是新制盛具，配以竹木绳索及其他附属物品，实属超过原定之花盐皮重十斤，巴盐皮重六斤四两。也有一部分场，因运道不达，仅以篾圈和绳索两样，便可负载运行，计其皮重不过三四斤。"①此二者之间的较大差异，如何来解决呢？

于是，川北各属场提出了进行分场规定的处理意见。但如若分场，其盛具既有新旧之不同、轻重之不同，还有运销远近之不同，甚至是盛具附属用品之多寡等诸多区别，难以做到统一，甚至为商贩规避取巧提供便利。又有盐场提出，由于本场的盐皮重过重，由盐务机关提供亦或是箩筐之类的盛具，以资做到平允等措施。最终的结果是，民国五年（1916 年），川省盐务处规定：每花盐一引连包装绳索，共重一万一千斤；巴盐一引连包装绳索，共重八千五百斤，通行各场一律照办。"其行引巴盐规定每包一百六十斤，应除皮重一十斤，行引花盐规定每包二百斤，应除皮重二十斤，行票巴盐规定每包一百斤，应除皮重六斤四两，行票花盐规定每包一百斤，应除皮重十斤"。这种皮重计算方法，就同之前川南各属盐场如出一辙，只是川北各属盐场没有像川南各属盐场，做出更为细致的区分，而是一统而过，执一概百。这种计算方法在川北各属盐场得以强制执行，更为主要的是，与川南各属盐场不同，川北各属盐场大多是行销票盐，也就是走陆路运销机制。陆路运输势必不同于水路运输，就在于前者运输所需的盛具即篾片、绳索及其他附属物品较多，自然皮重较重，而后者所附带的附属物品则较少，其皮重较轻，所以前者对于票巴皮重的六斤四两和票花皮重的十斤，自然就能接受和认可。

（四）直运之争

在 1945 年之前，盐运都是实行分段转运，也就是下行运销至湘楚之川盐，分为井渝及渝宜两段，井渝段是指由自流井至重庆段；渝宜段是指由重庆至宜昌段。由此知道，重庆是川盐入湘楚的中转站，所以进入湘楚之川盐是需要在重庆转运的。但是，到1946 年，为赶运湘楚盐，盐政局核饬应直达宜昌。为贯彻盐政局的指令，川康盐务管理局下达了如下指令："井渝、渝宜

① 《川北运副谢廷麒呈请四川盐运使就川北分所不分引票花巴，一概拟定皮重》（1916 年 10 月 2 日），四川盐运使公函第 274 号，全宗号：1，目录号：1，自贡市档案馆藏。

分段运输湘盐，近已奉令一律直运宜昌，毋庸分段运输，以节官本。"①指令虽陈节约官本之主因，实则乃"湘盐道远运艰，沿途转儎脱节，每感困难，故时发生有盐无船，有船无盐或须有船而不愿运者，以致运不济销"之现状所迫不得已而为之。

但在运商火速赶运川盐，济销湘鄂各商遵办直运外，却又面临一些困境，主要在"抑有陈者，湘楚盐道远运艰，而渝宜段轮运又以特运频繁，恒少盐运吨位，故湘楚盐应以在泸直放，方能节省转运时间，增加运输效率……但在泸实行直放以来，因受挨轮派船限制，有人力工具齐全，愿意直放之船户，而拈得之盐，则为在渝转运；有人力工具不齐，不愿直放之船户，而拈得之盐，则为由泸直放。故其结果，由泸直放者，甚形寥寥。此实为湘楚盐在途迟滞原因之一"。又自贡运盐商业同业公会提出：呈请"因洪水期拨船运盐倍增，如长船可直放宜昌，势必影响泸渝段盐运，应暂停直放并请转饬渝分局，不得就泸渝段长船下放以维整个盐运"。但是经过泸分局和船户的联席会议商讨，双方议定："湘楚盐在泸直放，须视水位情形如何，方能肯定，除洪水时，因万县以下滩凶水急，木船不能下放，无法直运，应运渝万交轮外，如水小能于直运时，为便利盐运起见，仍应准商直运，不加限制。但如当轮直运船户，因撬工技术问题，不愿直运者，得以另轮档直运之船提前。"②问题得以初步解决，就此而言，为直运湘楚盐奠定了基础。

可是，随着直运湘楚盐下达宜昌，重庆船户和泸县船户之间，却出现了待遇不平等现象，导致了泸县船户拒载湘楚盐的恶性事件发生，并一时影响到湘楚盐运销。该案由川康区泸县盐务分局呈文给川康盐务管理局，其中谈道："船户以路线太长，原定运缴不敷，不免赔累，选据请求设法救济……经开会解决，准将泸宜段运费比照原运费，增加百分之六十，并决定每月由泸直放宜盐45儎，经以陈报在案，船户要求既获圆满解决，均已依序放宜。"可是，正在加紧放运之际，讵料重庆大昌裕盐号，对于在渝转宜盐儎额外借支1000万元。消息传来，泸船纷纷要求援例借支，而对于装运宜盐亦不免呈

① 《川康盐务管理局（产商三十五字第一号）指令》（1946年1月3日），全宗号：3，目录号：5，案卷号：3383，自贡市档案馆藏。
② 《自贡运盐商业同业公会再呈复湘楚盐直放问题仰祈核办由》（1948年6月28日），全宗号：3，目录号：5，案卷号：3385，自贡市档案馆藏。

现观望态度，经分局严令督饬之下，虽勉接装，但竟迟迟启行。分局深恐有碍岸销，影响税食，乃于十一月二十七日，召集商船两方负责人会商解决办法。"盖以当时事态较为严重，而泸地银根又复奇紧，各行庄均无现钞提兑，运商筹措规定运费已倍感维艰，如再额外借支1000万元，实属无法筹付，如明令饬由运商在泸照付借1000万元，则运商难免不借，故要求核入成本，且亦恐使装运边计盐船户继起要求援例借支影响整个运务，无已乃俯顺舆情同意驰渝解决。"①无奈只得以议决之项，由分局长率同商船两方代表赴渝洽决借支一案。

由此，泸县盐务分局认为："渝地运商目前额外津贴，不惟破坏规定，制造黑市，亦且影响泸船，以致相率观望，不愿直放"，从而阻碍了湘楚盐直运。不仅如此，泸县长船公会还给盐务分局呈文："直放宜昌湘楚盐运费，除按全数先提二成留作水尾外，再以十成计算，由泸发给六成，渝用二成，万用二成等因。"本来是要遵照执行的，可是偏偏遇到职会驻渝办事处报告，及众船户回泸县面称，上游湘楚盐船，近来由渝转放宜昌运费，每儎正式规定仅在三千五百万元（渝用三千万，留尾五百万），但另由渝商借支一千万元，俟该船运宜提卸于领返空时，扣还五百万元，其余五百万，须至返渝时方行付还。并将由泸至渝上段，应得长流每儎1455斤及囤流应有若干，均照渝价结清，似此以正式运费三千五百万，再加泸渝段一千零三十余万元，共已达泸宜四千五百三十余万之数，再加以四个月，计预收之子金，亦约一千五六百万元，且并未计算返空费在内。查由泸直放运费返空费除外，实仅四千八百余万元。

通过对由渝转放和由泸直放两相比较之下，转放与直放相比，其结果是暗中增高一千三四百万，所以渝中官商此举，实不啻于泸宜直放是一大打击。趋利之心的职会船户顿存观望之心，"即前允自由运宜及已登记直运之船户，亦均借故推诿希图再事，要求职会对此除已竭尽开导之方，力劝勿贪小利障（阻）碍发展业权"。具体的办法是：先从两大船强迫装运，再将七百五十包至半之船，分期抽签，挨轮运宜，不使一船自由推卸外，唯因渝中转放情势变迁，若不将给付直放运费成分，略于变通，则无以杜众船户，希图至渝转

---

① 《关于奉令办理直放宜昌盐儎经过情形复请鉴核示遵由》（1947年12月18日），全宗号：3，目录号：5，案卷号：3384，自贡市档案馆藏。

放，多得变相黑市之借口，"对直运宜昌运费免予先提二成，运费水尾仍按全数计算，每傲由泸给付三千万元，余存一千八百零三万六千八百元，除提水尾六百零三万六千八百元外，尚存一千二百万元，任由船户择渝万一地自由领用，俾两傲船户，在泸可多领一千三百余万元，以偿外债免致多负息累，反之以往返四个月论，即可暗中获得约一千余万之利息，与渝转放之借款及先给长囤流所获资金比较，虽仍相差五六百万元，但泸宜直放可多得返空数百万元，相距不达，亦可杜绝其转放企图"。由此可见，职会强迫直运，如此则于商无损，如若不是这样的话，万一情势变迁，渝方增加暗盘竞运，职会实无应付之方。

之后，令饬泸县湘楚运商，按照直放运费"全数由泸付给三千万元，另在渝、万两地，由船户自由选择一地，领用一千二百万，其余六百零三万六千八百元，备作水尾，以利直运"，并且呈请上峰，令饬渝分局及自贡市运商公会，转知各湘楚盐商，"以后不得在渝借款及以其他方法暗加黑市，竞雇船只，自招损害障（阻）碍盐运"①。由上之赘述可知，两地船运的纠纷主要围绕着直运和转运的补贴，以及利润高低，也就是在渝转运的运商，一次可领运费三千五百万元外，还可无息额外借支一千万元，而由泸县直运宜昌湘楚盐的运商，却不享有此优厚待遇。

更主要的矛盾，还在于由渝转放与由泸直放，转放实比直放暗中增高一千三四百万。可谓是"渝中官商此举，实不啻于泸宜直放一大打击"，所以泸县长船公会等纷纷状告渝中官商制造黑市，阻碍盐运。在此情境下，川康区泸县盐务分局于十一月二十七日，召集商船各方负责人会商，一致议决：

> 暂将泸宜段运费，应在渝支领之二成，改在泸一次付给（注：除照支给船户六成外，将规定重庆支给二成，移至泸县一次发给，共支八成），并由刘局长率同商船两方代表，驶渝洽商解决，及协议今后步骤，以利赶运等语记录在卷。除有一部分船户，业已遵命拢装外，尚有少数船户观望徘徊。分局刻正善意开导，期其就范于必要时，将必强制实行，或依总动员法令，送司法机关治罪。一面仍恳转饬渝局，制止渝商对湘楚

---

① 《为情势变迁，请令饬泸县运商，对直放宜昌运费分成给付办法略予变通，并呈上峰饬渝局制止渝商借款，并以其他方法暗加黑市障碍直以畅盐运由》（1947 年 11 月 9 日），全宗号：3，目录号：5，案卷号：3384，自贡市档案馆藏。

盐傥无息贷款，以免上段船户发生异议，并请钧局统筹策划，令饬泸渝两
地遵办，俾（避）免相互牵制，陷整个盐运于呆滞之状。另有近来物价上
扬，需要周转头寸增多，故泸地银根奇紧，官商行庄兑现困难，以致支付
运费备受影响，而刻间官商盐傥，却又源源抵泸，需款甚巨，尤以大昌裕
存盐最多，祈迅电重庆中交农各行，星夜大量运送现钞，来泸以济急需，
并饬井渝两地运商，筹款运泸济需。①

之后的 12 月初，泸县盐务分局刘局长率同商方代表黄秋帆、大昌裕泸号
主任董敏、船户方代表江遇文，赴渝并经连日向有关各方洽商，最终达成以
下协定：借支一千万元，决定取消。改为凡在预订行程三十日，运达宜昌而
不亏斤者，每傥给予奖金一千万元。此举系由商方自行洽办，官方不予过问，
其在渝数度开会，每值讨论此事时，分局长均经临时退席，未予参加，以免
授以要求核入运价之口实。商准重庆中央银行，立即付现三亿，交渝运商转
解泸县济需。中国银行以在泸县代理国库关系，并商得同意，立即运现二十
亿，赴泸接济，此后中国银行并视需要随时酌情，运现接济。今后泸渝两地，
对于下段直放盐傥，随时密取联系，一致行动，以免上下牵制，滞碍进行。
此项结果，经在泸宣达后，船户均欣然从命。并自十二月十日起至十四日止，
将所有派装宜昌湘楚盐，尽数放清，综计前后在泸直放宜昌湘楚盐共四十五
傥，超出原规定数十五傥。②

此案因泸县长船公会向泸县盐务分局，呈文表达不满，经泸县盐务分局
召集商船各方负责人会商，最终同渝各方商讨，确定了解决办法，并确定了
直放宜昌之盐额，以此保障下运湘楚盐的畅运无阻，详见表 3-8。

表 3-8　泸县盐务分局直放宜昌盐傥清单③

运照号数	运商牌名	盐别	岸别	船号	船户姓名	装运包数	开行日期
20423	福昌祥	花	湘	256	罗学文	450	1936.11.16
20309	运湘	花	湘	256	罗学文	450	1936.11.16

① 《关于湘楚盐傥由泸直放宜昌目前船户纷纷陈辞致碍盐运一案，恳予核察示遵由》（1947 年 11
月 29 日），全宗号：3，目录号：5，案卷号：3384，自贡市档案馆藏。
② 《关于奉令办理直放宜昌盐傥经过情形复请鉴核示遵由》（1947 年 12 月 18 日），全宗号：3，目录号：
5，案卷号：3384，自贡市档案馆藏。
③ 《泸县盐务分局直放宜昌盐傥清单》，全宗号：3，目录号：5，案卷号：3384，自贡市档案馆藏。

续表

运照号数	运商牌名	盐别	岸别	船号	船户姓名	装运包数	开行日期
14147	中华	巴	湘	459	罗建章	600	1936.11.16
14296	中华	巴	湘	459	罗建章	598	1936.11.16
14298	永大	巴	湘	467	卢炳森	599	1936.11.22
14299	中华	巴	湘	467	卢炳森	596	1936.11.22
21308	衡孚	花	湘	501	李云青	450	1936.11.22
20441	大昌裕	花	楚	501	李云青	450	1936.12.10
14300	永大	巴	湘	110	徐金和	598	1936.12.10
20418	永济	巴	湘	110	徐金和	300	1936.12.10
				5	宗建文	300	1936.12.10
14297	协永	巴	湘	5	宗建文	600	1936.12.10
20601	太和	花	楚	512	桂隆盛	450	1936.12.12
20602	公胜	花	楚	512	桂隆盛	450	1936.12.12
20454	协成	花	楚	452	巫显章	450	1936.12.12
20457	自兴公	花	楚	453	巫显章	450	1936.12.12
20608	大昌裕	花	楚	470	秦绍章	450	1936.12.13
20446	裕大	花	楚	470	秦绍章	450	1936.12.13
20436	协同	花	湘	499	同鑫利	450	1936.12.13
20428	协同	花	湘	499	同鑫利	450	1936.12.13
20440	大昌裕	花	楚	443	张条生	450	1936.12.13
20445	大昌裕	花	楚	443	张条生	450	1936.12.13
20453	裕大	花	楚	569	刘子华	450	1936.12.13
20442	大昌裕	花	楚	569	刘了华	350	1936.12.13
				268	傅绍华	100	1936.12.13
20603	大昌裕	花	楚	268	傅绍华	450	1936.12.13
20456	裕大	花	楚	469	刘绍卿	450	1936.12.13
20599	裕大	花	楚	469	刘绍卿	450	1936.12.13
20450	裕大	花	楚	427	钟肇荣	450	1936.12.14
20447	裕大	花	楚	427	钟肇荣	450	1936.12.14

为从根本上解决湘楚盐的直运瓶颈，重庆盐务分局曾发文给湘处（湖南盐务办事处）表示：

由场直运常沅洪三据点湘盐，已规定自本年一月份，场配额盐起实行，（预计于三十七年六七月份始能运到洪江等地），由本局填发直运单照，并另刻"济湘岸常德、沅陵、洪江"、"济湘岸宜昌配销津澧六属"
四木戳，加盖运照以资查验。以及直运三据点湘盐，即由自贡两场署，
按月通知常沅洪三分处，验收至直运该三据点盐斤，每月应如何以整称
配运方，不致办理困难，亦经令行自贡运商公会遵照。本年度，核定各
湘商盐额，召集各商，妥为研讨分配，并将本年一至十二月份，各商分
月购运称额列表，呈局有案。湘楚盐押汇，原系由渝转押至宜昌为止，
此后由场直运常沅洪三据点湘盐，是否可由渝转押或须到宜，再转押至
各据点？已饬渝分局核定，以期配合。商运湘楚盐，系由本局按各该月
额盐，运商实付场本暨垫支运缴，并造具由井至宜运杂费表，分寄鄂处
及贵处，湘鄂两处作为核定最高售价参考。兹直运常沅洪三据点，配销
湘盐，其由宜至常德等各据点，应需运杂各费数目，因本区无法明晰，
拟照由本局按月核在宜成本试复表，再由湘区加计，由宜至各该据点费
用核定最高售价，俾切实际。①

几乎同时，川康盐务管理局于民国三十七年（1948年）一月十四日，下
发指令："为奉令赶运湘楚盐，请准转令泸分局，由商船两方自行商洽，直运
报请盐务机关备案，不必挨轮派傤，以期适合实际，而利运输由。"②四月十
二日，为改善盐运起见，又准令泸分局："对于愿意在泸直放之湘楚盐，商人
及船户，得由其双方自行与洽商直运，洽订后分报泸分局备查，俾商船两方
均得便利推动，庶可免去转运候船之羁迟。"十月二日，在以商船保工联合办
事处呈文，经邀长船公会及运湘盐号协议，获致结论三项："自由雇船不另编
组，但须雇佣长船公会，现有编轮烙印船只承运，其运费由本处会同长船公
会，按实需运缴临时议价；直运盐在自井下捆，即由运商通知公会介绍雇船；
议价各船认为不足自愿放弃时，得由商方自雇承运，但不得以暗盘，超过议
价之价格"的基础上，川康盐务管理局准予其奉行。③

---

① 《函复呈报常沅洪三据点湘盐已规定自本年一月份额盐起实行直运，由本局填发直运单照由》（1948年
  1月27日），全宗号：3，目录号：5，案卷号：3385，自贡市档案馆藏。
② 《川康盐务管理局指令》（1948年1月14日），全宗号：3，目录号：5，案卷号：3385，自贡市档案
  藏。
③ 《关于湘楚盐编船直运一案陈复鉴核由》（1948年10月2日），全宗号：3，目录号：5，案卷号：3385，
  自贡市档案馆藏。

　　即便如此，在直运期间，当运商将湘楚盐下行至湖南界时，由于已运出场，正值洪水期间，"常沅、常洪两端，因逆流关系，运输极感困难"，加之"一至四月份盐，多数已到宜昌，各商在沅洪安庄设店，确有赶办不及之苦"，于是自贡运盐同业公会呈文给川康盐务管理局，函商湘处，并饬宜昌联络员，"暂准一至四月份湘盐，运至常德后，再由当地官商查明河道情形，再定行至"，同时，应请准予"暂先运至常德，在接济民仓原则下，酌情办理"等语。①可在湖南盐务办事处看来，"五月份额盐起施行，其一至四月份额盐，由鄂西分处，按配额表批注转运等由，业经分别转知办理在案"，而四川各运商"既已认额以两个月之时间，自应及早在沅洪设庄，所称赶办不及，显系托词"，同时，因洪水时间在沅永方面，涨落并无一定，"至每次三五日或十日、八日不等，易涨易退，水势一经退落，则航行比较枯水时期更为便利，危险较少，该商等所称洪水期难运，理由亦难充分，所请将济湘川盐先运至常德，再行酌情转运一节，自难照办"②。

　　但是，从"济湘川盐各据点运额，自五月至十二月至，本处业经重新拟定，将沅洪运额减少，常德运额增多，以轻各商困难"的具体操作来讲，就是分摊各商，应运津常沅洪四处点盐额，复系以担为单位，以致担数畸零，为便于盐拨直运起见，核定津市 14 000 担，常德 8000 担，沅陵 18 000，洪江 10 000 担（共五万担），按各商现运湘盐年额及远近互相搭配标准，拟定直运湘盐表。③同时，针对自贡运商公会的呈情，湖南盐务办事处也做了相应调整，即因沅洪道远运艰，商人垫本较多，当系实情，照湘西情形，亦与宜昌不尽相同，对于沅洪最高价，由湘处宽核调整，以免亏累。湘楚之盐自五月份起，已核定照扯低场价缴纳，成本当较以往为低，唯直运津常沅洪四处点湘盐，如到岸与海盐仓价相差悬殊，请湘处按实需运本，调整最高价或并致于提高海盐售价，俾民食运输得以双方兼顾。现时湘楚盐标准运本，系截至宜昌为止，上项由宜展运至各处点湘盐所有各该段保费，请湘处核定，洽

①《奉令一至四月份已运出场湘盐仍应直运津常沅洪四据点归仓配售一案，经议决三项再呈核办由》（1948年7月6日），全宗号：3，目录号：5，案卷号：3385，自贡市档案馆藏。

②《运商请将商川先运常德再行转运案复请查照由》（1948年7月31日），全宗号：3，目录号：5，案卷号：3385，自贡市档案馆藏。

③《为核定湘盐直运应自本年五月份额盐起实行抄拨各商应运各处点盐额清单令仰遵照由》（1948年5月14日），全宗号：3，目录号：5，案卷号：3385，自贡市档案馆藏。

保险公司报保或交由各商联合自保，以重物资。[1]考虑到对于各商应运远近岸口盐额之分配，亦比较平允，盐务分局将来办理直运单照，亦无困难，湖南盐务办事处即令运商公会遵照，并通知湘鄂两处，拟定甲、乙两表对于各商核配年额[2]，详见表3-9、表3-10。

表 3-9　川康区核定济湘川盐各运商每月应运盐额清表（甲表）

处点	商名	盐类	分月运额												全年合计
			1	2	3	4	5	6	7	8	9	10	11	12	
津市	裕新	花	2	1	2	1	2	1	2	1	2		2	1	17
	衡源	花		1	1	1			1	1			1	1	7
	协同	花	1	1	3	1	2	1	1	1	2	1	2	1	17
	裕淮	花			1			1			1				4
	麻生同	花	1	2	1	3		1	2	3		1	2	2	18
	大昌详	花						1				1	1		3
	协永	花					1			1				1	3
	大生厚	花	1						1						2
	鸿钧	花						1							1
	晋德	花		1			1			1					3
	鼎昌	花	1		2		3		1	1	1		1	2	12
	久大	花	1	2	1	2	1	1		1	2	2			13
	厚生盐	花												1	1
	裕同	花	2				1	1		2		1			7
	运湘	花	1	2		1		2	1	1	1	3	1		15
	大昌裕	花	1	1		2		1	1			3			9
	合计		11	11	11	11	11	11	11	11	11	11	11	11	132
常德	裕新	花	1	1			1	1	1		1	1	1	1	11
	衡源	花			1		1		1			1		1	5
	协同	花	1	1			1	1	1	1	1	1	1	1	11
	裕淮	花		1			1								3
	麻生同	花		1		1		1	1		1	1	1	1	9
	大昌详	花				1					1				2
	协永	花			1							1			2

---

[1] 《为湘盐由场直运津常沅洪各处点配销已规定自本年五月份额盐起实行抄呈送各商应运各处点盐额清单祈鉴核请查照由》（1948年5月14日），全宗号：3，目录号：5，案卷号：3385，自贡市档案馆藏。

[2] 《为湘盐由场直运津常沅洪各处点配销已规定自本年五月份额盐起实行抄呈送各商应运各处点盐额清单祈鉴核请查照由》（1948年5月14日），全宗号：3，目录号：5，案卷号：3385，自贡市档案馆藏。

续表

处点	商名	盐类	分月运额												全年合计
			1	2	3	4	5	6	7	8	9	10	11	12	
常德	大生厚	花									1				1
	晋德	花			1			1			1				3
	鼎昌	花	1	1	1	1		1	1		1	1	1		9
	久大	花	1		1		1		1	1			1	1	7
	裕同	花		1		1					1	1			5
	运湘	花	1	1	1	1	1		1	1			1	1	9
	大昌裕	花	1	1		1	1		1	1				1	7
	合计		7	7	7	7	7	7	7	7	8	7	6	7	84
沅陵	太和盐	巴	4	4	4	4	4	4	4	4	4	4	4	4	48
	运湘	巴	1	1	1	1	1	1	1	1	1	1	1	1	12
	协永	巴	2	2	2	2	2	2	2	2	2	2	2	2	24
	永大	巴	3	3	3	3	3	3	3	3	3	3	3	3	36
	裕新	花		1		1		1		1		1		1	6
	衡源	花	1				1				1				3
	协同	花		1		1		1		1				1	6
	裕淮	花											1		1
	麻生同	花	1			1		1		1		1			5
	大昌祥	花			1										1
	大生厚	花											1		1
	鸿钧	花					1					1			2
	晋德	花							1				1		2
	鼎昌	花		1		1		1		1		1			5
	久大	花	1				1		1					1	4
	裕同	花		1				1		1					3
	运湘	花	1		1			1			1			1	5
	大昌裕	花			1				1		1		1		4
	合计		14	14	14	14	14	14	14	14	14	14	14	14	168
洪江	裕新	花	1	1	1	1	1	1	1	1	1	1	1	1	12
	衡源	花	1		1		1		1		1		1		6
	协同	花	1	1	1	1	1	1	1	1	1	1	1	1	12

续表

处点	商名	盐类	分月运额												全年合计
			1	2	3	4	5	6	7	8	9	10	11	12	
洪江	裕淮	花	1						1						2
	麻生同	花		1	1	1	1	1		1	1	1	1	1	10
	大昌祥	花		1										1	2
	协永	花		1				1							2
	大生厚	花			1		1								2
	鸿钧	花								1					1
	晋德	花	1				1					1		1	4
	鼎昌	花	1	1	1			1	1	1	1	1	1	1	10
	久大	花		1				1	1		1	1	1	1	8
	厚生盐	花	1												1
	裕同	花			1	1	1			1		1		1	6
	运湘	花		1	1	1	1	1	1	1	1	1	1		10
	大昌裕	花	1		1		1	1		1	1		1	1	8
	合计		8	8	8	8	8	8	7	8	8	8	8	9	96

表 3-10　济湘川盐每月分运津常沅洪四处点年销额清表（乙表）

商号	盐类	全年各处点分运年额				总额
		津市	常德	沅陵	洪江	
太和盐	巴			48		48
运湘	巴、花	15	9	17	10	51
协永	巴、花	3	2	25	2	32
永大	巴			36		36
裕新	花	17	11	6	12	46
衡源	花	7	5	3	6	21
协同	花	17	11	6	12	46
裕淮	花	4	3	1	2	10
麻生同	花	18	9	5	10	42
大昌祥	花	3	2	1	2	8
大生厚	花	2	1	1	2	6
鸿钧	花	1		1	1	3
晋德	花	3	3	2	4	12
鼎昌	花	12	9	5	10	36

续表

商号	盐类	全年各处点分运年额				总额
		津市	常德	沅陵	洪江	
久大	花	13	7	4	8	32
厚生盐	花	1			1	2
裕同	花	7	5	3	6	21
大昌裕	花	9	7	4	8	28
合计		132	84	168	96	480

　　为保直运湘楚盐的便利和顺畅，湖南盐务办事处不仅兼顾民食和运输，还平允分配各商应运远近岸口盐额，可谓是用心良苦。除此之外，湖南盐务办事处还发文给川康盐务局，请查照办理"为场湘直运盐与非直运盐，提收准备案"，其中提及：

　　　　济湘川盐，自本年五月份额盐起，实行直运提收，井湘段全程准备共17.7%一案。经转函鄂西分处存照在案；兹准自五月份额盐起，直运湘区商盐税捐准备，改为共收17.7%。嗣后，在宜存仓，似应加收在宜存仓率1.7%（在宜原系按湘存仓率计收1.5%）。又如未存仓，系在宜转装或原船放湘，是否仍遵三十六年财一五二五号核电第三项？所饬河存盐斤比较仓盐办理，均加收在宜存仓率1.7%（原系在宜加收1.5%）等语报请鄂处核示外，相应复请查核见示等由；除以关于场湘直运盐，由井渝下驶经宜，当属原照原船放湘，在宜似不必加收，准备且既为直运照，理似不应在宜存仓或转装，万一必须在宜存仓或转装，则应作展运输全程准备，仍为19.2%，除场提17.7%外，由贵处加收准备1.5%换发分运照放湘。凡五月份以前，济湘之额盐既非直运盐批，不论其在宜存仓转放与否，或原船放湘，所有全程准备，拟仍照原案办理，按19.2%由场宜分别计提，免予更张等语。函复鄂西分处查照办理外，嗣后，对于场湘直运盐，应请贵局饬属于放运时，在运照上加注"直运"字样。并将分装情形，在运照上批注，以与非直运盐有所区别，统祈查照办理①。

而后得到了川康盐务管理局的认可。

　　最终，通过上述之川盐济销盐运中的仓房之争、轮次之争与皮重之争及

---

① 《为场湘直运盐与非直运盐提收准备案请查照办理》（1948年12月1日），全宗号：3，目录号：5，案卷号：338，自贡市档案馆藏。

其直运之争的整体事件发展情状观之，由前三项利益争端可以看出，上级盐务机关即四川盐运使在处置各盐商号之间、各盐场之间利益时，采取了软硬兼施、恩威并用的协调机制与统制策略。

一方面，通过沿江盐务管理机关筹资修缮，且租房用作盐商们的仓房，在轮次安排上尽量做到了平允，甚至在轮船回程时可运载棉布作为条件。而在盐斤皮重方面，做出一个重大的调整，即取消了卤耗，也就是在盐称斤时，将盐包卤耗一律取消，这对盐商们来说是一个极其有利的激励机制。另一方面，为完成川盐济销运销量，盐务机关相应地强化了对各盐商号和盐场的管理，要求各盐商号用轮船和木船相结合的方式，解决沿江洪水时期的运输困境，继而不断增大沿江的盐储存量。当盐务管理机关与各盐商帮协商了轮运秩序后，就不能随意更迭，更不允许分段转运，叠次凌虐，自设轮帮，阻滞盐运。而盐斤皮重因川南、川北有别，盐务机关在处理此二者之场属盐产皮重的纠纷时，采取了一种折中的办法，这种折中办法看似给了盐商们一部分利益，但从深层来看，经过纠纷后的盐商，被政府牢牢地攥住，成了政府手中掌控的工具，继而通过盐运，被不自觉且是高度化的整合和统制到国家的整体运行机制中，成为了国家经济命脉的前哨兵。

而对直运之争的事件来看，因鼓励下运湘楚盐直达宜昌，重庆的盐务机关给予了重庆船户额外补贴，以此挑起了泸县船户对泸县盐务分局的不满，从而引发了两地间的矛盾纠纷。重庆和泸县盐务分局，以及两地的盐运同业公会等，在处理这一事件中经过协商，达成共识，由之前的额外补贴，改为完成运额后的一次性奖励，并由中国银行在泸县视需要随时酌情运现接济等，至此两地之间的争端得以化解。但在直运过程中却又出现了重庆、泸县的运盐同业公会与湖南盐务办事处之间的争论，主要因一至四月份已运出场湘楚盐，仍应直运津常沅洪四据点归仓配售，双方产生了不同的看法。湖南盐务办事处并未就此焦点问题做出积极回应，却采取减少沅洪运额、增多常德运额、制定各商核配年额的做法，如此这般便可以直运为主，转运为辅，减轻了运商的困难。同时，为兼顾民食和运输，尤其是照顾到沅洪地区民众的生活所需，调整了最高价，以免亏累商民。

应该说，直运对不同的利益主体会有不同的结果，对运商而言，不愿直运的主要原因在于风险太大，尤其是沅洪道远运艰，更在于商人垫本较多。

对各地盐务机关而言，特别是居于转运中途的重庆分局，对直运有所保留，虽因盐政局的法令不得已为之，却对在重庆转运的存仓率计收 1.5%化为泡影而感到不满，于是去文给湖南盐务办事处，希望由场直运常沅洪三据点湘盐，由渝转押或须到宜再转押至各据点，以此力争自身利益；湖南盐务办事处却有不同的态度，因为它处于直运的目的地，所以没有长途运输的纠结与烦恼，可谓是为直运湘楚盐提供了极大地便利。但是也应看到，湖南盐务办事处在处理同运盐同业公会的争端时，并未充分考虑运商们的实际情况，对运商们提出的因洪水时期行船困难，请求安庄设店等诉求置之不理，反而转向分配各运商应运远近岸口的盐额，如此则进一步加强了对直运运商的管控。

继此之后，针对川盐济销盐运，政府还制定并实施了一系列强制性措施，也就是在原有对各盐商号运输规定的基础上，附加了更为严厉的规定。主要表现在：

一是以空间换时间。[①]即先由船务办事处查明各盐商号所有船只的确实载量，将其列具清单，并对一部分船只妥以修缮后，再增加载量，并将同岸同类之盐配装，唯增加之盐至多不得超过半载，至少三分之一载（即一百五十包至二百五十包）为限。也就是尽量让各盐商船只多装盐包，这样即可增加运输的载有量，又可节省船只来回的时间，从而达到双赢的目的。

一是以时间换空间。[②]即为确保各盐商号船只皆能每月下行运输一次，每月载够运足四百载，故对于船只之运用必须使其周转灵活，应绝对避免耽延或稍有停搁情弊，于此在时间上做了规定，自当值轮次应于翌日起，无论花盐、巴盐，统限二日内提装完毕，另两日办理转放手续，雇工开行在时间上极求迅速。也就是将盐运中途的时间精确化，尽量节省中途办理转运手续等所需时间，从而达到在短期时间内快运的目的，以此增加盐的运量。

此二者之实施办法，前者是在运输时尽量增加单次船只下行的运载量，就是在能装的情况下，尽量装入盐包，追求船只空间的容量；而后者则在运输时尽量缩短下行船只的时间，能快则快，追求船只来回时间上的快速，实

① 《运输业务紧急会议记录》（1945 年 8 月 17 日），全宗号：3，目录号：5，案卷号：3391，自贡市档案馆藏。
② 《盐务局拟议赶运湘楚盐实施办法》（1945 年 3 月 24 日），全宗号：3，目录号：5，案卷号：3391，自贡市档案馆藏。

质上二者皆殊途同归，都为达到赶运的目的。

应该看到，无论是以空间换时间，还是以时间换空间，抑或是政府为赶运川盐实施的诸多措施与办法，在短期时间内的确发挥了重要的作用，济销的盐量不断得以增加。但终因沿江各岸局盐务机关，虽以川盐运输为重，盐政为刚等冠冕堂皇理由，但在具体的运输过程中却因各自为政，加之沿江盐务管理机构臃肿庞杂、相互推诿，甚至还有长江航运水势难料、滩险水急、轮船和木船数量有限等原因，导致了川盐济销盐量始终是一个变量，虽经四川盐务局多次协调各方，却始终收效甚微。

二、保靖秤码案的发端及其裁断

保靖县位于湖南省西部，毗邻湖北恩施、重庆秀山的地理位置，使其成为川盐入湘的必经之地。正是这样，盐销川湘陆运大队在此设立盐运中转站，政府亦设置保靖县盐务二等支局，以监督管理盐运及其贩卖。秤码纠纷案是在保靖盐务支局与驻保川湘陆运大队之间发生的，因秤码自然腐蚀，造成失衡现象，从而引发的纠纷。原本经过检定、更新即能解决之争端，却因地方政府部门不作为，乃至于维护私利，成为惊动了全国度量衡局的案件。这一案件的出现，是此时期盐运的典型个案。鉴于此，笔者依据保靖县档案馆藏关于保靖秤码纠纷案盐业资料，从保靖秤码案之发端、秤码纠纷的裁断以及由秤码纠纷案引发的思考等方面，梳理民国三十一年（1942 年）保靖盐秤纠纷案的前因后果，继而弄清国民政府为维护统治和发展经济做出的努力。

（一）保靖秤码案的发端

案件是因保靖县盐务支局与驻保川湘陆运大队之间，以盐秤交接时，秤码失衡引发的。由于该纠纷案影响较大，直接触及国家利益。在此，本书依据保靖县档案馆藏盐业档案，竭力还原事件原貌，从纠纷双方的遇事态度与保靖县政府第三方的调解过程，竭力详述保靖秤码纠纷案之发端。

首先，纠纷案双方各执一词。民国三十一年（1942 年）十二月，驻保川湘陆运大队在于保靖县盐务支局交付盐斤时，发现保靖秤码存在失衡问题，于是提交保靖县政府检定。保靖县盐务支局直接拒绝并认为本局盐秤"经送由保和府检定合格，凿有印记，秤放民盐历无错误"①，认定此次纠纷案由民夫借端生事，并非事实存在。保靖盐务支局还呈报说："夫运各批交斤盐，亏未一两，抵尚有溢余。其运交至十四批时，发现并色情事亏短，达四十余担之巨，据报系盗卖所……经贿诱保局秤码伪道码单不遂（该队已将续运之下批盐补抵）。"②

拿苏浙皖公司船户运盐与之做比较，指明苏浙皖公司运盐有盐亏事实，乃因盐包遭水打湿所致，并非因秤码不符规定导致，以此证明保靖秤码纠纷案问题是盐运大队蓄意捣乱，盐务支局并无过错。但据川湘盐务联运处龙保运输总区部总队杜织卿呈报证明文件函，指出当日其总队到保靖县盐务支局交盐，"发现保靖盐务支局衡器与法定不符，书经函请贵府提验有案"③。因当时天色已晚，杜织卿深恐保靖县盐务支局趁机擅改衡器，于是特派委员留局看守，但"该盐局唆使武装警士数名，勒逼着守者离局，此已足征该盐局确怀叵测，今晨织卿会同贵府检定员，前往该局检验其衡器，竟复敢抗不受检，传非隐有弊"④。之后，杜织卿携奉钧令与砝码，前往盐局检校。保靖县盐务支局傅代局长，以本局砝码属财政部颁发肯定合法，而毋庸检验为由，反对检校。上述与保靖县盐务支局所述有异，且保靖县盐务支局严抗拒检，其中必有隐情，于是上报保靖县政府。由于两机关争执不下，引起了保靖县政府高度重视。

其次，保靖县政府的不作为。事件发端伊始，保靖县政府对此次纠纷所持观点与保靖县盐务支局相同。1942 年 12 月 18 日，因驻保陆运大队每次与保靖县盐务交局交斤，均有亏损，暗生疑窦，要求保靖县政府公开检校保靖县盐务支局秤杆。保靖县政府召请各公法团机关负责人后，公开检验保局三、四、五、九号秤枝及洪字第五号秤枝三杆。经检定结果："俱与本府砝码不合，

① 《准电请转饬该县发还秤码一案》（1943 年 1 月 29 日），全宗号：18，目录号：1，案卷号：91，保靖县政府档案。
② 《准代电为保靖秤码纠纷影响盐政请转饬县府发还秤码》（1943 年 1 月 31 日），全宗号：18，目录号：1，案卷号：91，保靖县政府档案。
③ 《奉指复贵局秤码一案请查照》（1943 年 8 月 15 日），全宗号：18，目录号：1，案卷号：91，保靖县政府档案。
④ 《奉指复贵局秤码一案请查照》（1943 年 8 月 15 日），全宗号：18，目录号：1，案卷号：91，保靖县政府档案。

以保局铜砝码较之则无差异，再则秤枝扬抑不复平衡。查双方砝码，本府系经济部全国度量衡局此颁，盐局则系自制，本府以秤枝既经检出上项情形，倘再使用，难免不起其他纠纷。为慎重起见，当经各法团检定会议议决，暂将保局秤码封存县府，候分别请示后，再行解决。"①

虽在第一次公开检校中，已发现秤码与标准不符，但保靖县政府在民国三十二年（1943 年）1 月 22 日向湖南省盐务管理局呈报时，仍报"此次保靖支局秤码纠纷，派员查照秤码无误。系运夫无理滋闹，嘱发还该局秤码等由"②。纠纷案最后以保靖县政府封存秤码，请示上级，再行解决为结果，但是遭到了川湘陆运大队的极力反对，导致了纠纷案被捅至沅陵盐务一等分局。

1942 年 12 月 29 日，沅陵一等分局派科长徐俊良、吴贤昌来保精县检校，并于 1943 年 1 月 31 日呈报湖南省第八区行政督察专员兼保安司令时讲述："开查厫厅庙前川盐接运总站，前因河水枯涸，船运困难，发动民夫，旱挑至保交斤。原以赶济民食，乃该夫运驻保负责人韩良材等，以盐亏贿弥不遂，蓄意捣乱，窃取保靖支局放置盐仓第九号秤。蒙请保靖县府取保局砝码及他未用秤枝，一再检验，封存不还。"③并附有四川省第八区酉阳、秀山区民众密呈，举报湘岸盐务大队长黄良启，"实为民间一大恶魔，国家一大祸患"④。在运盐期间，使用诡计，将河沙、石膏、包谷粉加入盐中以充数。"与船夫串弊，先将盐包起岸，再将船只至滩头放打，每每如是。由妙泉出发之盐船，约计二百余只。至沅陵，只得几十只起岸。"⑤并于"十月二四日盐载十五只，由妙泉出发，良启先行串匪，至角罗滩抢劫，嗣后与匪分赃"⑥，沅陵分局所做呈

① 《呈复保靖盐局秤码纠纷案及专署代电》（1943 年 2 月 9 日），全宗号：18，目录号：1，案卷号：91，保靖县政府档案。
② 《函请收被封砝码称及县政府代电》（1943 年 8 月 22 日），全宗号：18，目录号：1，案卷号：91，保靖县政府档案。
③ 《准代电为保靖秤码纠纷影响盐政请转饬县府发还秤码》（1943 年 1 月 31 日），全宗号：18，目录号：1，案卷号：91，保靖县政府档案。
④ 《准代电为保靖秤码纠纷影响盐政请转饬县府发还秤码》（1943 年 1 月 31 日），全宗号：18，目录号：1，案卷号：91，保靖县政府档案。
⑤ 《准代电为保靖秤码纠纷影响盐政请转饬县府发还秤码》（1943 年 1 月 31 日），全宗号：18，目录号：1，案卷号：91，保靖县政府档案。
⑥ 《准代电为保靖秤码纠纷影响盐政请转饬县府发还秤码》（1943 年 1 月 31 日），全宗号：18，目录号：1，案卷号：91，保靖县政府档案。

报，与实际检查结果并不相符，实属包庇之行为，其行为影响战时盐务，危害民众生活。1943 年 1 月 23 日，经济部全国度量衡局派检定员陶一鹤、陈作庸，来保靖县公开检校秤码。保靖县政府意识到问题的严重性，于是在 2 月 9 日，向湖南省第八区行政督察专员兼保安司令呈报时说："此次秤码纠纷，本府实以公正之立饬求乃理之彻底解决，无丝毫成见，更无所谓纵容，至陆运大队与保局有无其他纠纷，本府实未预闻。至秤码疑点，既经电请解释，仍应候复处理。"①并声称本县政府本身业务，立饬为人民利益着想，纯以公正立饬，毫无成见。

整体概观，有关秤码纠纷案，保靖县盐务支局与保靖县政府均存在问题。保靖县盐务支局在未弄清事实情况时，直接拒绝检校，成为诱发案件的关键因素。其强硬态度，直接激发与川湘盐运大队的矛盾。如若认真听取对方意见，检定秤码的准确性，而非诽谤盐运大队蓄意捣乱，事件将会得到圆满解决。同样，保靖县政府在接到驻保川湘盐运大队的请求之后，若秉持公正、公平态度检校秤码，并据实以报，而不是与保靖县盐务支局串通一气，恶意假报事件发生的真实原因，保靖秤码纠纷将得到及时解决，从而阻止事态进一步恶化。

（二）保靖秤码案的裁断

秤码纠纷案发生后，保靖县政府、沅陵盐务一等分局及全国度量衡总局，分别组织对秤码进行检校。三次裁断结果基本相同，保靖县盐务支局的秤杆确实存在公差，但二次检校的精确度、深入性却高低不等。概观总体，从保靖县政府的检定到全国度量衡局的裁断，保靖县秤码纠纷的案发经过及真相逐渐水落石出。

首先，保靖秤码纠纷案的裁断。为解决纠纷，保靖县政府于 1942 年 12 月 18 日，函请本府各法团机关第一次公开检校盐秤及砝码，除驻保陆运大队要求检定的保靖盐务支局第三号、九号秤杆外，保靖县政府还额外检校第四号、五号及洪字第五号秤杆，检定结果如下："保局砝码与本府标准砝码不合，秤杆出入超过公差甚巨，吊牌、挂钩未加固定与法规不符，当经检定会议议

---

① 《呈复保靖盐局秤码纠纷案及专署代电》（1943 年 2 月 9 日），全宗号：18，目录号：1，案卷号：91，保靖县政府档案。

决，暂为秤码封存县府后分别请示，再行解决。"①此次公开检校，证明保靖县盐务支局秤码确实存在问题，但具体问题是什么、具体原因为何，并不是完全清晰。保靖县政府以事关重大，必须请示上级再行解决为由，封存秤码。盐秤本为国家度量衡局颁发，由此一来，秤码缺失，影响越来越大。

沅陵盐务一等分局在得知此消息后，即刻派科长徐俊良、吴贤昌来保靖县复验保局秤码。第二次公开检定于1942年12月29日举行，所验结果与第一次检校无差异，但此纠纷具体因果仍未得到最终答案，事态愈演愈烈。1943年1月24日，经济部全国度量衡局派检定员陶一鹤、陈作庸来保靖县检校。出席此次检定会议人员除陶陈二检定员外，还有川湘陆运大队长韩良材、保靖县府检定员黄元权，以及保靖县政府各法团机关负责人。此次会议讨论事项：一是前两次检定结果所发生各种疑点应为何解决案；二是今后收放盐斤应如何补救案。②第三次检校会议相比之前两次，更加细致化。同时，对上两次保靖县政府检定室与沅陵盐务一等分局公开检校保靖支局砝码所有的疑问，做出解答。

关于砝码问题，检定员通过检定川东湘西各盐务局处站砝码，所得情形如下：

（1）五十市斤铜砝码均属合格；（2）一百市斤铜砝码大约大五六两不等；（3）一百五十市斤铜砝码皆大，大之数目与保靖盐务支局砝码相同；（4）沅陵盐局徐委员由沅带来之一百五十市斤铜砝码，保靖县政府检定室铁砝码一套内之（30）千克及（10）千克以下之小砝码，与本员携带之砝码相较均属合格。唯保靖县政府铁砝码一套内之（20）千克二个：一小六钱五分，一小七钱。关于保靖盐局之铜砝码四个除原奉须发之（150）市斤铜砝码（现存保靖县府内）一个较重十二两不能使用外，其余三个均出具检核合格证明书。互县府较轻之二十千克铁砝码二个，业经通知该县黄检定员，自行加铅，使准应用。③

① 《呈复保靖盐局秤码纠纷案及专署代电》（1943年2月9日），全宗号：18，目录号：1，案卷号：91，保靖县政府档案。
② 《请示保靖盐务支局封存秤码是否应予发还》（1943年4月7日），全宗号：18，目录号：1，案卷号：91，保靖县政府档案。
③ 《请示保靖盐务支局封存秤码是否应予发还》（1943年4月7日），全宗号：18，目录号：1，案卷号：91，保靖县政府档案。

以上，对砝码问题的解答十分详细，也就秤杆扬抑及吊牌、刀口、挂钩活动做了细致分析。根据度量衡器法定检校杆秤制手续，在秤杆平衡后，强制使秤杆向上或向下扬，一定要恢复到平衡状态，并规定所称之物重量同重之砝码相合，秤杆平衡之后则加以法定感量，再根据秤尾上扬下抑之程度，来观察秤枝是否灵敏。第三次检校会议也回答了保靖县政府检定室前两次公开检定保靖盐局杆秤时所记录的"秤枝扬上抑下不能恢复原状"与"新刀口扬抑不能恢复原状，旧刀口则能恢复原状"等状况出现的原因，即"新刀口扬抑不能恢复原状之原因，乃是新刀口极尖锐，在秤杆平衡时，刀口压在刀纽孔中央，如强使秤杆扬抑，则刀口偏压在刀纽孔之右和左面，而着力甚紧。故不能恢复原状，至若旧刀口已经用钝，强使秤杆扬抑，刀口虽仍偏左右而着力不紧，故能恢复原状"①。

至于吊牌、刀口以及挂钩是否应加以固定，根据当时法规并无此规定。由于保靖县盐务支局使用秤枝过于频繁，且食盐本身具有轻微腐蚀性，刀口及吊牌极容易发生毁蚀，只得随时更换，以保证秤杆灵活，否则不易确定重量是否相合。"但此项与修正度量衡法施行细则第二十九条不合，经查该条文意系谓应以坚度金属构造之非谓永久固定不可换也"②。

首先，法律规定，发生毁蚀之刀口及吊牌禁止更换。而保靖县盐务支局擅自因腐蚀更换刀口、吊牌，导致扬抑不能恢复原状，盐秤失衡。自此，保靖县秤码纠纷案的前因后果最终人白于人前。

其次，保靖秤码纠纷案的裁断结果。经第三次检校会议详细检定，保靖县秤码纠纷案终于水落石出。保靖盐务支局秤码哪些合格、哪些存在问题，以及存在问题的原因都得到最终阐明。随后，解决秤码纠纷案的办法，也得到实施。从三方面着手：一是对于合格秤码的使用。湖南省建设厅指令："应用合行检用沅陵县政府度量衡检定分所检定秤杆合格，证明书六份随电附业仰，即安为保存仍俟秤杆转到时，送由当地度量衡指定机关复检，取具证明

① 《请示保靖盐务支局封存秤码是否应予发还》(1943年4月7日)，全宗号：18，目录号：1，案卷号：91，保靖县政府档案。
② 《请示保靖盐务支局封存秤码是否应予发还》(1943年4月7日)，全宗号：18，目录号：1，案卷号：91，保靖县政府档案。

以照准确并将秤杆……到日期运回……须报局备查。"①即合格秤码开具检验合格证明书，运回即可使用。二是不合格秤码但可修复的。如保靖县政府一套 20 千克砝码两个，分别小标准砝码六钱五分与七钱，该县检定员自行加铅，至标准即可使用，其余可修复秤码修复后，经保靖县检定员检验合格，便可投入使用。关于修理的注意事项，根据湖南省度量衡局检定所公函："准此查保靖盐局秤枝纠纷一案业经建设厅指令，发还该局修理复检解决在案呈如何修理一节，自是制造商店责任，本厅未见原秤，无凭悬拟解答，惟该项秤枝既属失灵，可将刀口更换并绝对禁止使用铜钱加减秤量以符法令，倘刀口更换依然不灵，该项旧秤即应停止使用以杜流弊，准电前由相应复请查照并请转函保靖盐局查照为荷。"②表明在修复过程中不能随意加减秤量，如修复后仍不合格则须停止使用。三是不合格且不能修复的秤码，根据湖南省建设厅指令："公开查保靖盐务支局秤码既处该府当众校验超出公差甚巨，应予停止使用，仰即转知该局呈备合法新器应用为要等。"③即不合格且不能修复的秤码，应立即停止使用，再备合法新衡器应用。最终，保靖秤码纠纷案，以上述之解决办法而拉下帷幕。

（三）由保靖秤码案引发的思考

发生在保靖县的秤码纠纷案，历时一年，前后经三次会议协商后，方尘埃落定。一次因地方的秤码纠纷事件，触及了国家上层管理部门的"神经"，在全国实属典型，为此也引发一些思考。

1938 年 5 月，担任民国经济部度量衡局局长的郑礼明曾表示："所谓整个国家之实体统一，应先以经济统一为基础……然而经济之建设，在在皆须利赖度量衡以为用，如不先求度量衡之划一，则经济建设，自不能得到统一之成功。是度量衡划一，直接为经济统一之前提，间接为国家统一之基石，

---

① 《转省盐务局江代电迅速查明发还秤码办结具报》（1943 年 4 月 7 日），全宗号：18，目录号：1，案卷号：91，保靖县政府档案。

② 《准保靖盐务支局请发还秤码及省建设厅指令》（1943 年 11 月 16 日），全宗号：18，目录号：1，案卷号：91，保靖县政府档案。

③ 《据请解决封存保靖县盐务支局秤码一案》（1943 年 6 月 2 日），全宗号：18，目录号：1，案卷号：91，保靖县政府档案。

关系至为重大。"①度量衡统一之重要性，不仅可以维护国家统治，加强政府统制，也可安定物价，稳定市场，自然是利益多多。虽说是这样的，却迟迟未能在全国推广，且真正实施，直至"1941 年秋，局本部迁到北碚后，工作环境略为稳定，工作重点放在推行公制划一度量衡器具。……局领导带队视察四川、甘肃、宁夏、云南等省；检定科科长到广西、湖南、广东、江西等省视察，推动度政建设，帮助推行度量衡划一"②，才在国统区开始了此项工作。恰巧于此历史时期，发生保靖县秤码纠纷案，原本是地方性事件，却受到了来自社会各方力量的关注和介入，尤其是国家管理部门对此严重关切并采取了调控措施。由此来说，保靖县秤码纠纷案成为了全国度量衡局希望加强西南地区度量衡划一，从而逐步推向其他国统区的意愿和价值体现。也就是国家力量介入保靖县秤码纠纷案的调查，通过度量衡划一工作，确保抗战大后方的经济发展与社会稳定，这是其一。保靖县盐务支局的秤码失衡，致使食盐严重的无故缺失，这无疑是国民政府必须要及时处理的重要事件。据记载："此次以全国度量衡局之标准器校验，始知大十二两似此情形，秤放盐斤，实有大进小出之可能。仅就每一百五十斤之数，即相差十二两一点推论，则本县每月……售民盐四百余担，兴理按月应有四百余斤之损失。"③

　　理所当然的，每月损失最低四百余斤食盐，食盐的损失，直接导致盐税的减少，这是处于财政赤字的国民政府难以容忍的，这是其二。正是此两项内容，成为国民政府派工作人员介入调查的必然性选择。

　　另外，保靖盐务支局作为秤码纠纷案的当事人之一，在川湘陆运大队反映秤码问题后，反应强烈，唆使数名武警勒逼监督人员离局，在龙保运输总队杜织卿、川湘联运处交斤员高杰，携运输队保靖办事处公函及钧座令前往盐局检校时，拒绝检校。事后，一再强调此次纠纷乃运夫借端生事，盐秤历

---

① 郑礼明：《抗战时期划一度量衡之重要性》，《中国计量》2005 年第 10 期，第 47 页。
② 张烈文：《抗战时期的北碚全国度量衡局》，《中国计量》2006 年第 8 期，第 47 页。
③ 《呈复保靖盐局秤码纠纷案及专署代电》（1943 年 2 月 9 日），全宗号：18，目录号：1，案卷号：91，保靖县政府档案。

年无误，并在上报第八区行政督察专员兼保安司令时说："查该韩良材等为弥盗亏利，诱威胁已使保局，艰于应付。在地孙府，复加从容，并使日进狂妄。据报，近来交斤水湿政装，附加藤索与自加盐码混争浮报等，情事层出不穷。保局业务无法维持……民食相应，雷请查照。"①且抄密报一封，举报川湘盐运大队负责人狼毒成性，乃国家之祸患，以此说明纠纷与本局秤码无关。而保靖县政府在纠纷发生时，偏袒盐务支局，认为是盐运大队无理取闹。湖南省盐务管理局关于纠纷案评价保靖县政府时说："川盐远自数千里外运入，水陆均极艰险，人力物力及运输费用较之其他盐类难……地方政府负有协助盐务之责，似宜特别体谅，予以维护保靖政府徇承运人之请求，先入为主。虽经本机关一再根据事理往复洽商，仍坚持成见，是何原因殊难推臆。以政此案迄今仍未获得圆满解决，实觉不无遗憾。"② 也间接地指责了保靖县政府的不作为。同样，湖南省盐务管理局回电保靖县政府时说："乡保领盐反觉有益，本应毫无问题。均查川湘……夫运队自承运以来，弊多亏重。前因贿诱保局秤码伪造码单未遂，经由保局将其贿款（200）元呈缴本局，以是挟忿滋闹，该承运人原系秀山县，自本年元月七日，因他案被川省保安第八总队拘案伏法，庙保夫运已告停止。此外，苏浙皖公司承运盐斤船户刘时泉之亏斤，该船户十月三日呈，即已自承为水湿所致，亦与该局秤码无关。"③在未经调查的情况下，声援保靖县盐务支局，认为此次纠纷乃川湘盐运大队无事生非，蓄意闹事。但从最终调查结果来看，秤码确实存在较为严重的问题。由此可见，保靖县盐务支局自私自利的行为，以及保靖县政府及湖南盐务管理局的不作为，导致了事态的不断恶化。

总之，保靖秤码纠纷案之发端乃至于最终的裁断，是在继 20 世纪 30 年代之后现代中国面临异常严峻的情势下，国民政府为加强中央集权，实行政治、经济与文化统制，而该案也恰属在统制论的强大舆论与践行下裁断

① 《准代电为保靖秤码纠纷影响盐政请转饬县府发还秤码》（1943 年 1 月 31 日），全宗号：18，目录号：1，案卷号：91，保靖县政府档案。
② 《请示保靖盐务支局封存秤码是否应予发还》（1943 年 4 月 7 日），全宗号：18，目录号：1，案卷号：91，保靖县政府档案。
③ 《请示保靖盐务支局封存秤码是否应予发还》（1943 年 4 月 7 日），全宗号：18，目录号：1，案卷号：91，保靖县政府档案。

的典型案例。

就案件本身而言，该纠纷案是在现实可行的范围内，为努力实现统制经济做的实事，纵观纠纷案的始末，可以清晰地认识到在日本侵略威胁步步紧逼的严峻形势下，国民政府的中央政权控制力却较为脆弱。因此，迅速完成国内政权的统一，以便中央政权能够合理地调配资源，建设现代工业化国家，确实成为亟须解决的关键性问题，而加强中央集权则是对统制论的核心体现。

葛兰西在谈及中央集权至上论时指出："对某些社会集团而言，由于它们步入自主的国家生活之前，各自的文化和道德没有经历相对的独立发展，中央集权至上的阶段的确是必要而恰当的。而这里的'中央集权至上'就是普通的'国家生活'形式，或者至少是开始步入自主的国家生活形式，或者开始创造'市民社会'的形式。而在步入自主的国家生活之前，'市民社会'在历史上不可能存在。"①就 20 世纪 30 年代和 40 年代初期的中国政治和社会现状而言，由于众多的社会集团分立，自然也未能有效地步入国家生活形式，国家建设也远没有完成，因此葛兰西所谈的国家生活形式显然在当时只能是空中楼阁，属于一种愿景。虽说如此，统制论也就是加强中央集权，对国民政府来说，借助政治权力的集中进而来努力创造出国家生活形式，成为一种自觉，当然其间裹挟着诸多的艰难与无奈。但不管怎么说，统制也使加强中央集权在某种程度上具有了历史的合理性，毕竟统一全国度量衡是统制经济的基础，同理，统制经济亦是实现政权统一的重要保障。如何让如此关系中的双方，不能任由其中一方的缺场与失语，而导致对另一方的致命性冲击与毁坏，成为国民政府在特定的历史语境中努力回避，却又不得不时刻面对的艰难处境之所在。

三、济销各岸及面临的困境

（一）运销滇岸

据民国二十七年（1938 年）十二月二十二日的档案材料显示：原本滇岸存盐较多，川盐由于要济销湘、黔等省份，销往滇岸的盐斤逐渐减少。"滇东

---

① （意）安东尼奥·葛兰西著，曹雷雨、姜丽、张跣译：《狱中杂记》，开封：河南大学出版社，2014 年，第 350—351 页。

之永岸积盐甚多，当由该岸匀出三十俌下运济销湘鄂，并拟次第减配滇东销额，俾可腾出川盐移销豫皖，嗣以时局转变，济湘办法亦复奉令停止，即遵照迭令督催永岸运商赶运大批盐俌至永，以便转往黔西备销"①。

但是，随着战争形势的恶化，大后方的人口迅速增加，食盐倾销地顿时紧张起来，其中的滇岸情况亦然。滇地盐斤，出现了供不应求的局面。据滇岸销商联合办事处称："本年时运变迁，本岸销市日形畅旺，叠准贵分处函电催运，并请设法加运，无如通知以来，各岸运销有定，而在场仓灶又无额外积盐可买，加购固不可能，匀拨亦难办到。现在十一月份额盐，业已运毕，提前赶运，尚觉供不应求，一旦场有减产，运难足额。"②

尽管滇岸请求加运，但是由于各地需求上涨、煤炭短缺，滇岸增加运额的要求并不能真正满足。"窃查滇岸需盐济销，诚属切急。而职场于十二月恢复上运，且因近来短产缺盐，该岸销商所请加配之五十引，实苦无法挹注。兹据运商办事处呈复滇岸盐荒，请以他岸额盐移拨，救济前来，查各岸均需兼顾。此层亦难办到，目前调整之法，惟有将该岸配销府南雅之二十引，于本月内暂不上运，准留该岸济销"③。

（二）济销鄂湘诸省

国民政府实行统销以来，西南大后方盐业发展较为繁荣和稳定。但是，随着前线人口大量流向内地，增加了西南各省对于食盐的需求，各岸逐渐出现供不应求的趋势。

> 查府岸销商，经前陈委员，详为策划，竭力整饬。自六月份起，实行统销，各县设店，平价便民。数月以来，颇著成效。且因取缔操纵，盐价低廉，人民乐购，销额大增。计七月份实销乐盐二百七十引、八月份实销二百五十引、九月份实销二百零六引，平均每月销盐，已超出定额（一百九十引）二十六引。加以近来前方抗战，明令疏散人口，府岸各地，人口逐增。十月以后，将届旺月，销盐势必更多。从前所储足供

<hr>

① 《四川盐务管理局、五通桥盐务管理分局关于川盐济销鄂豫皖湘诸的呈、训令、指令、代电》（1938 年），全宗号：4，目录号：3，案卷号：66，乐山市五通桥区档案馆藏。

② 《四川盐务管理局、五通桥盐务管理分局关于川盐济销鄂豫皖湘诸的呈、训令、指令、代电》（1938 年），全宗号：4，目录号：3，案卷号：66，乐山市五通桥区档案馆藏。

③ 《四川盐务管理局、五通桥盐务管理分局关于滇岸盐斤运销情形的指令、呈、代电》（1938 年），全宗号：4，目录号：3，案卷号：75，乐山市五通桥区档案馆藏。

一个半月之岸盐（二百余引），今已逐渐减少，现存岸盐仅一百引左右。经职审查供求状况，实有加配引额之必要①。

平常因人口激增造成的食盐需求量上升现象，已经十分突出，又值冬季临近，年节期间这种情况更加显著。雅安销商联营业处于十一月十六日呈称："呈请增加引额以济民食事。窃查每年旧历之九、十，冬腊四个月，素为销场畅旺之时。近因疏散至雅属各县人口，不下数万，以致食盐之销量骤增。除职处运到之盐，已概行发给各分处所存无多外，而天芦、荥、汉、泸定，及草坝永和祥等，皆函电纷来请求加运，特此据情呈报钧处"②。由于雅安府各县及周边，每到冬季，需求的盐量往往是平时的一倍以上，又加之人口的不断涌入，所以呈请能每月增加十引，以此来满足民众食盐的现实需要。

川盐原销区，包括川省、黔省以及鄂西、湘西与陕南等地，销量为三百六十一万九千担，原有产量敷销有余。至1938年8月26日始，另有川盐济销区，盐量需求情况如表3-11所示：

表 3-11 川盐济销区需盐情况调查表③

地点	需求情况
鄂岸	查鄂岸原销淮精盐半年为九十六万二千担
河南	查豫省原销四网盐斤年共二百四十二万一千担，现据豫处报称每月需盐十万担半年共六十万担
湘岸	该区除以粤盐济销外，半年尚不足十五万担左右，拟以川盐每月接济二万五千担
皖西	皖省府前电请拨盐七万担，本年下半年拟即照数拨济，以增产川盐济销上列各区勉可敷销

（三）供应边区盐斤

边民原本的食盐来源主要是盐商。但是，由于国民政府实行统销，再加上战时食盐紧缺，边地的食盐来源不足，边民只能将希望寄托在边区的垦殖公司上。垦殖公司为了避免发生冲突，请求加配额盐，国民政府为了维持边地的和平和统治的稳定，也尽量满足边民对于食盐的需求。根据当时荒地的实际分布情况，政府将垦地分为九大垦区，此次调查的重点地区雷马屏峨沐

① 《四川盐务管理局、五通桥盐务管理分局关于川盐济销鄂豫皖湘诸的呈、训令、指令、代电》（1938年），全宗号：4，目录号：3，案卷号：66，乐山市五通桥区档案馆藏。
② 《四川盐务管理局、五通桥盐务管理分局关于川盐济销鄂豫皖湘诸的呈、训令、指令、代电》（1938年），全宗号：4，目录号：3，案卷号：66，乐山市五通桥区档案馆藏。
③ 《四川盐务管理局、五通桥盐务管理分局关于川盐济销鄂豫皖湘诸的呈、训令、指令、代电》（1938年），全宗号：4，目录号：3，案卷号：66，乐山市五通桥区档案馆藏。

（雷波、马边、屏山、峨边、沐川五县）垦区是其中的第四垦区。在民国时期，政府对于食盐的管理十分严格。尤其在边区开垦荒地的地区，这主要是因为当时的垦务区情况比较复杂，政府难以管理，所以不得不严格管控食盐的配发。战争导致外省难民陆续流入雷马屏峨沐垦区，越来越多的人加入垦民的队伍。在垦区就形成了垦民、边民以及汉人这三个人群分支。三个人群分支的人数在不断变化，这给当时食盐的配发带来了困难。因为当时的食盐配发量，是根据各垦区的具体人数而定的，上级垦务管理人员会根据当地垦社上报的垦区人数，来配发垦区该月的食盐量。人数变动使得垦区人数统计的难度增大，为垦区配发食盐的工作难度也就随之加大。

　　政府考虑到配盐情况的复杂程度，制定了一套严格的配盐措施。在雷马屏峨沐垦区的各食盐供应社，将本社人口统计后详报给上级同时，根据自己垦殖社所掌握的人口数据，来计算出所需要的食盐量，然后在申请书中，向上级请拨食盐，垦务管理局酌情做出配盐批示。为防止发生食盐供应社将人口以少报多的情况，垦务管理局也会对各垦社人口进行核查。食盐供应社的食盐代领人在代领食盐时，还需将自己的姓名、年龄等信息登记备查。在办理领盐手续时，对于缺乏手续等违规情况的，垦务管理局也会采取相应的举措予以惩罚。对于情节严重的，例如未把人口数目、设店地点等信息进行具报的，可以拒绝配发当月食盐。

　　垦区的人口数量是食盐配发最可靠的依据，这也是垦务管理局一再要求各垦社上报人口数据的原因。据《五通桥盐务分局、犍为盐场署关于雷马屏峨沐边区垦殖社食盐供应事项的呈、公函、训令、指令》中的材料反映的情况，大同垦殖公司有垦民四千三百二十人。在请示上级雷马屏峨垦务管理局配发食盐后，管理局对该公司人口进行核对，并以此项数目为准，核定该公司领盐额为四十三担。雪山口示范垦场接近边区，所有边民所用食盐，本由附近商民供给，但由于统制的实行，边民对食盐的获得相比于以前更加困难，食盐购买相当不易，食盐在该区出现了供不应求的情形。因此，附近地区边民纷纷向该垦场请求购买食盐，情势迫切以致垦场无法应付，但若不设法应付，一旦盐荒发生会出现意外情况影响到垦区治安，最终影响到垦务的正常进行。按规定，该月配发食盐五千斤，但是根据调查所知，该地区的边民人口应在一万人以上，原先请拨的五千斤是不足以分配的，只是能够勉强应付而已。所以，此次申请配拨食盐一万一千斤，以应人数变化的需要。在该种情况下，盐不仅仅是解决民食，它更是关涉垦务的正常运行。

供盐量还会因季节的更替而发生变化。在夏季来临之前，各垦社大多都在六月份请拨食盐的申请中，请求提前配发七、八两月的食盐，并声明因边江洪水横流，洪期无法运盐，为了保持对边民食盐的供给不中断，所以需要上级提前配发。由于该地区运盐需要走水运，考虑到冬季河流水位低，运盐困难，各食盐供应社也会在冬季来临前，尽早做好相应准备，提前向上级请求配发冬季所需食盐，以防因食盐的短缺，影响边民的正常生活水平，以及正常垦务运行的进度。

政府除在垦区设立边民食盐供应社外，还承认了商人开办食盐公卖店的合法性。根据档案资料显示，在垦区设立公卖店的条件、规定及惩罚等，同于其他地区，即开办食盐公卖店，仍需要按额领盐向边民销售，不能有抬价、转售等不法行为；公卖店的负责人遵守政府规定的各项盐务法规；开办人须为正当商人，并且有相当充足的资本。

在四川省的边区，不论是采取按额配发食盐来满足边区人民的食盐需求，还是允许开设食盐公卖店，都较好地满足了边民对食盐的需求，既稳定了边区，也加快了垦区垦荒种粮任务的进展。《五通桥盐务分局、犍为盐场署关于雷马屏峨沐边区垦殖社食盐供应事项的呈、公函、训令、指令》记载了本局雪口山示范垦场主任张泽镕的签呈称：

> 本示范垦场自本年一月开办以来，垦民日渐增加，垦地愈形推广，最近发生盐荒问题，情形至为严重。缘垦民所用食盐，前系由盐商手中购来，近突不能买得食盐，垦民已经淡食，如不能设法救济，势将难以维持。又本场垦地大部分，系夷汉交界之地，夷民缘要求以接济食盐为条件。近因无盐供应之故，夷民恐慌，要挟毕至，如不设法救济，势必发生骚扰。综计，此方面垦民与夷民人数，共有一万五千多人，每月需要食盐一万五千斤始能供应，理合呈请，钧局迅速转请盐务机关，按月配发食盐一万五千斤，以资救济而维持垦务。①

本着如不设法统筹分配，恐发盐荒，会影响垦区治安，妨碍垦殖进行，

---

① 《五通桥盐务分局、犍为场署关于雷马屏峨沐边区垦殖社食盐供应事项的呈、公函、训令、指令》（1944年），全宗号：4，目录号：3，案卷号：1076，乐山市五通桥区档案馆藏。

盐务机关同意转拨食盐以便接济便民。加引拨给食盐，也是便于限制流弊滋多现象，实乃厉行统制的必要。这也就是五通桥分局同意加拨食盐的主要原因。

雷马屏峨沐边地需盐和运输安排情况，见表 3-12 所示：

表 3-12　中国边疆建设协进会雷马屏峨沐分会边民食盐供应社供应区一览表[①]

垦区名称	供应人数	设店地点	运销情形
中国征属垦殖农场	12 532 人	峨边土贯坪分社	由岷江沿铜河转运土贯坪设店地点供应该场各垦民
中国殖边垦社	13 675 人	峨边红花溪分社	由岷江沿乐西路转沙坪运往红花溪设店地点供应该社各垦民
丽泽垦殖社	11 347 人	峨边盐井溪分社	由岷江沿乐西路金口河转寿永坝运往盐井溪设店地点供应该社各垦民
百吉农场	8952 人	马边土地坡沫川分社	由岷江沿铜河转观慈寺朝天马运往土地坡设店地点供应该场各垦民
合计	46 506 人		

由于垦社无盐供应，使得边民感到恐慌，甚至发生了多次要挟的情况，如不再想办法救济，定会发生骚扰，经垦社上报后，上级迅速转请盐务机关按月配发食盐一万五千斤，以资救济而维持垦务。由此可以看出，由上级根据垦区人数统一配发食盐的方式，不仅有效地解决了食盐在边区合理化分配问题，避免了不必要的纠纷，而且为垦荒种粮的垦民们提供了一个稳定的食盐供应线。

但是，从上述边区实施的配盐措施来看，其中也不可避免地存在一些弊病。雷马屏峨沐垦区位于大凉山区，山路崎岖，受地理条件的限制，导致了运盐任务十分艰巨且困难重重。

雷马屏峨沐分会地区的食盐供应社，都处在远离交通发达的低山丘陵地带，所管辖的食盐供应社分布不集中，离垦区的主干交通线较远。据《五通桥盐务分局、犍为盐场署关于雷马屏峨沐边区垦殖社食盐供应事项的呈、公函、训令、指令》档案记载，土贯坪社、红花溪社、盐井溪社、土地坡社，都位于马河流域和铜河流域的相交地带。要想将盐运达这几个食盐供应社，

---

① 《五通桥盐务分局、犍为场署关于雷马屏峨沐边区垦殖社食盐供应事项的呈、公函、训令、指令》（1944 年），全宗号：4，目录号：3，案卷号：1076，乐山市五通桥区档案馆藏。

多数需要水运和陆运的配合，路线复杂，水路和陆路的运输条件都较差。据
档案资料显示，若要将盐成功运抵土贯坪社，需将盐由岷江沿铜河，由船运
达相应的转运点后，再由陆路运输，将盐运抵土贯坪设店地点，再将食盐分
发给垦民。如要将盐运达红花溪社，也需要由岷江沿乐西路金口河，到达水
陆运输转运点后，再由陆路运输将盐运往寿永坝，又由寿永坝再转运，至最
终地点红花溪食盐供应社。百吉农场的设店地点在土地坡，这是路途较远的
一个供应社，而且转运次数也随着距离而增加，同样需要由岷江沿铜河走水
路将盐运至中转地，然后转观惠寺朝天马运往土地坡分社。虽说岷江在运盐
路线中发挥着不可替代的作用，可水运的方式也有很大的限制，水运途中存
在很多急湍险流，每次运盐都需要足够的人数来确保安全，既要应对自然条
件的考验，又要防止人为偷窃等事的发生。运盐团队不仅要求有足够的人数，
更重要的是要有足够的经验，才能应对运盐路上的各种突发状况，安全的将
盐运达目的地。

　　总之，不得不承认，运盐尤其是船运，是一项存在诸多风险的任务。水
运的方式还受到季节限制，且夏冬两季尤为困难。在夏季的七八月份，河流
处于洪期，河水暴涨，船队无法运行，运盐也就更不可能完成。冬季河流水
量减少，达不到船只航行的条件。雷马屏峨沐垦区面积较大，地域辽阔，山
路崎岖，各供应社之间交通实为不便，运盐速度缓慢，直接的结果是，按月
请拨食盐信息的传递，在食盐供应社与垦务管理局之间的来回耗时太长。在
食盐急需的时期，这种请拨方式效率太低，并且请拨食盐的手续较多，请拨
食盐需要详报人口与设店地点，运盐也需要专门的运单，运单随盐是固定程
序不得改变，但是垦社若等到运单运抵需要一月左右，运盐任务就非逾期不
可。若遇紧急情况需要上级拨盐救济，这种配发方式就难以解决当务之急。
由于运盐沿途无人监管，所以出现了领盐后未能运达指定地点的情况，运输
途中常有人中途转卖，或者囤积、操纵等不法之事发生，这都使得运盐一事
变得烦琐而又漫长。对于雷马屏峨沐垦区这种偏远地区来说，运输路途遥远，
转运次数多，因此所需运输人员多，运输费用昂贵。长途运输最难以避免的
就是盐量的损失。在当时物资匮乏的情况下，运输途中损失的每一克盐量，
都是边区人民最需要的。

（四）川盐济销各省的困境

川盐外运主要是通过长江及各支流为主的水路运输，陆路运输作为辅助。在漫长的运输过程中，难免遇到各种各样的困难与阻碍，这些困难和阻碍一方面是由气候、水文等自然原因造成的；另一方面强拉盐运力夫，私自进行河下交易等人为因素，也给盐斤顺利到达目的地造成了巨大的困难。

西南地区河流较多，水量大，水能资源丰富，汛期较长，每逢雨季洪水泛滥，难以正常航运，对以水运为主的盐运，带来了巨大的困难。针对这一情状，提前安排好食盐的运输显得尤为重要，"窃查上雅河滩险流急，洪水期间船筏均必停航，故上雅河每年均须于洪水期前，将洪水期间销售之盐赶运完竣，以维销食"①。

对此，康雅盐务支局长拟定了赶运办法：上雅各县的情况是销市平稳，略现疲滞。每月平均约须盐五十引，方敷销售。目前，官仓存盐有九十余引。现售上年十一月份额盐，收本年一月份额盐。照目前销市与存盐估计，如照常运销官仓存盐，足敷两月之需。洪水盐须储足七月、八月、九月三个月之盐一百五十引。即截至六月底止，仓存盐斤应有一百五十引。"截至六月份止，可能运清四月份之额盐，销至二月份之额盐，仓存三、四两月份之额盐一百引，在五、六两月份之间，须赶运洪水盐五十引，以供洪水期间之销售，即须将五月份之额盐，于六月底以前全数运抵雅安；拟请转饬乐署，饬商于四月底以前，将二月份之额盐全数发运完竣。自五月一日起，即开始赶运三、四、五月三个月之额盐，在六月底以前，务须将五月份之额盐全数运清，以备销售，以免弯缺；运商资金如有不敷应如何筹措，请饬其先期筹备，如须借款，雅央行已允办理押借，应请转饬事先筹备，以免耽延时间有误赶运，惟关于押借款项之利息及保费等问题"②，最终商定电请上级部门来裁定。

河水枯涸，也会阻碍盐斤运输。"目前水枯运输困难，复加沿途估拉船夫阻碍重重，如不源源接济，一旦滞运脱销，影响所及殊难想象，为特电恳饬

① 《川康盐务管理局、五通桥盐务分局关于府南雅岸盐引赶运移济事项的呈、训令、指令、代电》（1943年），全宗号：4，目录号：3，案卷号：833，乐山市五通桥区档案馆藏。
② 《川康盐务管理局、五通桥盐务分局关于府南雅岸盐引赶运移济事项的呈、训令、指令、代电》（1943年），全宗号：4，目录号：3，案卷号：833，乐山市五通桥区档案馆藏。

商限期星夜赶运，并须派警押韵以策安全"①。

面对水枯的情况，盐务部门也做出了及时调整，因水枯运难，请将府盐运南收仓，再由南运府济销等情。"查所请改道运输一节，似属切要。惟目前仓存盐斤，仅三十余引差敷本月销市，除饬该商将在途盐引，派员沿途搜索，赶运到岸济销外，理合抄呈乐运分处原件，电请钧局转饬乐运总处，务于五月初赶运一百引到岸。否则，即请急电管理局，请暂以井盐用汽车运蓉济急，以免脱销形成盐荒，影响现政"②。

盐运过程中对人力的需求量较大，并且对人力资源的质量要求较高，青壮年人力资源的流弊会给盐运造成巨大的阻碍。尤其在抗日战争的特殊时期，盐斤外销是用以保障民生，增加政府收入，维护后方稳定的特殊途径，要想保证盐斤的运量和运速，防止力夫流弊就不得不重视。据滇岸销商办事处称："已通知各市县政府，转饬各区保甲人员，不得强拉贩运盐斤力夫。"③

除通知保甲人员以外，还制作标识加以区分盐运力夫，双管齐下对盐运力夫进行有效的管理，"本处以本岸销区辽远，运盐力夫所在皆有拟制标识，纷发各处运盐力夫佩用，以资识别"④。通令各县不得强拉力夫，但运盐力夫，必有标识，始足以便区分，而免假冒。于是，拟具制用盐运力夫证办法：

> 特制盐运力夫证，发给各号，转发力夫配用以资识别在案；此项运盐力夫证，用白布印制编号，加盖本处图记，并检证三份，赉呈宜宾盐务监运处备查，并请转呈五通桥分局，转函本岸各市县政府查照；各号需用力夫证若干，由各号经理具条请领，领证份数与号数，由本处登记，以备查考；各号领用力夫证，俟盐运到销时，应即缴回，不得长存力夫之手，以杜流弊；各号领用力夫证，如有损坏或遗失时，应于三日至五

---

① 《川康盐务管理局、五通桥盐务分局关于府南雅岸盐引赶运移济事项的呈、训令、指令、代电》（1943年），全宗号：4，目录号：3，案卷号：833，乐山市五通桥区档案馆藏。

② 《川康盐务管理局、五通桥盐务分局关于府南雅岸盐引赶运移济事项的呈、训令、指令、代电》（1943年），全宗号：4，目录号：3，案卷号：833，乐山市五通桥区档案馆藏。

③ 《四川盐务管理局、五通桥盐务管理分局关于滇岸盐斤运销情况的呈、训令、指令》（1938年），全宗号：4，目录号：3，案卷号：76，乐山市五通桥区档案馆藏。

④ 《四川盐务管理局、五通桥盐务管理分局关于滇岸盐斤运销情况的呈、训令、指令》（1938年），全宗号：4，目录号：3，案卷号：76，乐山市五通桥区档案馆藏。

日内，将失证号数报请本处核销，并由本处呈请监运处备案。①

川盐外运除上述之困境外，还有"永岸八关盐俩因济湘原因迟迟未运，积存公仓三月之久，每引场价五百二十五元以月息一分五厘计算，子金亏折每引共二十三元六角二分，每担应增搁压子金二角三分"②。

由于船只数量有限，军运刻不容缓，食盐关乎民生也是至关重要，这就造成了军运与民生之间的矛盾，"有渝至宜昌或由渝直达汉口均由轮运，曾奉淮民生公司船只除军运外以三分之二以上之吨位装盐，最多每月可运二百俩，惟近数月来因四川出兵，军运繁急，运盐大受影响"③。

此外，据现在水运途程由冠英场起运，经杜家场验卡，直达嘉定苏稽销售，间亦有少数牟利奸商，转运引区，因价之高低，环境之变迁，所有销售数目，实难确计。"查票税轻于引税者，系国家体恤肩挑小贩之至意。故陆运票面最多斤数限于百二十斤为一单位，是以引票岸别，区分綦严。如果票盐大批水运，与规定不符，有失体恤贫苦小贩之旨，如不及时整顿，徒使公家蒙受损失，无补于贫苦小贩也。且一船装盐数十担，而运票奇零，查改既感困难，夹私既所难免，所有此项水运票盐，似应仿照射鸿场水运票盐办法，科以引税，藉便管理，而重国课"④。

甚至盐斤在途流失不可避免，由此造成的亏损，是船户和销商产生矛盾和纠纷的一大原因。为保证盐斤运销的顺利进行，盐务机关对此也做了详细的规定："盐斤出仓在途流折，局令规定每担二斤应行核入价内，以免销商拒绝，船户亏累。按十三元折算每担应增二角六分。"⑤

由于盐斤场价不同，行销各岸时要针对各岸岸价进行调整，使运商免于亏损，据永岸组函称：本岸所购八关盐俩，匀济湘西，其运盐成本与涪岸犍

① 《四川盐务管理局、五通桥盐务管理分局关于滇岸盐斤运销情况的呈、训令、指令》（1938 年），全宗号：4，目录号：3，案卷号：76，乐山市五通桥区档案馆藏。
② 《四川盐务管理局、五通桥盐务管理分局关于川盐济销鄂豫皖湘诸的呈、训令、指令、代电》（1938 年），全宗号：4，目录号：3，案卷号：66，乐山市五通桥区档案馆藏。
③ 《四川盐务管理局、五通桥盐务管理分局关于川盐济销鄂豫皖湘诸的呈、训令、指令、代电》（1938 年），全宗号：4，目录号：3，案卷号：66，乐山市五通桥区档案馆藏。
④ 《四川盐务管理局、五通桥盐务管理分局关于府南雅计岸运销章则的训令、指令、呈》（1938 年），全宗号：4，目录号：3，案卷号：81，乐山市五通桥区档案馆藏。
⑤ 《四川盐务管理局、五通桥盐务管理分局关于川盐济销鄂豫皖湘诸的呈、训令、指令、代电》（1938 年），全宗号：4，目录号：3，案卷号：66，乐山市五通桥区档案馆藏。

盐岸价略有不同。所以，"税款项下应增新征之保育院经费，每担一角。涪岸系销午关所购犍场青盐，当时场价为四百八十元，而永岸此次济湘系运八关所购上白盐，每引价为五百二十五元，场价项下应征每担四角五分"①。

　　比较突出的事件，当属地方民众因盐务部门组织缉私而导致利益受损，于是伙同地方流痞与盐警产生冲突，甚至升级为恶性的打架斗殴事件。整个事件的起因，是驻防门大查缉队查缉了私盐五担，来人请求发还未遂，对此怀恨之心愈久，但无从发泄。正逢驻防门大查缉队奉令移防门坎山，于是，地方无赖湖伯良等，竟伙同流痞四五十人，"于本月九日午间，沿街示威，谩骂不休，盐警杨文德出而质问，该无赖等竟拳脚交加，将该杨文德全身殴伤，气息奄奄。于本日，职由城反门得悉此耗，即往理落，殊该无赖等仍出言不逊，未得结果。职以调防在即，当返大水湾收拾行装，乃该无赖等愈益猖獗，反变本加厉，聚集于营门口辱骂，似有非扫尽盐警威信，以期示威于接防部队，少数盐警忍无可忍遂出而质问，该流痞即拳足交加时，该警等匿赴营内，以避其锋。职正赴大途中，闻讯后，恐扩其他变故，当即返门调处是非。甫至街心，竟被多数威胁，并以百端侮辱谩骂。同时，将职扣留于小蓬莱茶园，集众职为该等人多向伊要求，请乡长到场评论。至深夜二更时许，该乡长陈叔武始行来场，正商谈间，而该流民不由分说，胁迫苛求讹索失款"②。盐务部门在了解情况后，即刻派员前往井仁场署，除转电桥分局，并一面与井研县政府洽商调处办法，最终的处理办法是："除由县政府查饬，乡保甲长凯于民众，应本军民合作之旨精诚合作，及与本署各拨国币二万元，交由乡公所及场务所，会同按兵民受伤轻重，发给自行医调，并呈报及会衔布告外，合行令仰该部转饬新防十三队，务必约束士警、严明军纪为要等因，转饬遵照！"③从事件的处理结果来看，井仁场署和井研县政府本着维护地方稳定，军民团结的主张，对贩卖私盐一事进行了淡化。

---

① 《四川盐务管理局、五通桥盐务管理分局关于川盐济销鄂豫皖湘诸的呈、训令、指令、代电》（1938 年），全宗号：4，目录号：3，案卷号：66，乐山市五通桥区档案馆藏。

② 《川康盐务管理局、五通桥盐务分局关于盐警与地方流痞纠纷经过情形的训令、指令、呈》（1946 年），全宗号：4，目录号：2，案卷号：2128，乐山市五通桥区档案馆藏。

③ 《川康盐务管理局、五通桥盐务分局关于盐警与地方流痞纠纷经过情形的训令、指令、呈》（1946 年），全宗号：4，目录号：2，案卷号：2128，乐山市五通桥区档案馆藏。

从一定意义上来说，大规模的川盐济销外省，不仅牵扯了川盐的生产和销售之各个机构与人员，也牵动了西南地区与中部地区之间的物资流动与社会交往，其间因战时条件所限，也因特殊时局影响，难免频发各种各样的纠纷与矛盾，在川盐外销过程中引发各方势力的冲突。总而言之，盐运部门与机构在频频的事件中，提出且实施了一些力所能及的措施与办法，以解决燃眉之急，如此以求保证济销任务的顺利完成。

第四节　解决纠纷组织：业缘关系的调处机制

透视川盐的产销纠纷案，随处可见介于地方与国家、生产者与管理者之间的纠纷解决机构即盐业同业公会、场署纠纷调解委员会等组织活动的身影。在川盐的生产与运销过程中，各环节的行为主体之间都或多或少存在着矛盾与纠纷，鉴于此，各产销主体组织了诸如商业同业公会、井灶纠纷调解委员会、场商办事务组织调解委员会、自流井场盐业工会等专门组织，作为申诉机构来解决相关的纠纷问题，解决纠纷组织自此应运而生。它是盐业产销过程中的特殊产物，通过其特定的解纷程序，有效调解了纠纷双方，在一定程度上起到了维护各主体间利益的作用，为维护盐业产销的正常运行，发挥了力所能及的作用。虽说如此，却因该社会组织于特定历史阶段，受国民政府当局的管控与统制的现实所限，对解决川盐产销中引发的社会深层矛盾只能望洋兴叹。

一、各纠纷案中出现的解决纠纷组织

在各类各级纠纷案中，涉及了解决纠纷的一些组织机构，见表 3-13 所示：

表 3-13　纠纷案中涉及解决纠纷的相应组织机构

解决纠纷组织机构	所属案件或档案
詹王会	炊事支部与篾席职工会"詹王会"纠纷案
篾席职工会	
贡东段运盐板车支部	贡东段运盐板车支部筹备会与运盐分会板车支部纠纷案
四川省自流井场盐业公会指导委员会	
川康区盐业公会指导委员会	
川康盐务管理局	

续表

解纷组织机构	所属案件或档案
犍为场盐业工会	犍乐两场盐工与王村乡公所间兵役纠纷案
三台西充盐场公署	灶民王之元、贺玉之互控纠纷案； 李大钧诉邓纯良等夺推帮井案； 井主王同与地主唐傅如灶伙友间纠纷案
河边盐场公署	为陈明以后处理井灶纠纷暨私盐违章案件办法仰祈鉴核示遵由
井灶纠纷调解委员会	
场商办事务组织调解委员会	
川北盐务管理局	游缉小潼场私盐发生纠纷案
川北区绵阳盐场公署	缉获李其正私盐案
川东盐务管理局	万县秦禹皋等私熬组织耗盐公司案
川康区自贡场引盐运输工会运盐板车支部	永丰车行与杠运支部工人工资纠纷案
川康区自贡场引盐运输工会杠运支部	
南阆盐场公署	缉获私盐途中抢劫缉私纠纷案件
盐亭场署	处理账外售盐办法
盐工指导委员会	盐工请予增给薪津矜恤书
四川旅黔同乡会	王绍林为四级蔡炳弟兄二人为兴姚和生口角被蔡式弟兄殴重伤毙死一案
綦江县东溪镇盐商业同业公会	东溪镇盐业工会关于组织章程，当选委员、会员名册，人民团体组织整理总报告表的呈
綦江县盐业同业公会	綦江县盐业同业公会、县镇府关于制止运商贪行上的呈
遵义县板车运输商业同业公会	遵义盐务分局、綦边分处、排军乡等关于调整盐额数，整编运盐力伕暂行办法，涉讼卖堤店等公函、申请书等

由上可知，解决纠纷组织主要有同乡会、同业公会与盐场的管理部门等，这些组织除了维护自身团体的利益之外，又各自在调节与其他群体之间纠纷与矛盾中发挥作用。其中的同业公会（图3-1）尤为值得重视。

图 3-1　犍为县五通桥盐场运输船筏业职业工会成立纪念照

在具体处理与调解纠纷时，同业公会不仅由于业缘性特点，还由于得到了盐务管理部门的承认，在整个四川盐业产销组织体系中，占据相当比重（表 3-14），因此，首当其冲地在调解利益双方矛盾的过程中发挥着重要的作用。

表 3-14　四川省各县同业公会统计（1937 年 12 月）①　　　　（单位：个）

县别	同业公会		县别	同业公会		县别	同业公会	
	公会数	会员数		公会数	会员数		公会数	会员数
总计	628		铜梁	36	521	开县	12	312
成都市	108	13 219	眉山	3	46	巫山	7	109
重庆市	14	1007	青神	7	188	大竹	19	835
自贡市	21	2421	乐山	1	312	渠县	8	588
新津	15	461	屏山	1	14	长寿	13	168
新都	27	756	犍为	18	564	南充	9	330
资中	20	887	南溪	4	175	武胜	20	1266
资阳	2	75	庆符	4	150	安岳	16	642

① 四川省档案局（馆）：《抗战时期的四川——档案史料汇编》下册，重庆：重庆出版社，2014 年，第 1478 页。

续表

县别	同业公会		县别	同业公会		县别	同业公会	
	公会数	会员数		公会数	会员数		公会数	会员数
内江	27	1401	泸县	1	37	潼南	8	306
荣县	25	699	叙永	15	399	乐至	6	不知
威远	19	2967	合江	12	502	什邡	1	34
江津	14	459	古宋	17	361	金堂	4	568
合川	6	239	涪陵	16	635	广元	9	287
荣昌	24	1084	丰都	10	185	阆中	2	89
璧山	6	125	奉节	2	173	昭化	1	57
宣汉	2	39	开江	3	254	达县	13	562

另外，在川盐产销运链条里形成的解决纠纷组织中，最为特殊的，应当是川康盐务管理局直接促成的茶社俱乐部。之所以这样说，主要是因茶社俱乐部的主要成员同时也为盐场的盐工。在大足县盐场的组织简则里，就有"会员即盐工职员与工友"的规定。并且茶社俱乐部是"不以营利为目的"，茶社俱乐部经营所需费用，由国民政府和各盐场负担，意在增加盐工福利。"查盐工终日工作易感疲惫，若继以正当娱乐，不惟有裨身心且能增加工作效率，以是盐工俱乐部实有创办之必要"[①]。但同时，茶社俱乐部也承担着部分的解决纠纷功能。川康盐务管理局之所以依托茶社俱乐部来为盐工增加福利，不仅有增产增量的目的，还有为实现增产增量尽可能地消弭盐场、盐务机关与盐工之间的矛盾，使之在俱乐部内部得以化解与转移，避免发展成恶性事件，最终将盐工的自身利益与盐场的利益，以及国家利益等紧密相连。由此来说，茶社俱乐部是川盐得以稳定生产、增产的必不可少的因素。

二、解决纠纷组织的日常表现

川盐生产、运销环节之所以比较稳定，在一定意义上讲，要归功于各盐商同业公会、场署调解委员会等解决纠纷组织的成立。相关解纷组织以内部规劝调解、开会商议的方式，解决盐工、灶商、运商、盐警等各利益方的争议，以此整体上保证了川盐外销的畅行。但是也应看到，由于此类解决纠纷

---

① 《自贡两场运盐工会盐工福利娱乐等》，全宗号：3，目录号：3，案卷号：267，自贡市档案馆藏。

组织属于特定历史条件下的产物，自身条件和能力有限，无法从根本上解决利益各方的矛盾与冲突，无奈之下，只得将矛盾上移，寄希望于借助司法仲裁决议的方式来解决争端。

（一）内部规劝调解

规劝调解是民国时期盐场解决纠纷的主要方式。通过组织或派遣纠纷事件双方以外较有威信力的政府官员、工会干部等，对纠纷双方进行疏导、劝说，促使双方进行协商、相互谅解，自愿达成协议，以达到化解矛盾、解决纠纷的目的，且向有关机关部门备案。

在自贡井场运盐板车支部与板车支部发生争执①这一事件里，自贡市所属板车支部干事王和林率领上百名工人，蜂拥至周勋涛所组织的贡东段运盐板车支部，撕毁其登记长条，并欲与之进行武力抗衡，最后经过当地保长罗尚之劝解才免衍生他事。另据三台西充盐场公署呈报对灶民互控纠纷处理情形②所记：佃户王之元与佃主贺玉之间发生的灶民互控纠纷案，是因佃户王之元不交灶籍及许可证等引发，曾由盐仓管理员先行调解协商，达成佃主与佃户共同煎盐的一致意见。在李大钧诉邓纯良等夺推帮井案中，在李大均坚持优先权与邓宗元就续推问题僵持不下的情形下，三台西充场场署作为组织机构多次进行调解。还有，炊事支部与篾席职工会所组织"詹王会"纠纷案，以龙海州为代表的职工会，不同意炊事支部"詹王会"成立，经开导无效后，遂与炊事工人发生殴打。此举因牵涉扰乱地方治安问题，由警察将其解送至市府处理。另外，有关杠运支部杠运工人与放盐支部放盐长班间的矛盾纠纷，曾由关外稽查处陈书英主任、运商工会侯策名理事长，以及川康区盐业工会指导委员会先后进行调解，并详细考察做出详细报告。虽然经几次规劝调解，并未奏效，以致引发暴力事件或最终起诉至司法部门，但也不可否认调解的必要性，它是纠纷事件中的润滑剂，起到了缓解纠纷矛盾的作用。由此可以说，以调解促进纠纷双方互谅互让，从自身长远利益考虑，使双方易于接受，相较司法裁决减小了执行时的难度。同时，调解相较于诉讼而言可谓是更简

---

① 《自贡井场炊事工人与厨工工人争执、自贡两场组织间纠纷》，全宗号：民 027，目录号：01，案卷号：0109，四川省档案馆藏。

② 《三台西充盐场公署呈报对灶民互控纠纷处理情形》，全宗号：民 027，目录号：01，案卷号：0089，四川省档案馆藏。

单、便捷的方式，操作性强也较为灵活，大大降低了经济、时间成本。

（二）开会商议

各解决纠纷组织根据纠纷案件的情况，召集纠纷主体，通过开会商议的方式梳理纠纷经过、明确各方责任和商议解决办法。

在自流井盐场工人请求追加工薪及生活补助情形调查处理案里，记载有川康区自贡场引盐运输分会杠运支部和以郭文清为代表的永丰车行之间的纠纷事件及过程：引盐工作历来是由杠运工人负责，抗战时期"盐务当局为增产赶运起见，始有车行之组织……素来吃喝杠运工人血汗之放盐长班郭文清等，乘机组织永丰车行，从中巧立名目侵蚀杠工工资，近经本部检举列表呈报在业，惟查车行之组织，性属临时，抗战胜利，公众早与车行解约，运权交还运商，工作应归杠运工人长抬，以维本部工人生活，而利盐运，殊郭文清专以卑劣手段蒙蔽运商，继续承运"①。此案涉及杠运支部工人与放盐支部放盐工人（即长班）间的利益纠纷，档案记载此次纠纷经陈主任、候理事长等人多次调解，但调解无效，后经由川康区盐业工会指导委员会召集有关各方一起通过开会来调节和处理。档案详细记载了川康区盐业工会指导委员会调查处理此纠纷案件的会议记录。

川康区盐业工会指导委员会将杠运支部工人代表及放盐支部放盐长班代表，召集至川康盐务管理局会议室，进行纠纷问题调解。除了双方代表外，参与会议的还有川康盐务局成员代表4人、自流井场署代表1人、贡井场署代表1人、关外稽查处代表1人、运商工会代表3人、自流井场引盐运输工会代表2人、川康区盐业指导委员会成员3人。会议由主席黄国楷主持。会议伊始，主席交代了本次会议前各方所做出的努力，即"曾由陈主任书英及运商工会候理事长，策名先后调解无效后，经盐管局产销科宋罗牛三位股长，会同关外稽查处陈主任，详细考察，作有详明报告，本会亦多次努力调解"②而最终没有得到解决，以及双方纠纷的症结"实因每放盐一俩，公家应来规定之运杂费是个整数，行号照交与放盐长班转发各工，其分配各类工人

---

① 《自流井盐场工人请求追加工薪及生活补助情形调查处理案（B）》，全宗号：民 027，目录号：01，案卷号：0089，四川省档案馆藏。

② 《自流场引盐运输工会关于杠运放盐两支部纠纷案件》，全宗号：民 027，目录号：01，案卷号：0096，四川省档案馆藏。

之工价某种嬴的若干则无详细规定。"①其次，会议安排纠纷双方即放盐长班代表和杠运代表发表意见。杠运代表彭瀛洲、倪怀清、杨俊华表示希望检举放盐长班吃喝一案能够依法惩办，如有诬告行为，愿意承担责任和听候官方处理。而长班代表郭文清等人，也表示愿意听候官方解决，在发言中他们强调放盐长班已有百年多的历史，工会成立后也依法组织放盐支部，其账目资金等是对照公家核价领取，而非杠运工人检举所称"吃喝工资"。双方发言均由相关人员记录在案，发言完毕后则退席，由剩余各代表讨论处理办法。

双方代表回避后，各委员及理事长等人就此纠纷问题展开讨论。其中，工人代表委员王问潮认为，放盐长班是否存在问题，应依照工会法规考量。"过去无工会组织吃喝一项，想系事实，今工会既已健全，当由劳资直接领钱，组织明朗后，即无问题发生，中间阶级自然消失"②。刘子文理事长则认为王问潮所谈问题有所偏颇，并非讨论放盐长班组织，而是关于长班"吃喝工资"一事。针对于此，主席则希望侯理事长能够回答放盐长班是否存在问题，而侯理长表示，过去无组织行商揽头，放盐长班揽头指挥工人吃钱，确有其事。彻查过去的事委实困难，而现在已有健全的工会组织存在，此长班应否存在还需请公家决定。会议中，吴友培理事长、黄擢业科长、陈书英主任、韩介甫科长等都认为根据工会法，此放盐长班应予以取消。王天雄主任提出：是否继续雇用揽头长班，应由指委会、行商等组织进行裁定。至于控告问题，如若不能解决，则应移送法院依法办理。经过各方商议，最终由主席总结发言，归纳出各方意见，并拟出处理办法："两造互控案件，请管理局移送法院办理；长班不合时代，工会既有组织当无存在必要，以免劳资隔阂；商取管理局同意后，由指委会依法饬令解散放盐支部之放盐工人即长班，注销会员资格，收回手册；放盐长班取消后，其工作责任应由运输工会向运商工会进行洽商，劳资作一协议订立协约。"③经过会议商议，两方的纠纷问题虽未得到直接解决，而移送至法院，但放盐长班这一历史遗留归属问题却得以明确。

---

① 《自贡场引盐运输工会关于杠运放盐两支部纠纷案件》，全宗号：民 027，目录号：01，案卷号：0096，四川省档案馆藏。

② 《自贡场引盐运输工会关于杠运放盐两支部纠纷案件》，全宗号：民 027，目录号：01，案卷号：0096，四川省档案馆藏。

③ 《自贡场引盐运输工会关于杠运放盐两支部纠纷案件》，全宗号：民 027，目录号：01，案卷号：0096，四川省档案馆藏。

而最为典型事例，当属巫溪县大宁盐场龙泉井争卤事件。因该卤自山罅出，人争取之，强弱相凌，为解决争端，于民国十五年（1926年），在经盐场场署的召集下，各方人集议，编三字经歌句，分别以"宋雷说，创石池，穿卌窍，竹引之，孔嗣宗，簸跨溪，南十三，北加四，雍正时，变旧法，铸生铁，眼六八，剥蚀久，大小差，民国初，栏木坊，嵌铜片，凿长方，刻度数，人称便，换钢板，新纪念，亿万年"等六十九字，作为六十九孔之名，每字分三十天。

会议商议结果，将卤权细分如下：同春 10 天，春生永 30 天，李永生 6 天，元太正 25 天，源盛 6 天，吴全记 18 天，再兴宁 31 天，汤松记 31 天，明寿记 26 天，永兴长 20 天，向恂记 194 天，罗厚记 63 天，云生祥 10 天，和生祥 17 天，余恒春 30 天，刘焕记 51 天，唐寿记 50 天，江宏茂 31 天，鸿远 4 天，向恒丰 12 天，昌宁 25 天，长盛 5 天，集全 15 天，王永昌 21 天，鼎丰玉 19 天，太兴寿 44 天，汤全兴 23 天，德太灶 10 天，德太仁 18 天，吴年记 30 天，义太云 13 天，余鼎和 2 天，祥兴盛 5 天，杨永太（祥记）25 天，杨永太（元记）45 天，沈中记 18 天，刘殿春 25 天，协记 26 天，陈兴发 21 天，江义记 15 天，江宏茂 5 天，沈昌顺 15 天，洪发祥 38 天，谭俊 17 天，李绪臣 38 天，新成昌 10 天，陈太记 30 眭，恒通灶 33 天，陈正顺 49 天，刘信孚 35 天，谦太仁 30 天，巨源 5 天，吴子才 5 天，石门灶 9 天，廖元记 10 天，刘正敢 15 天，明云记 14 天，祖师会 2 天，杨孝申 10 天，陈旭远 5 天，刘平记 6 天，集义渡 2 天，杨忠恕 8 天，万成均 4 天，余永顺 5 天，沈氏宗祠 5 天，沈昌文 5 天，邱德方 3 天，陈世录 5 天，毕太祥 44 天，明道箴 25 天，吴王庙 8 天，济昌祥 10 天，刘成记 17 天，姚顺臣 2 天，盂兰会 5 天，唐复兴 15 天，聂四姐 3 天，云昌祥 25 天，帝祖宫 22 天，陈世科 3 天，大顺元 5 天，唐正兴 5 天，钱仪生 12 天，颜旭春 5 天，沈恒兴 6 天，沈明良 10 天，魏成德 10 天，姚顺和 2 天，东岳庙 4 天，熊鼎盛 5 天，麻柳树渡 2 天，武庙 2 天，谢陈记 59 天，沈秋记 13 天，柯大曲 7 天，陈裕和 20 天，刘仲方 6 天，刘盛和 4 天，东复兴 20 天，杨汝登 12 天，佘梁记 32 天，太祖会 4 天，杨大顺 10 天，刘主会 3 天，李田记 25 天，吉王会 5 天，元顺义 15 天，义太元 4 天，寿昌 6 天，纯兰宫 13 天，邱春和 6 天，程叔明 20 天，沈邓氏 5 天。巫溪盐井卤权表合计 114 户，2070 天。

以上 2070 天即是 69 个孔每月 30 天的总天数，又因月有小建日份，名有短缺，乃以六十甲子分配天日，每日占两甲子，如一日为甲子、甲午，二日为乙丑、乙未，三日为丙寅、丙申，其余以此类推。各灶所占日分，依历书之干支与其所占之甲子相合，是日即为该灶取卤之日，而以该灶之枧于其字之孔以通卤，设管池之人专掌之计。现于卤孔有所有权者，为一百五十一户，其无卤权者可就有者购卤设灶煎盐。①

（三）第三方司法裁决

井灶纠纷调解委员会、盐业同业公会等解纷机构的成立，将分散的个人集中起来，成为一个共同利益体，也将个体纠纷问题集中化，从而在一定程度上，避免了因个体势单力薄，不受重视，导致纠纷势态恶化的情况，乃其一；解决纠纷机构使得各利益主体的纠纷问题有处可诉，减少甚至避免了直接的肢体武力冲撞，事实上使纠纷解决走向了法治化方向，乃其二。但此类解决纠纷机构也存在一定的问题，在各案件中也有所体现。解决纠纷机构既无合法根据又无强制性，往往纠纷案件经解决纠纷机构调解后，并未使纠纷得到解决，仍要到场署等司法机关起诉，以谋求最终裁定。

在李大钧控诉邓纯良夺推帮井纠纷案中，经公会场署多次调解，双方仍僵持不下，于是起诉至蓬溪司法处，希望能够解决关于盐井续推问题。经过司法部门仲裁判决，驳回李大钧请求续推帮井的诉求，其理由是："出推人曾征求承推人是否续推帮井同意，承推人并无意思表示，业已以为不再续推。兹事后请求照价续推，不特有背信义，抑妨害自由权之行使。"最后决定该盐井由邓宗元汲煎。在犍、乐两场盐工与王村乡公所保甲纠纷案中，由自流井场盐业工会指导委员会为盐场工人与地方警局协商解决。解决纠纷组织为维护地方社会的稳定方面，也在发挥一定作用。譬如，解决盐工蔡洪江被拉充兵役问题，为以蔡洪江为代表的盐工颁发缓役证；请警备部免究胁从罪，以希各盐工安心工作。除此之外，针对盐工与乡公所保甲发生纠纷一案，工会还提出一些善后解决办法，如改组工会，设立工会整理委员会，负责工人人心安定工作，并召集工人谈话等；举办盐工干部训练班，使工人明白国家法令及办事手续以安定盐场，稳定生产；为直接盐工与运输盐工照相，申请

---

① 重庆市文化遗产研究院、重庆文化遗产保护中心：《渝东盐业史志辑稿》，北京：科学出版社，2019 年，第 620—621 页。

发给缓役证，以避免因兵役问题再生事端；召集相关机关举行会议商讨，此次王村乡损失赔偿问题并实地调查。

以盐业工会为代表的解决纠纷组织，作为盐工的代理机构和盐业纠纷的解决机构，在经调解规劝无效的情况下，通过与他方协商决议的方式，将川盐产销过程中发生的纠纷案件，移送至有关司法部门进行裁决。这样有力地解决纠纷案件双方的是非归属问题，并做出了后期的解决方式与办法。

三、联结个体与社会的解决纠纷组织之功能

川盐的生产销售由各个环节有机组成，因分工不同而产生的以运夫（包括背夫、挑夫、杠运工人等）、灶夫为代表的劳工与以灶商、盐警等为代表的管理者之间因身份、利益关系不同以及盐场内部制度规范上的不完善，或多或少都存在着一定程度的矛盾纠纷。双方争端的激化导致社会矛盾骤增，劳动者罢工、聚众闹事以及管理者拖欠劳工工资、殴打威胁劳工等事件频频发生。个体作为社会的有机组成，"既是社会的一部分，又对社会产生特殊的作用"[1]，个体间的矛盾如若不得到妥善解决，将影响到整个川盐的正常产销甚至将会直接影响社会的稳定运行。

解决纠纷组织的出现，为纠纷的解决提供了有效途径。这些组织一般都是由政府或盐务管理组织所授权，有一定的内部组织规模，包括由理事长、常务理事、理事和监理等职能人员组成的理事会，以及有着相应权利与义务的会员等。一份东溪镇盐商业同业公会指导人民团体的报告表，呈现了綦江县东溪镇盐商业同业公会的相关状况。东溪镇盐业同业公会的合法性，可追溯至清末时期。报告表记录了该东溪镇盐商业同业公会的沿革历史：清末组织盐帮，民国十八年（1929年）后改组为公会，至民国二十七年（1938年）依法组织，呈由四川盐务管理局函四川首府转部备案。[2]该公会有着系统的内部组织，其中理事会包括一个理事长、两个常务理事以及若干理事和监事，各职别都有自身的职能。譬如，作为常务理事需要执行理事会议的决案，以及处理日常的事务等工作。而监事会则需要执行会员大会的决议，并负责稽

---

[1]（法）埃米尔·涂尔干著、渠东译：《社会分工论》，北京：生活·读书·新知三联书店，2000年，第77页。

[2]《东溪镇盐业公会关于组织章程、当选委员、会员名册，人民团体组织整理总报告表的呈》，全宗号：J001，目录号：1，案卷号：634，綦江区档案馆藏。

查理事会的财政出入等工作内容。

解决纠纷组织最为重要的工作职能，是需要接受区党部等上级部门的指导，并协助地方的自治工作。譬如，綦江县盐业同业公会所呈："为列举綦计盐配销弊害提供防止办法"，其中意欲裁撤江津盐务分局的理由是：裁撤分局后，綦计盐改由泸县放销，綦岸七县任何商民，均可到泸县自由领取和购买食盐，并不因为裁撤了江津盐务局而对民众有影响。又指出了綦计盐在江津分局配盐的三大弊害。因此，建议紧缩江津盐务分局，并附上相应綦计盐零售商名单，以备查阅。①此举意在帮助盐务局找出綦计盐销配的弊害，并提出相应的防止办法，以便更好地协助盐务总局的工作。

据綦江县盐业同业公会所呈：关于"为边盐侵计、破坏引岸，请速制止惩贪，以绁纠纷，而维盐法由"的材料，有经綦石各散运商称："前川黔綦运销商变牌……按一三七出售边盐，查商等在津，购买新价盐为一三加缴息，耗折坐一四以外，兹裕济在石镇售盐，每担仅加七千，血本有亏。显系故意低价抵制綦商，又何况该商纯系边盐，而引岸未破，何能在计案区域出售，请速设法制止，以维计商等情。"②在此事件中，商会需要亲自调查运商贪污的具体情况，分析其中原委和收集证据，并将蓄意以低价抵制运商者，依法惩处，以维护盐运事业的稳定。同时，解决纠纷机构的另一重要任务，是保障会员的利益，在会员权益受到侵害时，能够充分发挥公会的调节功能，有效保障会员民众的权益。

"遵义板车运输商业同业公会合作营业社社章"之"目的"，就充分说明了保障会员权益的职能要求：力求各从业运输人员合法利润之保障，解决运输困难为目的③。

如前述的关于杠运支部工人与放盐支部放盐工人间的利益纠纷，该案件中放盐支部放盐工人的权益受到损害，被放盐长班巧立名目剥削其劳动

---

① 《四川省政府、财政部川康区盐务局分局，綦江县政府等关于调整盐价、盐税、按月远购运盐，请发购远征，寄送承办、常平盐□□及牢清登记办法，列举盐配销弊害提供防止办法，禁止封闭盐船装运军粮、调查食盐案等的训令、指令、公函、代电》，全宗号：J004，目录号：1，案卷号：5598，綦江区档案馆。

② 《四川省政府、川康区江津盐务分局、綦江县政府等关于抄发盐政条例及施行细则、检查食盐规则、调整食盐价倍、限购食盐、征收盐业公会公费、查收修建学校费用等的训令、呈、公函代电》，全宗号：民J004，目录号：1，案卷号：5324，綦江区档案馆。

③ 《遵义盐务分局、綦江分处、排军乡等关于调整额数、整编运盐力伕暂行办法、设公卖店等的公函、申请书等》，全宗号：民5，目录号：1，案卷号：228，遵义市档案馆藏。

成果，侵害了放盐工人的工资利益，此时，放盐工人的利益需要由解决纠纷组织进行维护，而以川康区盐业工会指导委员会为代表的解决纠纷组织，即召集各场署代表对此事件进行公开的商议，以此方式来达到维护工人权益之目的。

还有"五通镇盐场运输船筏业职业公会"宣称的"本会以联络感情、增进知识、技能发达、生产维持，并改善劳动条件及生活为目的"[①]。尤其"职务"之项，就涉及团体协议之缔结、修改或废止；会员之职业介绍及职业介绍所之设置；储蓄机关、劳动保险、医院诊治所之设置，及托儿所之设置；生产消费购置、信用住宅等，各种合作社之设置组织；职业教育及其他劳动教育之举办；图书馆及书报社之设置；出版物之印行；会员恳亲会、俱乐部和其他各种娱乐之设置；工会或会员间纠纷事件之调处；关于劳资间纠纷事件之调处；关于劳动法之规定，改废事项，陈述意见于行政机关、法院及立法机关并答复行政机关及立法机关之咨询；调查工人家庭生计、经济状况及其就业失业之编制劳动统计；其他有关于改良工作状况，增进会员利益事业之举办。

解决纠纷组织巧妙衔接上级部门和下层民众，一方面，能够达到上级组织机关的任务期待——秉承着商会的公会法和相关条例，遵照相应盐务管理局的规定指导会员营业，并做好会员营业情况的调查和统计工作；另一方面，又不损害百姓之权益而尽可能地维护民众利益。这样的解决纠纷组织不仅联系着纠纷双方，化解纠纷，还联系着广义的个体与社会，成为埃米尔·涂尔干《社会分工论》中所谈及的有机团结的一种方式。有机团结是随着劳动分工的发展而产生的，且是"越是接近高等社会形态，劳动分工就越发达"[②]，有机团结也就发达，社会更具有凝聚力。此时期川盐生产与销售过程中劳动越加分化，社会分工显著，因而个人"都拥有自己的互动范围，都能够自臻其境，都有自己的人格"，在劳动过程中，盐工、灶商、盐警等行业人员之间产生冲突，与此同时出现的工会、公署、纠纷调解委员会等解决纠纷组织利用规劝调解、开会商议等方式解决纠纷，从而达到社会整合、增强凝聚力的目的，解决纠纷组织则成为维系个体与社会之间的纽带。

---

① 《犍为县五通镇盐场运输船筏业职业工会简章》（1943 年 4 月 11 日），全宗号：4，目录号：5，案卷号：859，犍为县档案馆藏档案。
② （法）埃米尔·涂尔干著、渠东译：《社会分工论》，北京：生活·读书·新知三联书店，2000 年，第 98 页。

　　总体而言，川盐的生产与运销过程纷繁复杂，牵涉包括盐工、灶商、行商等各方的利益，在各方因各自利益受到影响而发生冲突纠纷时，以商业同业公会、纠纷调解委员会等为代表的解决纠纷组织作为一种整合社会、增强社会凝聚力的纽带便应运而生，通过调解等方式解决个体与个体、个体与社会之间的争端，一方面起到维护纠纷双方各自身份主体利益的作用，达到了上级组织部门的任务期待，也保障了会员权益。另一方面也将个体与社会有机联系起来，成为有机团结社会的一种重要形式，在一定程度上避免了纠纷冲突的恶化，从而保障川盐产销过程的顺利进行。但是，也应认识到，由于当时时局管控下的各类社会组织的公信力不强，组织结构松散，不具有权威等弊端，直接导致了解决纠纷组织在解决解纷时，明显底气不足，阳奉阴违，采取矛盾上移的方式，偏离了原本解决纠纷之主旨，最后成为空壳也就不难理解了。

下　编

第四章　族际整合：盐业贸易促成民族互动

清代至民国时期的川盐运销，在国家的直接掌控下，想方设法增产保量，极大地刺激了盐场社区的贸易活动，促成了盐场中心地的兴盛。与之同时，因商贸往来、物资交换需要，边地社会也受盐场中心地贸易体系的刺激与拉动，形成进入中心社区的趋势。在此过程中，盐场的盐源源不断的向四川省内外流动辐射开来，主要集中在东向的湘楚、西向的康区、南向的黔滇，不仅促成了商贸集镇的形成，更重要的是实现了族际关系的密切与互动。

第一节　中心社区的盐业贸易圈

此处以川盐入鄂为例。川盐入鄂是川盐外运中极为重要的一条陆路盐运大通道，它连接中西部地区，始自忠县的涂井等地，渡长江，在盐运码头西界沱云梯街（石柱县）上岸，由背夫背载锅巴盐翻楠木垭（或刺竹垭）经过青龙场（或鱼池坝），过石家坝、黄水坝、万胜坝（或枫木）、冷水运出境至湖北白羊塘、利川、咸丰、来凤等地销售。①还有始自巫溪大宁盐场靠人力背夫翻过大观山，到达湖北的房县和竹山所属地带，也由后坪或鸡心岑，通过湖北竹山、竹溪，通往房县。②川盐入鄂在历史上促成了中西部地区物资流动与经济交换，也形成了盐运古道沿线集市和城镇的兴盛。

---

① 石柱土家族自治县第三次全国文物普查领导小组、石柱土家族自治县人民政府：《石柱文物图志》，重庆：重庆大学出版社，2012年，第47页。

② 巫溪县盐厂：《巫溪县盐厂志》，重庆市文化遗产研究院、重庆文化遗产保护中心：《渝东盐业史志辑稿》，北京：科学出版社，2019年，第776页。

　　川鄂盐道的贸易，主要以西部的盐和中部的粮食、布匹与农器等为主的物资交易与商业贸易，通过受雇于雇主的盐夫，把盐交付给中部盐商，而后又从对方盐商处将雇主所需的交换物资背回交予雇主，以此实现物资的流动与商贸的往来。在此以为，盐粮贸易实际上是一种平常的生活必需品交易。由于盐和粮都是人类不可或缺的生活物资，因此在川鄂盐道陆路沿线，就形成了相对密集和持久的贸易网络，甚至是形成了盐场民众"饮食旋给，不忧冻馁。不织不耕，恃盐以易衣食"①的繁荣景象。

　　之所以这样说，是由于川鄂盐道沿线"层层皆山，一坡方平，又上一坡……沿途山沟，两旁坡下俱辟水田，田随山势之高下，如梯级。过水塘坪，则山高地瘠，仅种杂粮"②。因此，盐道沿线的山民，自然就以当地出产的杂粮等物资，同外来的大米尤其是盐等物资进行交换。譬如，《大宁县志》记载："竹、房、兴、归，山内重冈叠巘，官盐运行不至，山民之肩挑背负，赴场买盐者，冬春之间，日常数千人。"③从而促成了农村经济活动的繁荣。据《川盐纪要》记载，忠县的涂井和㽏井盐场距离运署陆程 600 里，距离分所陆程1200 里；云阳的云安盐场距离运署陆程 900 里，距离分所陆程 1500 里；巫溪大宁盐场距离运署陆程 1300 里，距离分所陆程 1900 里。④而在盐场所处的集镇与街道上，以及在盐运署与盐业分所之间自然会形成一些集市，譬如忠县的涂井和㽏井盐场分别就在旧场镇和金鸡场镇设集市进行贸易，即施坚雅提出的"基层市场社区"，同时，涂井和㽏井盐场之盐在外销湖北时，就在川鄂古道沿线的起点即石柱县的西沱古镇，中段即湖北的利川、恩施，终点即来凤、咸丰等地形成了集市，乃至于有了城镇的兴起。即为施坚雅提出的"中心市场社区"。由此，也就形成了从"基层市场社区"的场镇向"中心市场社区"的市镇纵向延伸的贸易网络。随之，盐也因此从基层市场向中心市场汇聚，直接导致边缘地域场镇的物资，被源源不断地输送到更高一级的市场进行交易。从物资流动的表层来看，实现了区域经济的繁荣与发展，满足了各地民众的生活所需；但从物资流动的深层来看，却是完成了中央王

---

① （清）曹学佺撰、杨世文校点：《蜀中广记》卷六十六《川东井》，上海：上海古籍出版社，2020 年。
② （清）陈明申：《夔行纪程》，（清）严如熤撰、黄守红标点：《严如熤集》，长沙：岳麓书社，2013 年，第 1179 页。
③ （清）高维岳总修：《大宁县志》，1984 年，第 196 页。
④ 林振翰：《川盐纪要》，上海：商务印书馆，1919 年，第 190、193 页。

权对边缘地域的经济控制与宏观调控。同时，也是通过盐税实现富国强兵所采取的必要的政治与经济策略。据《石柱厅志》记载："西界沱，水陆贸易，烟火繁盛，俨然一都邑也。"①说明了一个市场体系由于"内部道路体系长期不变的传统性而实质上没有现代化"②，但是，盐运的陆路交通网络，却使得传统的定期市场体系不断兴盛与繁荣。

随着楚岸在清初的肇始，乾隆元年（1736 年）由四川改隶湖北的建始县额销云阳水引 93 张，乾隆三年（1738 年），湖北改土归流的鹤峰、长乐、恩施、宣恩、来凤、咸丰、利川七州县照建始县例，同食川盐，共销水引 34 张、陆引 1196 张，分别由云安、大宁和彭水场配运。③同时，川盐济楚还使川盐源源不断地输送到湖北省属各县，具体见表 4-1 所示：

表 4-1　忠县、云阳与大宁盐场行销月额及范围④

场名	忠县	云阳	大宁
岸别	票岸	票岸	票岸
盐类	花盐	花巴盐	花巴盐
月额	300 担	25 000 担	9000 担
据点名称	忠县		
行销范围	忠县一部分	云阳奉节开江开县梁山万县；湖北秭归巴东兴山暨施属各县	本省巫溪巫山；湖北省秭归巴东兴山竹山竹溪房县；陕西省兴安府属各县

据一些档案资料反映：云阳场署的盐仓容量（单位市担）为 69 000，各配领地点每月应配所辖各县担数（单位市担）是 24 700，所辖配销县分别是恩施，人口数目 327 254，每月应配平均担数为 1500，全年共计应配担数为 18 000；利川，人口数目 219 608，每月应配平均担数为 700，全年共计应配担数为 8400；建始，人口数目 231 046，每月应配平均担数为 2000.00，全年共计应配担数为 24 000；鹤峰，人口数目 71 340，每月应配平均担数为 300，全年共计应配担数为 3600。大宁场署的盐仓容量（单位市担）为 31 700，各

① 转引自重庆市石柱县县志办公室：《西沱镇志》，内部资料，1991 年，第 11 页。
② （美）施坚雅著，史建云、徐秀丽译：《中国农村的市场和社会结构》，北京：中国社会科学出版社，1998 年，第 99 页。
③ （清）丁宝桢：《四川盐法志》卷八《转运三·湖北计岸》，清光绪八年（1882 年）刻本。
④ 《忠县、云阳与大宁盐场行销月额及范围》（1946 年 7 月 3 日），全宗号：16，目录号：2，云阳盐场公署档案。

配领地点每月应配所辖各县担数（单位市担）是 9100，所辖配销县分别是：竹溪，人口数目 180 703，每月应配平均担数 1500，全年共计应配担数 18 000；竹山，人口数目 197 012，每月应配平均担数 1500，全年共计应配担数 18 000；房县，人口数目 222 610，每月应配平均担数 1800，全年共计应配担数 21 600，等等。

大宁场据点销往竹山的柴花和炭花的整售价分别是145 000 元和120 000元，零售价是 160 000 元和 140 000 元，领盐仓价 76 520 元和 61 520 元，运输方式是肩挑，运道里程为 240 里。竹溪与竹山相同情况。销往房县的柴花和炭花的整售价分别是 180 000 元和 160 000 元，零售价是 190 000 元和170 000 元，领盐仓价 76 520 元和 61 520 元，运输方式是肩挑，运道里程为 395 里。①由此，可以推测川盐运销至湖北所属各县沿途，必然会刺激并催生集市数的增加与贸易的发展，也会形成诸如西界沱之兴盛状态的城镇。

据《巫溪县志》记载，清末民初，巫溪县仅宁场、古路有集市贸易，物价偏贵。抗战时期，随着盐业的兴旺，曾出现宁场（盐）、桃园子（药）、猫儿滩（煤）、白鹿溪（土特产）4 个专业性市场，以及城厢、古路、上磺、凤凰、宁桥 5 处综合性市场，城乡贸易相对繁荣。②可以看出，川东的集市数之所以呈明显增加之势，是由于各盐场制盐的兴旺、贸易的频繁、人口的增加以及市场的交易额扩大等因素所导致的。

盐场定期市开市的日期，在盐场志和府县志中几乎看不到相关记载。其间虽提及集市，但不记开市日期。这并不是说宁场、云安场、涂井等盐场没有定期集市。我们只能推测，大约是因为定期集市都是每日开市的，故一般人都不予以特别注意，从而府县志中便不做明确的记载罢了。那么，在这些定期市中买卖交易的货物有哪些呢？地方志上记载的较少，但还是可以找到一些，兹举如下：唐代李贻孙的《夔州都督府记》载云安盐场："商贾之种，鱼盐之利，蜀都之齐货，南国之金锡，而杂聚焉。"③不仅如此，"鄂盐商来

① 《川东区三十二年度食盐配领地点及配销县份每月及全年应配数量表》(1943 年 12 月 22 日)，全宗号：16，目录号：2，云阳盐场公署档案。
② 巫溪县志编纂委员会：《巫溪县志》，成都：四川辞书出版社，1993 年，第 296 页。
③ 白九江：《巴盐与盐巴——三峡古代盐业》，重庆：重庆出版社，2007 年，第 88 页。

宁场贩盐时，顺路运来大批山货药材和各种农副产品及土特产"①，由一些府县志和盐场志文献可知，盐场集市因为外商或是山民来大宁场、云安场、涂井场买盐，随之也兜售并输入给当地不出产或是出产很少，抑或是缺乏的物品，而当地人则以拥有的地方产物——盐，换取必需的生活用品。我们亦可从表 4-2 列举的盐场定期市交易种类中获知，盐场的居民以盐来换取外来客商或山民的物资，譬如盐场居民以盐换取外来客商的粮米、棉与布、农具，山民的山货或者是药材等，因此在盐场就形成了外来客商和山民同盐场居民之间的商品贸易圈。

表 4-2　各盐场定期市交易物品

盐场所在区域（县、镇、场以及河流）				盐场定期市以盐易物种类			
				粮米	棉布	农器	其他
巫溪县	横家街	大宁场	巫溪河	粮约千石	土布匹甚多	有	桐油、毛铁与生板
云阳县	高码头、黄州街	云安场	汤溪河	粮为大宗多由邻县及湖北四县来	棉布	有	山货或药材
忠　县	金鸡场镇	涂井场	涂井河	以粮为多旺时可至百石	土布、土线均有	无	山货
	旧场镇	涂井场	汝溪河	粮约百石	土布	有但不多	

同样的情况，从田野访谈中也得到印证。当问及涂井场在民国时期的贸易状况时，杨正瑞老人（91 岁）回答道："那时我还小，记得一般早上都会跟随母亲去涂井场镇赶集，就是拿锅巴盐或是菜同别人换米。"②在大宁盐场问及胡承铭老人（79 岁）时，他也回答道："当时（民国时）横家街上每天都会有集市，河边塞满了小船，不断地从船上卸下货物又将盐搬上船运走，'背子客'在盐店前聚集。街上本地人做生意的很多，称为'打雁儿'，就是用盐及土特产同来自湖北、湖南等地的商人交换大米、海参与鱼肚等海产品以及铁器。"③《巫溪县志》有"清末县境内粮食遇灾歉需从外地输入"以

① 巫溪县盐厂：《巫溪县盐厂志》，重庆市文化遗产研究院、重庆文化遗产保护中心：《渝东盐业史志辑稿》，北京：科学出版社，2019 年，第 776 页。

② 访谈对象：杨正瑞（1923— ），忠县涂井场老街人。访谈人：杨亭等；时间：2014 年 7 月 15 日；地点：忠县涂井场老街家中。

③ 访谈对象：胡承铭（1935— ），巫溪县大宁盐场古镇人。访谈人：杨亭等；时间：2014 年 7 月 8 日；地点：巫溪县大宁盐场古镇。

及"民国三十一年，单宁场粮食交易量就达到了 2570 市石"的记载①，说明粮食贸易在盐场的经济活动中占有较大比重。而盐粮交换的具体价格之比是如何的呢？我们从《云阳县盐业志》记载的云盐与大米整售价格比较表②中找到一些依据。譬如以 1930 年为准，云盐的每年平均价是 4.854 元，大米的每年平均价是 5.452 元；价格比差云盐与大米是 0.598 元；价格比差率为12.3%；食物交换量（斤）是一担云盐易米数为 89.034 斤，也就是，说云阳盐场盐与米的交易是为每 100 斤盐可换取大米 89.034 斤。

除以上探讨盐场定期集市及盐米交易之外，理应论及山民贸易。但是，史料记载寥寥几语，要想一探山民贸易之究竟，可谓是困难重重。譬如，在《三省边防备览》卷十一记载："山民贸易，定期赴场，场有在市旁者，亦有开于无人烟之处，曰荒场，当山货既集，如有啯匪猝至，则场头恐其劫掠，钱财相赠，所全者多，未可遽以通盗绳之。"③又有"再下坡行山沟数里，至龙雾坝，为山内场集。自水塘坪至龙雾坝，山坡高陡，大石嵯岈"的记载④，但其间对山民集市的集期及其物品交易等只字未提，故难以对山民贸易进行探究。

第二节　边地社会的盐业贸易圈

边地社会，指民国时期川盐运销通达，至四川南部与西部的少数民族聚居地，包括杂谷脑、理塘等，也有小凉山以及北江瑶山等，且在该地域生活有彝民、苗民、瑶民等。这些地区部分设有定期集市，而没有定期市的，则是由汉商深入少数民族聚居地，在中人的帮助下，完成物资交换，互通有无。根据查找的文献资料发现，川盐传输进边地社会，主要有几条路线：一是灌县—汶川—理县—杂谷脑—懋功—靖化，灌县—汶川—松潘—镇江关—南坪，进入阿坝州；二是成都—雅安—泸定—康定—巴安—瞻化，进入甘孜州；三是乐山—马边—峨边—屏山—沐川，进入小凉山的凉山州；四是綦江—桐梓—仁怀—湄潭—紫江—瓮安—修文—贵阳—清镇—龙里—贵定—平越—麻

① 巫溪县志编纂委员会：《巫溪县志》，成都：四川辞书出版社，1993 年，第 299 页。
② 四川省云阳县盐厂：《云阳县盐业志》，重庆市文化遗产研究院、重庆文化遗产保护中心：《渝东盐业史志辑稿》，北京：科学出版社，2019 年，第 108 页。
③ （清）严如熤：《严如熤集》，长沙：岳麓书社，2013 年，第 1091—1092 页。
④ （清）陈明申：《夔行纪程》，（清）严如熤：《严如熤集》，长沙：岳麓书社，2013 年，第 1179 页。

哈—都匀—八寨—三合—独山，进入贵州省乃至于广西的部分地区。

一、杂古脑的商品贸易

川盐在川西北的贩运与销售，最为典型的，当属杂古脑的汉人与少数民族贸易。产自绵阳的川盐，在灌县随同茶叶一并贩运经过汶川、威州达至杂古脑，于此促成了汉地的输入品和番地的输出品之间的贸易关系，并由此形成汉人与少数民族之间的社会关系。杂古脑是由少数民族地区到内地的一个交通要道，土地都是山地，当地的少数民族以农业为主要生计，种植玉蜀黍、小麦、青稞及豆类，但是因为耕地面积的狭小，农业并不发达，养活不了本地的人口，所以一部分粮食，仍要靠外面输入。杂古脑的汉人十分之九以上都经营商业，正因为如此，杂古脑成为少数民族和汉人交易的中心，杂谷脑河、黑水区域、大小金川流域一带的少数民族都来这里和汉人交易，贸易所及的范围在五百公里以上[①]。在杂古脑的贸易中，既有汉人同少数民族的贸易，又有少数民族同汉人的贸易。

（一）汉人和少数民族的贸易

主要由大帮的贸易及零星的贸易组成的商号、小规模的或零星的交易组成的小商人两类。输入品主要有：

（1）茶叶。每年春夏，各大茶号即派人赴各地收购，分运雅安及灌县。经制造打包后，即运赴边地销售，普遍以六十余斤为一包，外裹竹篓，毛重约七十余斤，其包装之形式为扁长方形，极适于运或背负。来自富荣场的盐巴，随同茶叶一起经由灌县、汶川、威州达至杂古脑。

（2）布匹。每年由杂古脑输到边地去的布匹，约值五六十万，少数民族的部分服装依赖输入，如绸缎、棉布、棉线等类，绸缎大半是富裕少数民族及喇嘛的消耗品，棉布则是普通少数民族的生活必需品。这种专销边地的绸缎、布匹是一种特制的货物，在成都和灌县有很多绸场和布场专门制造这种货物。少数民族最喜欢红色和黄色及紫色，所以销行边地的绸缎，大都不外这几种颜色。棉布则多是土制的窄面粗布，颜色多为白色或紫色。棉线则多为五色线，专供少数民族妇女编织衣带及其他装饰品。

---

① 李有义：《杂谷脑的汉番贸易》，李文海主编：《民国时期社会调查丛编（二编）·少数民族卷》中册，福州：福建教育出版社，2014年，第394页。

（3）粮食。主要为玉蜀黍及少许之米，杂古脑贸易所及之范围内，大多为山地区域，气候严寒，耕地面积也小，所产食粮仅有小麦、青稞、豌豆数种，即玉蜀黍亦甚稀少，故一部分粮食仍需仰给外面之供给。每年由杂古脑运到边地去的粮，价值多则二十余万元，少也数万元。

（4）杂项。大致可分为三类：一类为铜器，如铜壶、铜勺、铜锅、铜锁之类；二类为装饰品，如珊瑚、象牙、鱼骨、珠子、金银饰品、丝绣品等类；三类为宗教用品，如乐器、颜料、香料、哈达。由零星商贩进入者甚多，不过仅经杂古脑输入的，每年也有五六十万元。

（二）少数民族和汉人的贸易

少数民族来此交易的亦可分为两种：一种是商帮；另一种是平民。输出品主要有：

（1）药材。这是番地的主要输出物，杂古脑在平时药材的输出大致可与输入的茶叶作抵。换言之，少数民族以所产的药材换汉人之茶。这一带所产药材的种类很多，约有五六十种，但最重要的有十余种，如麝香、虫草、贝母、大黄、木香、羌活、五加皮、当归、木通、川芎、赤芍、柴胡、泽泻等。挖药是少数民族最重要的副业，他们闲暇大半时间用于挖掘药材，每年积累有相当数量的时候，就委托一个商帮或自己运到杂古脑来交易，换取生活所需。

（2）皮毛。因为山地少数民族仍以农业为主，牲畜为副，因此大批的皮毛贸易是在松潘完成，而不在杂古脑。不过山地少数民族仍有相当数量的皮毛，如羊毛、羊皮、牛皮、马皮、鹿皮等输出，其总值约略可抵布匹之输入。在平时，山地的商帮常有到草地大批运输皮毛来杂古脑交易的。

（3）木材。这一带的木材公司多至十余家，最大的如利川、松泰、远成等几家，有百万元以上的资本。他们开采森林的方法：第一步是先向地方当局，在番区大多是向头人买山，以几千元的代价就可以买到一座森林密盖的大山，然后就雇工开材，所雇的工人较多。这些工人都具有特殊的技术，待遇亦很优厚，在工作性质上大致可分为两种：一种是砍工，专门负责砍伐树木；另一种是漂工，专门负责漂运木材。所有林场均在岷江各支流两旁，砍好之木材，均堆积河边，遇发大水时就编成筏推入河中，利用水力漂至灌县。各木材公司都在灌县设有收材场，木材漂到后就分别捞获上岸，再经陆地运到成都附近各地出售。

（4）鸦片。鸦片的输出是一种非法的贸易，然因其价值甚昂，在四川西北少数民族区域凡政府势力达不到之地区，均普遍播种鸦片，但少数民族嗜好鸦片者甚少，故所有产物尽流入内地。此种非法贸易完全由地方秘密社会组织所垄断。[①]

二、西康的商品贸易

西康的商业主要分布在康定（古称打箭炉）、理塘、巴塘和甘孜等市镇。在这里可以看到来自西藏的商人和官商，还有陕西、云南、四川等地的坐商和行商，他们或在市集或在锅庄行中从事着经营与交换，促进了城乡产品的流通，也满足了不同地区民众的生产和生活需要。

打箭炉锅庄兴旺时期，商旅云集甚广，各地客商频频往来，西康的藏商更是络绎不绝。康区、昌都、西藏客商聚集锅庄者，可分为三路：一路属康北，此路商人最多，其中又以甘孜为甚，他们所营商品以牛皮、羊皮、杂皮及毛织物为大宗，各种中药材、土产品次之；二路属康南，这一路商人则以理化（理塘）为代表，此路客商经营商品以虫草、贝母、麝香、鹿茸及其他中药材为大宗，各种布匹、绸缎、杂品次之；三路属西路，以德格、昌都等地客商往来频繁，经营商品多以西藏转口至印度的赤金、白银等为主，本地土特畜产品次之。其他地区的客商有陕西帮、山西帮、四川帮、云南帮以及青海、甘肃等。这些区外商客多数从汉区运输茶叶、布匹、绸缎、日用百货、工艺品、烟草、红糖、铁器、铜器及其他杂品和副食品，从西康换回中药材、皮张及其他土特产品。[②]

1930年前后，雅安县在康定设立的主要茶号有义兴、孚和、恒泰、永昌、聚成、永和、丰盛等14家，货物销往昌都、德格、巴塘至西藏；荥经县在康定设立的主要茶号有裕兴、荣泰、长盛元、亿盛元、全安隆等8家，专制砖

---

① 参看王田：《清季民国川西北汉商经营与区域社会——以杂谷脑市镇为中心》，《西南民族大学学报》（人文社会科学版）2012年第12期；王田：《从内陆边疆到民族地方——杂古脑河流域的市场演化与族群互动》，北京：商务印书馆，2013年；李锦萍：《清末民国时期巴塘汉族移民与汉藏文化的多元共生》，《四川民族学院学报》2015年第2期。

② 杨国浦：《康定锅庄与民族商业》，中国人民政治协商会议四川省甘孜藏族自治州委员会：《甘孜州文史资料》第七辑，内部资料，1988年，第77页。

茶,货物销往西藏;天全县在康定设立的主要茶号有复元、泰茂松、泰茂玖等 12 家,货物销往康定、丹巴、道孚一带。除茶商外,还有专营黄金、麝香的金香帮,以陕西、山西籍为主,以德泰合、义生、积庆隆等代表商号,货物销往成都、上海、广州、汉口、宜昌等地;专营绸缎、匹头、丝绵的府货帮,以四川、陕西籍为主,有约十余家代表商号,货物销往康定及关外(折多山以西为关外)部分县;专营虫草、贝母、知母、鹿茸等药材帮,以四川、陕西籍为主,以云发、大兴等行为代表商号,货物运至内地销售;专营滇茶、鸦片的云南帮,以云南鹤庆籍等地,约五六家代表商号,货物销往康定和内地;专营牛羊毛、狐皮等的重庆帮,以重庆籍贯为主,以约有七八家代表商号,货物运至内地销售;专营哈达、旗布、土洋棉布等的邛布帮,以四川邛崃、大邑籍为主,约有十余家代表商号,货物销往康定和关外;专营土杂、玻璃、铁器的川北帮,以四川安岳、遂宁籍为主,约有三四十家代表商号,货物销往康定和关外采金地点;专营广杂、皮货的成都帮,以四川成都籍为主,约有五六家代表商号,货物销往康定和关外采金地点;专营大米、油类、黄烟的汉源帮,以四川汉源籍为主,约有三四十家代表商号,货物销往康定和关外。

1935 年,在康定从事茶业的店铺有 38 家;麝香业的店铺有 11 家;黄金业的店铺有 5 家;药材业的店铺有 31 家;皮货业的店铺有 14 家;布匹业的店铺有 45 家;绸缎业的店铺有 14 家;烟草业的店铺有 28 家;民族商品业的店铺有 17 家;黄烟业的店铺有 22 家;纸张业的店铺有 7 家。此外,还有专营银钱调换的商号 10 余家,制作经销金银首饰的店铺四五家,电气股份公司 1 家。[①]

在 1921 年前后,甘孜共有较大商号 28 家,其中以利盛公、吉泰公、顺兴合、玉泰公、德聚合、协盛荣、春发源等字号的陕西籍商人,为康定分号和军籍转商,经营药材、茶、布、杂货;以正全合、源泰长、裕兴祥、吴正荣、赵良臣、马国霖等字号的四川籍商人,为白手成业和军籍转商,经营药材、茶、布、杂货以及兼营磨房;以扯尔家、墨龙家、阿巴家、仲撒家、香根家、孔马家、西根涅巴、麻孜西根、麻孜涅巴、泽翁仁青、仁青大吉等字号的甘孜籍商人,经营茶叶、毛皮、药材、百货。

---

① 中国人民政治协商会议甘孜藏族自治州委员会:《甘孜州文史资料》第七辑,内部资料,1988 年,第 90—100 页。

除以上中心市场外，在各县设有商号、店铺，经营茶、盐、布、药材、毛皮、杂货等生意，也有部分县的民众，"制作颇具特色、技艺精湛、极为人们所喜爱的佩刀、马鞍、火盆、佛像等工艺品，以及玲珑剔透的金银首饰，朴素大方的铜铁器皿，图案精美的氆氇、藏毯等，都直接参与了市场的销售或物物交换"①。无论是打箭炉、甘孜等县形成的中心市场，还是县周边的农村、牧场，民众都进入了这一庞大的区域市场贸易活动之中。就此来说，这些商贸活动对活跃城乡经济，促进族际之间交往，发挥了一定作用。

三、汉人与黔省苗人及北江瑶人的贸易

（一）苗人与汉人的贸易关系

清代时期，苗人与汉人的贸易关系，主要有"妇女亦知饲蚕，惟不晓育种。春间俟民间蚕出，结伴负背笼以货物易之……而所重牛，所窃亦惟牛，然不任耕种，供口腹资贸易而已"②，说明了每到春天养蚕季节，苗族妇女都会背着背篓装上货物，来到汉族村寨交换孵化出的幼蚕。文献还反映了苗人养牛是为了当作食品，也当商品出售换取钱财之用。虽说"苗工所需农具……皆自为之，能通其用"，但是"日用常具多不足，今则市可得而易矣"③。即是说凡是苗人家庭自己不能生产的居家用具和物资，在市场上都可以通过贸易获得。具体的贸易场景如何，可以借助以下文献获得一定的解答。

> 苗民入市与民交易，驱牛马负土物如杂粮、布绢诸类，以趋集场。粮以四小碗为一升，布以两手一度为四尺。牛以拳数多寡定价值，不任老少，其法将竹篾箍牛前肋，定其宽侧，然后以拳量竹篾，水牛至十六拳为大，黄牛至十三拳为大，名曰拳牛。买马亦论老少，以木棍比至放鞍处，从地数起高至十三拳者为大，齿少拳多价差昂，反是者为劣，统曰比马。届期毕至易盐、易蚕种、易器具，以通有无。初犹质直，今则操权衡较锱铢甚于编氓矣。④

---

① 中国人民政治协商会议甘孜藏族自治州委员会：《甘孜州文史资料》第七辑，内部资料，1988 年，第 102—104 页。
② （清）严如熤撰，黄守红标点：《严如熤集》，长沙：岳麓书社，2013 年，第 564—565 页。
③ （清）严如熤撰，黄守红标点：《严如熤集》，长沙：岳麓书社，2013 年，565 页。
④ （清）严如熤撰，黄守红标点：《严如熤集》，长沙：岳麓书社，2013 年，第 565 页。

由上可知，苗人每到赶场的日子，他们进入市场（集市）同汉人商贩、居民发生贸易关系，即是以驱赶的牛、马等各种牲畜，用背篓装着本地的货物，诸如杂粮、布匹、绢帛等，在市场（集市）上交换汉人商贩、居民的盐、蚕种、器具，等等。苗人与汉人之间得以互通有无，更重要的是，地处边远的苗人通过贸易获得生活之必需品食盐，并且是"得盐宝之，各以一撮置掌中，舐之以为美。近日均相贸易盐，始达于远寨"①这一不争之事实。

不仅如此，"豹子场正大营附近苗寨，颇有在大途旁开店贸易者，黔楚客民贩牛经过，投宿其家，与外间逆旅无异。知敬客民薪水以及住宿取值甚廉，无盘剥客民之习"②。由此可以看出，清代时贵州省辖境内的豹子场、正大营等附近的很多苗人，沿着驿道主干线开办了商店，同贵州和湖南来的汉族贩牛客商产生买卖关系。

（二）南向与北江瑶人的盐业贸易

这是指汉人与瑶人的交易圈。北江瑶人有数万人，算是广东瑶族的子遗③。北江"瑶山由曲江乳源、乐昌三县分辖，曲江在其东南，乳源在其西南，乐昌在其东北。各县辖地之多，以乳源为最，曲江次之，乐昌较少。山之面积，南北约一百余里，东西相等"。我们可从《古今图书集成·方舆汇编·职方典》重要文献中获知，远在明代瑶汉人之间的交易已经很频繁。

> 嘉靖三十八年（1559年），提督都御史郑纲，巡按御史潘季训用肇庆通判刘用章议，税德庆瑶山楠漆等物，以补虚粮，民以为便。……随据厢乡呈称，瑶山出产，不止楠漆，此外又有砂仁、黄蜡、蜂糖、皮张、黄藤、木、竹等项花利，呈乞申请并抽，以补充荒粮。岭西道行府覆实，于泷水江口听货物自至，带同商人到军投单，委官盘验，照例抽纳，具数登记，循环按季缴道稽查，及令该州印给号票，商人报照，使上下水巡司收验如无号票，即系私通，按问如律。④

---

① （清）严如煜撰，黄守红标点：《严如煜集》，长沙：岳麓书社，2013年，第568页。
② （清）严如煜撰，黄守红标点：《严如煜集》，长沙：岳麓书社，2013年，第560页。
③ 李文海主编：《民国时期社会调查丛编（二编）·少数民族卷》下册，福州：福建教育出版社，2014年，第207页。
④ 李文海主编：《民国时期社会调查丛编（二编）·少数民族卷》下册，福州：福建教育出版社，2014年，第219页。

民国时期，北江瑶山为曲江、乳县、乐昌三县分辖，各县在距瑶山不远的地方，都有汉瑶互市之处。这些墟市是旧式的定期集市，经济活动仍是以汉人为中心的。瑶人每月赴桂头墟赶集六次，即初二、初八、十二、十八、廿二、廿八这六天。其他各瑶村的赶墟期想亦如此，总之他们是必有一定日期的。墟期之日，他们平明就起程，或肩木板，或负各种物产，相牵而行，约莫上午十一时到桂头，各找着自己的老顾主来购带来的货物，再把换来的钱购买自己所需要的东西。交易而退，各得其所，当日下午即赶程回村。瑶人健步若飞，履险如夷，一日赶百数里路是很平常的⋯⋯瑶汉间的交易，除了瑶人亲赴汉人墟市做直接交易之外，还有一种行脚小商人来往于瑶村之间做买卖。行脚商人的出现，在交易发展的过程上是必然的。首先，普通民间定期市开市的日期是一定的，或逢单日开，或逢双日开，或每月逢二、四、八日开，每逢三、六、九日开，随各地经济发展情形而异，附近村民只有在这一定的日期内实行交易，另外的日子是没有做买卖的机会的；其次，定期集市的设立，一般在农村的中心地带，附近村民赶集都要走或数里，或十余里或二三十里，除了少数商人及做小买卖者每逢市期必须赶集外，一般农民时时忙于农作，若非需要买东西，是不常去的，只是偶尔缺少了日常生活上一些琐碎的却不可少的用物，又非在市上买不到，于此便常感到不便了。为补救这种限制，行脚小商人便随之而生⋯⋯瑶汉交易上，除了上面两种汉商（即定期市的商人和行脚小商人）外，另有第三种商人。这第三种商人，就是长住在瑶村中的汉人手工业者，他们制造各种农器和织网来直接卖给瑶人，而不经第三者之手，所以他们是手工业者同时又是小商人。他们自己不耕田，食米是向瑶人买来的。

通过对比明清和民国时的贸易物品，我们发现一个事实：即明清时汉人交易给瑶人的货物较少，瑶人提供给汉人交易的物品则较多。但是，到了民国时期，这一情况发生了较大变化。汉人交易给瑶人的物品涉及日常生活诸多领域，尤其是树胶运动鞋、皮鞋等，是最大的亮点，而反观瑶人交易的货物则仅限于木材类。这也进一步反映出瑶人输出主要以原料或半制成品为主；购入之物，以手工业品及其部分机器产品为主（表4-3）。

表4-3　明清至民国时期的汉人与瑶人物品交易

	汉人	瑶人	集市
明清	主要是盐米,还有一些特种货物,如军器之属	楠、漆、砂仁、黄蜡、蜂糖、皮张、黄藤、木、竹、茶、山药之类,以及少数的手工业品(木器)	曲江有桂头墟及一六墟,乐昌有杨溪墟,乳源有鸟坑墟
民国	除盐、米两项外,还有布料、衣服、树胶运动鞋、皮鞋、耳环、手镯、铁锅、铁器、陶器、瓦、电筒、文具、对联、纸钱等	杉木、杉棺、棕绳之类(其中以杉木为瑶人最主要输出)	桂头墟为主,远到韶关(曲江县城)及乐昌县城

四、对边地社会的改变

于此,笔者无意对汉人同边地少数民族的民族关系做史学梳理与考辨,而是欲借汉人社区与边地社会因川盐等物资流动之事实,探究商人在汉地与边地之间发生的贸易关系中发挥的重要作用,进而认识双方贸易往来带给边地社会什么样的改变?

(一)汉商与行商、坐商

"从社会的视角来看,并纵观整个人类的历史,连接商品的供给与需求的关键部门不仅是统治者,同时还有商人"。因为商人"常常趋向于代表一种无限制的平等交易,新商品以及新奇的品位",从而"试图在对需求的控制中占据重要地位",以此获得"需求的政治"①。同时,连接外部需求与内部的生产者之间的是商人及其经营机构,他们为这个很少联系的世界构建了桥梁,因此,可以说商人是"发生变革的起点",也可以说商人作为中介,在商品发展的历史中始终存在且发挥作用。

要看到民国时期资本主义生产关系在边地的出现,先是缘于"边地天高皇帝远,往往政令不及,管辖不达,老百姓也就钻了空隙,靠了自己的商业嗅觉,靠了自己的冒险和勤奋,自发地奔走各地之间去发掘各项资源和财富;又由于由东而西,由北而南,有发达地区的经营经验和模式可以借鉴,西南边地也就形成了民间化的较为自由的经济形态和交通模式"②,更重要的是,需要认识到商人具有的主体性特征,这些商人无论是杂谷脑大帮的贸易组成

① 孟悦、罗钢:《物质文化读本》,北京:北京大学出版社,2008年,第37页。
② 李旭:《西南古道的民间性及其经济、文化双重价值》,《中华文化论坛》2008年第6期,第139页。

的商号、小规模的或零星交易组成的商帮等，还是边地的汉商以及瑶人社会中的行脚小商人，通过他们双向地经营，将盐、茶、布、铁器等物资运往少数民族居处，又将少数民族居处的本土特产，如木材、药材等输送到内陆、沿海地区甚至是海外，从而开启了汉人社区同边地社会之间的交换模式，并且将边地社会纳入到较为复杂的经济关系之中，直接的结果是此时的边地社会已不再属于"边"地，而是成为民国资本市场的原料提供方以及被动的货物倾销地。

人有赖于盐而活着，这是不争之事实。正是商人将川盐从销商处换得后，同边地需求的其他物资一起，运送到百里之外、千里之内的边地，利用杂谷脑或是居于少数民族保人之家中，以及桂头墟（墟市是旧式的汉定期市，因市的经济活动仍是以汉为中心的。瑶人每月赴桂头墟赶集六次）等地域与条件优势进行销售，以此换取利润，追求个体与家族的经济利益。但是，商人发挥的主体性作用并不限于此，商人"与其他社会进行贸易，即用手头多余的东西换得所匮乏的东西，通过商业和贸易，所有社会都能改进各自的生活方式"[①]。就本书来看，民国时期牙刷出现在少数民族日常生活，皮鞋出现在瑶人日常生活等。甚至在雷波、马边一带，汉人（即小贩）捆载食盐、布匹、针线等物，换取少数民族的羊牛皮、猪鬃、白蜡、蜂蜜等物。汉商进入边地社会，其结果就是如雷波的乌角水口镇，以及金沙江岸一带，"其农艺程度已与汉人无异，且已常食稻米"；在磨石、挖石、五关寨子，千万贯一带，"但亦以农耕并重，家人仍以大部分精力从事于农植。农具与农作方法，均效汉人""置于购用汉人之铁锅中，用火煮熟。每日二餐，亦有用三餐者。所有灶座，已与汉人无异，有二锅眼或仅一锅眼"；食具，亦有汉人之瓷碗、玻璃杯及乌木筷者，又少数民族"亦颇爱食汉人米饭，及汉人所煮之鱼肉"；少数民族的衣服和装饰品考究亦极特殊，"然皆自汉人工匠之手，与汉人常往来或已汉化者，则其衣服及装饰品亦渐与汉人相似"；在磨石、挖石、五家寨子、木鱼山一带所见，有高大之房屋，"而中留宽大之客堂，如汉人之房屋，厨房中有巨大之菜橱，客堂有巨大之供桌，仅少汉人之天地君亲师之牌位，盖此地带，民国七八年前汉民衣食生活祖宗坟墓之乡也"；大凉山中"倮民自制之花

---

① 转引自李旭：《西南古道的民间性及其经济、文化双重价值》，《中华文化论坛》2008 年第 6 期，第 144 页。

漆圆桌，然大都已仿制汉人所用白木之小圆桌及方桌或小凳子，惟脚较短耳"；乌角一带家中"木桶运水，竹篓盛包谷洋芋，则到处皆是，竹篓自己编织，而木桶则请汉人为之也"①，等等。以上均是汉人同边地少数民族相互交往与影响的有力证明，所以说，正是因为商人在上述区域的长途贸易，在很大程度上改变了这一区域民众的生活方式和价值观念。

就汉族在甘孜地区经商情况来看，主要来自陕西、四川和云南等省，其中又首推陕西籍商人为盟主。据巴塘搜集到的清朝《竹枝词》中记述："听来乡语似长安，何事新更武士冠，为道客囊携带便，也随夸褡学财官。"道出了陕西籍贯商人赊差带货，到西康地区经商贸易的情景。由于经营方式灵活，较讲信誉，故深受藏民信赖，如此陕西籍商人就得以"白手兴业"，跻于西康地区市场的各个行业。

240多户坐商，陕西籍商人约占半数以上，并修建了一条陕西街，集中居住陕西籍商人及其开设的商号。住道孚陕商严朝六，随父到康区经商，原本为小本经营，有盈余后，即去玉树设庄，购川茶去青海出售，数十年间，赢利数百万元，成了道孚的巨商大贾；陕西商人张宝实，从河南购进松耳石到白玉销售，仅数年间，盈余数十万元，成为当地富商。类此情形，在各县都有许多代表。四川、云南籍商人来到以后有的开始是随军，有的是来挖金，有的先是从事泥、木、铁、革等手工作业，以后逐步由摊贩转为坐商，或者在与内地商号取得联系后，到此扎设分号，审时度势，先小后大，逐步兴家发达起来。

西康地区各地的汉族商贩，"为扩大同乡实力，奠定扎实的立脚基础，防止由于身居异乡而可能受到的歧视和排斥，相互之间能够有所关照。一般就仿效'桃园义气'的形式，修建汉式庙宇或组成各种社团，意图以共同的精神信仰和乡土情感，形成内聚力量，以共同防止、对付可能来自外界的排斥与欺辱"。一般在汉族居住较为集中的地区，都"修建有关羽庙、川主庙或某省、数省会馆，同乡会等，一些富裕和有声望的人，则被推选出来，担负调解、处理民族之间和内部可能发生、存在的某些纠纷事务，并借以联络感情，形成力量，促进各方面的团结"。而有的汉商"与当地的土司、头人、寺庙上

---

① 李文海主编：《民国时期社会调查丛编（二编）·少数民族卷》中册，福州：福建教育出版社，2014年，第367页。

层等建立了一定的关系，意图在经营中能够得到保护和消除意外事故""特别
是在寺庙集会或民族节日之期，更是物资交流的极好机会，汉商都要尽力组
织货源，满足群众需求，从中获取利润"①，具体的商品物资的交接，还是主
要以道路的远近来定。

（二）"歇家"和"锅庄"

商人通过有形的物资贸易和经济利润的计量，在无形中改变了民众生活
方式的同时，在吸收各个地区和民族思想文化的基础上，也衍生了一种叫的
"歇家"的新型贸易中介，同时建构了跨地域民族与同一地域不同族群之间的
人际关系。在《杂谷脑的汉番贸易》中有这样的记载：

> 杂古脑的歇家是类似客店或栈房的一种住户，不过他们并不分开留
> 客，而专系招待来此交易的熟识的番商，而且番商第一次歇在那一家歇家，
> 以后就永远在这家，不会任意选择，番商歇在歇家以后，一切食用都由歇
> 家供给，并不取费。番商的货物亦由歇家介绍卖出去，他要卖的货物也由
> 歇家介绍买进来，歇家就在卖出买进的时候，得到一笔佣钱，但这笔佣钱
> 比收店费及饭费还要大。因此歇家对番商招待总是很殷勤，每餐都是大酒
> 大肉，使得他们非常高兴。此外歇家还有一个便利，就是歇家如果到番地
> 时，也可歇在番商家中，这时番商就变成他们的歇家，也同样招待他们，
> 替他们买卖货物。有的番商直接和商号有来往，他们可以不经手歇家买
> 卖货物，这时他们对歇家就要特别送一点礼物作为酬报。②

由此看出，不同地域间的歇家与少数民族商人、少数民族商人对歇家，
因为贸易和交换的需求，相互组成了一个利益共同体，成为边地社会的一个
独特之处。

同样的贸易中介，也出现在西康地区，也就是"锅庄"。锅庄与普通商店
性质有别，"最初每家均拥有大量的庄田，对于交易不过处于中间介绍的地
位，自己并不运货贩卖。来往于锅庄的客人也都有地域的划分，如北路商客

① 中国人民政治协商会议四川省甘孜藏族自治州常委会：《甘孜州文史资料》第七辑，内部资料，1988 年，
第 110 页。
② 李文海主编：《民国时期社会调查丛编（二编）·少数民族卷》上册，福州：福建教育出版社，2014 年，
第 399—400 页。

住哪几家，南路住哪几家"①，"他们发源于关外某处，或祖上某些男人或女人是某几处人，他们来往的客人也以某几处人为主。如前所载汪家锅庄，与德格通婚姻，商人也以该处为主；罗家锅庄与昌都有婚姻关系，遂集居昌都商人"②。反映了锅庄同商客之间的历史渊源及其亲族关系的延伸。

锅庄，在甘孜地区还是一种特种行业。它是土司、头人、寺庙等藏商和汉族富商之间的桥梁和经纪人，尤其是和藏商彼此是相互依存的关系，主要集中在康定。据考证，康定锅庄原是明正土司下属的土千户、土百户来康谒见土司的住宿和办事处所，以后随着时代的发展，贵族的没落，其后人利用各自现成的院坝以及外地土司、头人、寺庙的历史渊源，从事接待他们到康定经商时养牲畜、堆放货物的落脚点。这些藏商到康定后，有的因语言不通，需要锅庄主人为之翻译，有的不谙行情，需要锅庄主人为之介绍和帮助。汉商要购买藏商或销售自己的商品，也需要锅庄主人代为洽谈和充作媒介。这样，锅庄主人即利用自己通晓藏汉语言、了解商业信息以及和各方面有往来关系，与商界较为熟悉等有利条件，协助藏汉双方，促成买卖的成交，并从中提取约百分之四的"退头"（即佣金）。这就形成哪家锅庄里住的藏商资本越大，锅庄主人的收入就越多，并可受到汉商的俯就和拉拢，成为了锅庄主的主要财源。为使这一"财源"能够保持长久，藏商到锅庄后，不论住时长短，食宿、草料均由锅庄承担，并时刻殷勤款待。锅庄主还在藏商住康期间，代为收付货款，交纳税金，包装交运。来康离康，都到关卡迎送，协助疏通关节，不使受到刁难。为此，藏商每次到西康，都固定住在最初住过的那家锅庄，不再另迁别家，别家也因直接涉及各锅庄与商人之间的利益，为防止乱拉乱住引起纠葛和后患，故大家都能严格遵守。因此，锅庄业的存在和发展，促进了来康定经商的土司、头人、寺庙商以及汉商之间的商贸关系，也为康藏地区的城乡交往、民族互动等，在产生较大吸引力的同时提供了诸多方便。

---

① 李文海主编：《民国时期社会调查丛编（二编）·少数民族卷》上册，福州：福建教育出版社，2014年，第259页。

② 李文海主编：《民国时期社会调查丛编（二编）·少数民族卷》上册，福州：福建教育出版社，2014年，第264页。

这些所谓"锅庄"，既住汉商，也接待藏商；既管食宿，又管商品贮存；既代购代销，又以经纪人身份撮合商品成交，人们称之为"招商店"。它们的客商来自四面八方，既有山西、陕西、四川、云南、青海，还有西康地区部分县的藏商。经营品种极其复杂，有汉族的茶叶、布匹、盐、丝绸、日用百货、副食、土杂、鸦片，也有藏族的皮毛、中药材、土产、酥油、粮食、奶饼、木炭，等等。清代中叶以后，朝廷政治力量深入西康地区，土司虽历为中央王朝册封，但已渐受牵制，赵尔丰改土归流，土司特权亦被削弱，加之藏汉民间往来频繁，商务日趋兴盛，"各庄目击康市经济形势，且由封建的转入商业的，明正土司已不能维系其常年权威，故此侧重商业一途"。锅庄纷纷转至以服务商业为主，而听差待贡则降为次要地位，锅庄商务达到极其兴旺繁荣之境地。到民国随着商业专营行业的发展，新兴"锅庄"和商务竞争加剧，又因政局变幻莫测，内战不止，商旅裹足，商务日趋颓败，相当部分锅庄客商减少，甚至不再上门，不少锅庄只得改变沿袭只限住"传统关系"的常客的惯例，无论藏商、汉商，也不分陕帮、川帮，区内区外所来客商一体接待。

汉商深入大凉山进行贸易，"向夷地进发，旋走旋卖，其天晚寄宿之处，及白昼投食之家，即酌量赠以物品"，不仅如此，必有少数民族担保，"请保入夷地，应视货物之多寡，给予保费，大概付全数资本十分之一，其通行之处，保头完全负责"，且从"居于保头有关系之家"可以看出，不同地域、不同族群的汉商同少数民族因共同的利益，也形成了一个共同体，此乃横向层面上来看的。

如是从纵向层面来看，会发现边地社会的杂谷脑等中心集市场所，还涉及地方士绅为代表的地方政治与谓之"北帮"的河南人为主的"香号"（即在杂谷脑从事麝香的交易，香号在成都、灌县买好布匹及少数民族所喜爱的日用杂物，运到杂古脑，用来换少数民族的麝香。香号收到麝香以后，须先经过一番泡制，然后方能一直寄到天津、上海及香港出口）之间的利益均衡，以及发生的密切关系。

香号的营业亦需要和地方士绅合作，因为如果不合作，地方士绅可阻挠番民来售麝香，香号派人到番地去时，亦会遇到困难，他们从成都、灌县运货物来杂古脑时也没有安全的保障，因此，香号并不因他们运输不很繁重而和地方上的关系比较疏远。……杂古脑的香号和地方政治有很密切的关系。据说在很早香号的势力,就侵到地方政治机构中,最初是地方向香号借款,香号尽量放予,以各种地方税收作抵押,到借款到了相当数目的时候,香号的人就被请出任地方财政局长及税务局长之类,取得了地方的经济权。这样,香号就间接地把持了地方的政权,虽然他们外表上仍是经营商业,但地方政府无形中要受他们的指挥。①

正是如此,在实际利益的诱惑下,边地社会出现了新的权力阶层,也就是地方士绅同汉商的利益组合体。如同格尔茨对集市经济的研究,"通过对摩洛哥一个小镇集市的民族志调查,发现市场中的信息收集、谈判和交易都是与各种社会关系紧密联系的,如市场中存在着各种庇护关系等"②,社会关系实际构成了一种市场,也在这种利益双方的庇护下,通过"市场"商品交换中的"互惠、再分配和交换",使得"更为复杂的权力、关系、声望等要素"被转换和定价,所以说,表面上的经济交换形成的经济市场,其中还掺杂着政治、社会、文化和象征市场,它们相互作用、相互借力、相互生产、相互转换③,这是需要注意的现象。

总之,民国时期边地社会的川盐贸易中的商品即川盐,被视作是有"社会历史",或者说是有"经历"的,其原因在于川盐在生产过程中被"生产的标准化"控制,也就毫无疑问地成为"一种技术知识的标准化"。同时,这种生产知识还通过川盐的交换与消费得以体现出来,那就是"物物交换的信息模式可以适应于任何一种经济模式,但要求这种经济模式中的物的品质与价值都不能被标准化"④,正是这样,所以"知识中存在的这种鸿沟以及发生在生产者与消费者之间的信息交流的困难"造成了商品流通的阻碍。但是,生产者和消费者之间的这种隔膜,却因商人们将远距离流通的珍贵商品譬如盐、布、茶等,内部包含的"商品的行为本身所具有的独一无二性,以及它

① 李文海主编:《民国时期社会调查丛编(二编)·少数民族卷》上册,福州:福建教育出版社,2014年,第398页。
② 张小军、王思琦:《咸与权:历史上自贡盐业的"市场"分析》,《清华大学学报》(哲学社会科学版)2009年第2期,第55页。
③ 张小军、王思琦:《咸与权:历史上自贡盐业的"市场"分析》,《清华大学学报》(哲学社会科学版)2009年第2期,第52页。
④ 孟悦、罗钢:《物质文化读本》,北京:北京大学出版社,2008年,第45页。

的稀少性特质"①，通过建立的贸易关系，最终在边地社会不仅传递着社会信息，也掌握了价值，更是在贸易中获得了更多的权力政治，这是对生产者和消费者之间的商人而言的。但是对时常有贸易需求的边地社会民众而言，则是养成了一种对外的依赖性心理，也就是从之前的生活"自给"慢慢地转向了生活"依赖"，而这主要是受到了边地社会民众直接的消费需求的左右。

---

① 孟悦、罗钢：《物质文化读本》，北京：北京大学出版社，2008年，第46页。

第五章　川盐统制：现代民族国家的经济实践

以自由贸易为原则的盐法，已不适于战时需要，国民政府一改以往，以民产、官收、官运、商销为纲领，加强了政府统制。川盐的统制是创造国家资本乃至于建构现代民族国家的有效途径，要想实现它，就必须完成抗战大后方的经济、文化与教育等调查，且不断推进资源运输道路的现代化进程。除此之外，还以设立于盐道沿线的公卖店，作为统制实践来实施，以此推动国有民生与产业门类、地域资源之配合，使之共同发展。施行计划经济，不仅是民生主义，亦是现代民族国家发展的重要保障。

第一节　统制前期的社会调查及民生主义主张

由于"国人沐于外祸日亟，群起挽亡救危，关于边疆问题，亦莫不风起云涌，从事切切；或则实地勘察，以穷究竟，纪实事。或则发掘探险，以搜骨（古）董；或则征文博献，以资参证；或则辑印丛书，以便浏览"[1]。于此情形下，形成了"各科人士皆谈边疆，无论是社会学家、历史学家、语言学家，其所学学科与边疆有密切之关系，其谈也固无不宜。然一般不相干的人士，或劳驾远征，或闭门座谈，亦往往以边事边情为集注之点"[2]的一时社会风潮。之所以如此，皆于"整个国家国族之利益，不外国民团结，领土完整，盈虚相济，以臻普遍之繁荣幸福"[3]，所以说，受当时战争时局及社会风

---

[1] 甘肃省古籍文献整理编译中心：《中国西南文献丛书·二编》第四辑，北京：学苑出版社，2009年，第475页。

[2] 马长寿：《十年来边疆研究的回顾与展望》，《边疆通讯》1947年第4期。

[3] 黄慕松：《我国边政问题》，南京：西北导报社，1936年，第33页。

行的影响，社会调查成了建构现代民族国家之必选路径而备受推崇。

一、民国时期的盐道沿线经济社会调查

盐道沿线的经济社会调查情形，主要是以民国时期的游记文本作为研究对象。尝试解读战时之特殊局势，一部分社会学者、政治家与爱国者等，自觉地担负历史使命来到大后方进行社会调查，冀此实现推行"三民主义"以及挽救国家之明确目的。

（1）民国时期游记研究概说。民国时期游记的研究，更多是探究域外游记，并将其研究指向为国人的"现代性体验"，相比较之下，大量域内游记的研究却显得较为冷落，究其原委，概因域内游记的可言说与表述的空间与主题，莫能同域外游记相媲美，因故对其漠然之。可是，域内游记尤其是其中大量的川盐考察路线记载，承载了诸多游记作者构建现代民族国家的意识与愿望，虽说不及域外游记的宏大叙事即现代性体验，却也发挥了极其重要的价值，理应受到重视。

对民国时期游记的研究，尤其是对域外游记的极大关注和偏爱，几乎都指向了中国现代性体验这一核心话题。在周宪看来，现代性体验，即为"中国如何看世界和看自己的问题。……就是对陌生的社会和文化的体验，就是对自己历史传统的再次体认，就是对自我的反思和批判"①。通过域外陌生化社会文化的言说与表述，进而实现对本土文化的解剖，如此之阐释与揭示是深刻的。但是，对域外游记的倚重之势，却遮盖了大批同时期创作的域内游记，尤其对西南地区考察为主的游记，究其原委是因域外游记的创作可以被赋予宏大的叙事性主题，诸如现代性这一被认可并接受的概念，而相比较之下域内游记却显得微不足道。由于这些游记记载的大多是作者游历或是经过地域的所见所闻，且主要以西南地区的经济商品与物资交换为侧重，因此难以以时髦且深邃的概念去框定，自然被忽略也就不足为怪矣。

我们知道域内游记，乃民国政府派出的考察团或民间自发的个人考察活动，以西南地方社会所见所闻所感书写而成的游记文本。受西方列强侵略和扩张不断加剧，边疆危机日益挑战着国家的统一与完整，在此情境下，国内

---

① 周宪：《旅行者的眼光与现代性体验——从近代游记文学看现代性体验的形成》，《社会科学战线》2000年第6期，第115—116页。

兴起了一次大规模的边疆考察运动。同时,民国政府随后因西迁,在国内强化边疆建设日益高涨的情绪影响下,也因守边固边思想以及增加财政收入的现状所迫,从而开启了对边疆地方社会的调查。涉及的游记文本主要有《川西南记游》《游川日记》《川南记游》《川西北步行记》《川游漫记》《川湘纪行》《西南三千五百里》《湘川道上》《宜渝道上》《漫道南国真如铁——西南漫游记》《松潘游记》《漂泊西南天地间》《西南旅行杂写》《匹马苍山——黔滇川旅行记》,等等。笔者通过阅读并梳理上述游记文本,发现游记作者的考察路线,大多是沿川盐的行销网络来考察当地的政治状况、经济产业与文化教育等,其中也不乏对四川盐产地的翔实记载,从而引发了笔者的一个思考:即游记作者动辄驰驱千里、万里,笔触山川要塞、土俗民风、物资产销等耳目所及,无不记载。他们在寻常旅行想象不到的艰险劳顿中,惨淡经营其发现之旅,是对蛮荒僻壤之社会与文化、人生等多重的、复合的重新打量与解读,那么,其中游记作者对川盐及其他物资产品的介绍,其价值指向和意蕴表达何在?想要弄清楚这一点,就有必要考察游记中的盐业记载。

(2)域内游记反映的川盐产销实情。有考察盐产地及沿线运销情形的。除上述列举的《川西北步行记》游记文本外,还有《游川日记》,其中的臭盐碛:"冬季水枯,南北两岸均成沙洲,浮于洲边之盐水甚多。居民就洲上架草为舍,砌土为灶,取水置干锅中,煎干即成白盐,春末水涨盐水亦没。年产盐约五六百吨,销本地及施南宜昌。附近有煤场,大半因煮盐而采用。"[1]《宜渝道上》有培石:"市街位于江南,集居九十余家,东西皆有山涧,流泉铮铮涧谷,涧上均有石桥,东通施南、利川,西达巫山、夔州。此间盐店甚多,川盐出省,类都在此转口。居民肩背背篓……大帮的运盐于培石和花果坪间(花果坪属湖北施南),每人负重一百斤,每斤工资一百文(洋价十吊),崎岖山路二百里,各得法币一大尊。"[2]巫溪:"大宁河自西北来,会口于此,巫溪产盐,来此转口,小船来往,如梭若织,日落崦嵫,舟泊涌河,船艄高翘,状若鲤尾。"[3]奉节:"滟滪堆边,有盐井一,水退井露(隔岁十月至翌年三月),制盐颇多,大块似石,名锅巴盐,烹调食物,咸而且鲜,除供本县食用外,每

① 曹亚伯:《游川日记》,上海:中国旅行社,1929年,第16页。
② 周俊元:《宜渝道上》,武汉:华中图书公司,1930年,第26—27页。
③ 周俊元:《宜渝道上》,武汉:华中图书公司,1930年,第33页。

年可出售三四十万元，桐油最富，年出百万元。"①《湘川道上》记载有彭水："川东川西的盐，都装载到涪陵，再换专走乌江的木船（船尾全是歪的），装到贵州龚滩、沿河一带，再用人力挑到各县去卖。所以装盐的船，非常之多。他们回来时，大都在龚滩买了些木柴，带到涪陵去卖。一些有交际的，便在彭水大商店中，揽了装桐油的生意。每桶约一百八十斤，装到涪陵，再运销长江下游，或是出口，装费每桶可得三元，另外再带上几个客人，供给伙食，每客一元至一元五角不等。这种钱由伙计们按成分派，算是他们的外快。"②

有反映沿线民众生活艰辛的。《西南三千五百里》记载："黄平苗族不求于人，一切生活上的需用品都是自己制造。唯有食盐向汉人购买不可。他们有谚语：'米不难，包谷红薯也可餐；菜不难，萝卜白菜也送饭；酒不难，谷酒也把盏；柴不难，荆棘枝丫也烧饭；只有官盐实为难，没有白银买不来'。"③安顺，苗民"生活非常节俭，竟有日常必需的盐也舍不得钱去购买，有时从市上买了一块盐来（黔境都食四川盐），恐怕它卤化，先把它在油里一沸，然后挂在梁上，需用时把它放在菜里打一滚，又忙把掠起来挂好"④。《宜渝道上》的沿江山地，"有者可供种植稻、麦，但大都为少数人占有，筑茅屋，招佃户，二八分收……佃农终岁劳勤，不得一饱，庄家华堂深居，坐享其成。佃户不得一饱，另觅生存途径，农余之暇，入城向运盐船购买洗船盐水，装回煮盐，付出一毛钱，购水两大桶，烧柴七八捆，煮盐三四斤。盐之制法：将水置锅烧煮，及浅，撒入明矾，置碗锅底，便有盐粒沉淀碗内，取出滤干，便成'花盐'。水烧干，锅上亦积有盐巴，冷后铲下，名'锅巴盐'"⑤。

民国游记文本有关盐产地的产量、销售、交换等细致的记载，应该说，是我们还原及研究民国时期川盐的重要文献，也是弥补当前盐业史研究空缺的重要资料来源。但是，此处并不限于对盐业资料的简单罗列，而是通过游记作者对盐业产销状况的描述与呈现，试图揭示出游记作者的价值诉求。从游记文本来看，不难发现，虽然作者调查的角度不同，有侧重于西南少数民

① 周俊元：《宜渝道上》，武汉：华中图书公司，1930年，第42页。
② 薛建吾：《湘川道上》，上海：商务印书馆，1942年，第43—44页。
③ 钱能欣：《西南三千五百里》，上海：商务印书馆，1939年，第41页。
④ 钱能欣：《西南三千五百里》，上海：商务印书馆，1939年，第70页。
⑤ 俊元：《宜渝道上》，武汉：华中图书公司，1930年，第94页。

族和民俗事项，有侧重西南地区的文化卫生教育的调查，有侧重宣传抗战，由重庆往自流井、威远、荣县、五通桥、嘉定、夹江、眉山、彭山、新津、双流、成都等地发动节约献金活动，等等。但是，诸多游记文本，其重心仍是因"西南成了抗战的重要腹地"，所以"非得读西南的历史和观察现存的许多事实不可"，并且是"实地去了解西南，握住了这个重心，切实做去，开发的工作，自然随之畅行无阻，事半功倍"。在此处，游记作者们阐明了开发西南对整个中国而言的重要性，即"西南是一个资源丰富的地方，将来开发前途远大"①。由此可知，实乃体现了众人怀抱着一颗救国家与救民族于危难的拳拳之心。

二、民生主义的实践途径及运输现代化

日本帝国主义的侵略战争，导致祸乱相循，百业停滞，日用所需大多得仰给于外。而帝国主义经济势力，深入穷乡僻壤。尤其是川地属抗日之大后方，责任綦重，统制物品，强制实行节约，属于迫在眉睫之要务。对"粮食与物品之统制，原属于统制经济之范畴""所谓统制云者，盖即以政治力量，科学之方法，对其生产、运销、储备、消费各端，加以精确之计划，缜密之组织，严格之管理，俾供求相应，不至有意外之虞。其间又有平时与战时之分。原以非常时期，较诸平时，供给之情既异，需要之势亦殊。因社会环境变迁，而统制方式遂大不同。然而两者固不可偏废也。普通言之，平时统制为战时统制之准备，战时统制又为平时统制之加强，所差者惟轻重缓急之耳"②。

为了在财政上获得增长，孔祥熙把专卖政策提升到民生主义的高度，称之为实现民生主义之一环。之所以有如此提法，是因为推行专卖以前实行的是专商引岸制，具体的做法是穷民制盐，缺乏资本，不得不乞贷于专商，专商遂重利以贷之，如此地年复一年，永无结清，如此盐民则是永远处于专商的羁绊之中。各引地内盐民制出的盐，不能自由售卖，必须售与该地内之专商，于是盐价之高低，专商权衡在握，任意抑压，盐民极感无奈。盐商收购与售运盐斤多少，是以其利润之最高额为权衡，所以盐商惯常以停收之法，

---

① 钱能欣：《西南三千五百里》自序，上海：商务印书馆，1939年，第2页。
② 四川省档案局（馆）：《抗战时期的四川——档案史料汇编》下册，重庆：重庆出版社，2014年，第1241页。

作为牟利之道，而盐民的生计却难以顾及。总之是盐民不过鱼肉，专商则为刀俎，任由其宰割。所以，实施且推行的专卖制就具有了划时代的意义，因为专卖制能够为整个三民主义国民革命的成功贡献相当力量，规定产盐须由官收，收价须由官定，则彻底根除了盐商勒抑盐民的弊端。

同时，专卖制"在战时适应了财政政策，并进而奠定实行民生主义的基础"。适应战时财政政策，增加合理之收入，达成财政配合军事的使命，在合理的开源途径中，国家专卖政策是最为重要的。专卖政策也是践行民生主义的主张，其本质是节制私人资本，发达国家资本，改善社会经济以及改变社会分配不公现象，同时抑制豪强，充裕国用的目的。盐"由官监督制造，办理收储、运输，监理配销，以至将过去商人搜括盐民食户的利益，概归诸国有"[1]，也是"由政府管制产销，保障生产运销者之合法利润，而使消费者不增加过分负担，以促进生产节制消费，调节物价，安定民生；而政府对于专卖物品，寓税于价，使居间商之利益归公，财政上可增加巨额收入，资为抗战建国之需"[2]。因此，专卖制度对国计民生是两有裨益的。

由于抗战之际，川盐实为唯一生命线，关系国税岁入，军民食用，至为重大。亦如景学铸所言：

> 抗战以来，川省人口增加，盐税收入，亦与年俱进……则二十八年份岁入，四千万之数，必有把握，川省税源，田赋之外，盐税实居第一位，此关于国用者一。……盖川康黔三省，以及滇鄂湘陕各省一部分，向恃川盐济销。抗战以后，赣省缺盐，且请川盐供给，食用川盐之人口……每人每年盐之消费量，至少平均十斤……则每年需盐为一千二百万担，否则若干人民，即有食淡之危险，是仅指食盐而言，他如农工业用盐，尚未计算在内，是以川盐产量之丰啬，实为目前最重大之问题，此关于民食者二。此次抗战大胜之鄂中、湘北、赣北各区，大军云集，军盐重于军米，军米各地皆产，且可以杂粮替代，而鄂湘赣三省，向不产盐，亦无物可以代之，近来粤盐由桂入湘，运输困难，前方大宗军盐，均赖川盐供给，此关于军需者三。川盐自产制包装存储，以迄运输暨销零售，直接间接以盐为业者，何止数百万人（四川盐政史称六七百万人

---

① 王达：《三十年来盐务之演进——从三民主义的立场观察》，《盐务月报》1943年第24期，第22页。
② 何思睽：《抗战时期的专卖事业（1941—1945）》，台北："国史馆"，1997年，第73页。

或有依据），而工商金融交通公益各项事业，几无不籍盐得以周转发展，此又关于一般经济与民生者四。[①]

盐具有的重要地位，促使了盐专卖制度于 1942 年 1 月 1 日开始实施。1942 年 5 月 26 日，国民政府公布了《盐专卖暂行条例》《盐专卖暂行条例施行细则》《制盐许可规则》《收盐规则》《运盐规则》《销盐规则》《各区转火盐管理办法》《储盐仓坨管理规则》《渔业用盐变味变色办法》《农工业用盐发盐规则》《渔盐发售规则》[②]等专门法规，盐专卖制得以陆续施行。

盐专卖，就是治盐，是以社会政策为主，以财政政策为用，力谋民生疾苦、社会安宁，兼维财政充裕，以循序渐进为步骤。盐专卖是以民制—官收—官运—商销的原则，也就是规定盐为国有，人民需经政府给予许可，才能制造；在场制成的盐，都需缴仓，由政府按其成本加入利润，核定场价，照额收购，不得私让。下面就川东、川北与黔区[③]食盐专卖实施情形，分别阐述之：

（1）统筹产收。川东地区通过盐场的整理，使包括了量销定产、盐质改良、盐工福利、盐斤管理得到顺利推行。川北地区盐产先天不足，制盐技术亦复落后，必须举办各种改良措施与福利事业，即改良盐质、改良技术、整顿仓储、盐工福利、划一场价等。贵州区实施统筹，必须开发黔省盐源，勘察开阳、水城等十余县，发现均有盐苗。

（2）官办运输。川东辖区运道，除沿江外，陆路居多，内地河道也多礁石。而鄂西、鄂中、鄂北各地区接近战线，地广人稀，军商运输拥挤，输力尤感缺乏，环境异常恶劣。加强运输，主要有官运部分，即整理云硐公路、修筑香溪河道、利用商运力夫、加强木船管理；商运部分，即招商代运云阳至万县一段的云盐、招商代运鄂省施南七县销盐、济楚和济巴及济奉的云盐实行包斤。川北地区因人力、财力未充，交通不便，商资薄弱及运输工具缺乏等困难，除济陕、济鄂及各地应屯常平盐暨广元限价市场供应盐已实行官

① 景学铸：《川盐六化政策》，《新政治月刊》1939 年第 2 期，第 29—30 页。
② 金普森、董振平：《论抗日战争时期国民政府盐专卖制度》，《浙江大学学报》（人文社会科学版）2001 年第 4 期，第 75 页。
③ 赵武显：《川东一年来盐专卖之检讨与展望》，《盐务月报》1943 年第 13 期；张元：《贵州区实施盐专卖之概况与检讨》，《盐务月报》1943 年第 13 期；蒋守一：《川北区盐专卖第二年业务实况》，《盐务月报》1943 年第 1 期。

运外，其余全系店商及肩挑摊贩直接到场领运销售。黔区盐运在实施专卖后，依照政府自运、招商代运及委托商运加以调整。

（3）调剂配销。川东地区规定招商设立公卖点办法、规定配销地点、商销之管理与盐价之划一、囤盐备济，均是严密管制商销，求民食普足与盐价平衡，达到福利民生的目的。川北区设立各销区机构，着手普遍招组食盐公卖店，承销官盐，以完成基层配销网。原有肩挑摊贩，按实际需要登记给证，使与公卖店竞销，以平衡零盐售价。黔区配销管制，是将各地零售盐店，正名为食盐公卖店，包括官趸售（各委托商运的商盐，就仓趸售，凭盐专卖机关印制的路票，才能开售）、商零售（凡散商零贩，承销食盐者，均经核发营业执照）、肩挑摊贩（决定举办摊贩登记，拟定贵地州区零售摊贩管理办法，同官趸售和商零售制度配合，完成国民经济之一环）。

（4）资金运用。川东地区以有限资金办理全部官收官运，在实需数目上，已感不敷，再应付不断高涨的物价，更感困难，所以采取了如下办法：自力更生、商资利用、附属机关资金集中运用，此外对于赏本费的按时汇解，有裨于全国资金的运用与盐专卖机关的信用。川北地区设法利用商有人力、财力，作为推行专卖过渡办法。贵州地区先后签定委托商运合约，责令各商筹足资本，毋庸官收补助。

（5）人事配备。川东地区的人事配备情形，有机构的调整、裁并偏支机关、人才培储与工作集中、卫生健康的改进。川北地区加强暨改善场岸机构，主要是改组场务机构、设置查产员、设置工管人员、裁并销区机构、裁汰官仓员工。也就是"治人""治法"虽各为一体，然二者必须配合运用，才能奏效。黔区统一运输机构裁撤西南总处，将一部分车辆器材及品绩优良的员司，调并黔局，机能越加强固。

作为战时财政的组成部分，食盐专卖制度使国民政府获得了财政收入；而作为经济统制的一部分，食盐专卖制度不仅有利于维持战时盐业生产，而且对于调剂供销、控制盐价、防止垄断等都产生了积极的作用。[①]应该说，实施食盐专卖期间，"盐之产量，大致上都能达到盐务机关管制之目标。民国三十一、三十二年以增产为目标，该年生产实数，与三十年比较，三十一年为

[①] 金普森、董振平：《论抗日战争时期国民政府盐专卖制度》，《浙江大学学报》（人文社会科学版）2001年第4期，第75页。

二千一百七十六万八千市担，增加二百三十万三千市担；三十二年产二千五百零八万市担，增加五百六十一万五千市担。而是年全国实际需求量约为二千二百九十五万四千市担，较需要量增加约二百万市担"①。因为所产盐量供应充足，解决了后方民众的生活需要。

也就难怪乎，如《盐专卖歌》唱的那样：

正月里来水仙花儿开，盐巴专卖裕国财，引岸取消民不受灾，从此呀，政府管起来。

二月里来蜜桃花儿香，盐巴专卖摆端详，汉朝武帝筹办国防，起头呀，输饷桑弘羊。

三月里来杨柳花儿催，盐巴专赏砌粮台，中华健儿视死如归，倭奴啊，打退仅如雷。

四月里来蔷薇花儿肥，盐巴专卖扬国威，十兆税款收做军费，空中呀，堡垒东京飞。

五月里来菖蒲花儿悬，盐巴专卖总动员，有力出力有钱出钱，抗战呀，胜利操左券。

六月里来新荷花儿鲜，盐巴专卖最完全，盐为国有许民制煎，尽产呀，尽收不迁延。

七月里来菱角花儿香，盐巴专卖归中央，近场肩挑远道船装，盐巴呀，宜运更便当。

八月里来木樨花儿飘，盐巴专卖统配销，公平买卖切莫叫嚣，私抬呀，盐价罪自招。

九月里来秋菊花儿黄，盐巴专卖没盐荒，民不淡吃军不饥粮，后方呀，生产供前方。

十月里来芙蓉花儿娇，盐巴专卖没风潮，劳资携手官不心焦，民生呀，幸福国富饶。

冬月里来茶叶花儿丛，盐巴专卖为反攻，失地收复东亚称雄，论功呀，行赏数盐工。

腊月里来红梅花儿妍，盐巴专卖一周年，自古专卖都会镇边，如今

---

① 转引自何思睐：《抗战时期的专卖事业（1941—1945）》，台北："国史馆"，1997年，第324页。

呀，专卖总动员。[①]

尤其是运输，作为专卖制度里的重要环节，为达至统制目的，实施了"盐运输的现代化"。其中有民国二十八年（1939年）聘请华北水利委员会测量、设计，之后开工建设的威远河（运煤）和盐井河（运盐），以此加速推进食盐产销的现代化。

（1）威远河。威远河由威至井，记长60千米，水量甚少，运输极难，沿河各地，如雷家凼、罗家坝、破塘口、鸭子滩、河墩子、廖家埝、高洞、观音滩、老新桥九处，每年需修沙堰一次，一遇洪水，九处沙堰全倾。每年运费所耗甚巨，运量亦微，全年不过运煤125 000吨。为节省水量，并增加河身深度，以利运煤计，在上述雷家凼等地方，设计每处建筑崖堰两座，在上下两堰之间，建成放船水闸两座，全程共筑崖堰18座，船闸9座。每次放船，只消减闸内之水量9000立方米，以现有船只论，放闸一次可放船35支，且既修崖堰，则两闸之间，河身深度提高，浅滩淹没，运输利便，复于威远上游之小堰坨、五里濑地方，建筑蓄水堰两处，利用此水，在沿岸增建沟渠，以灌溉两岸农田3000余亩。若是，不但解除煤运困难，且可免两岸农田旱灾，运量可增加4倍，运费可减少2/3，按现在物价估计，年省运费达1200万元。

（2）盐井河。盐井河发源于威远与荣县，至自流井合流，由井至邓关，河身记长73千米余；坡度峻陡。前清官运时期，曾在金子凼、重滩、仙滩、沿滩、老鸦滩、邓关、梁子上等最险之19处，或筑石堰或修板堰以蓄水；在枯水时，须蓄水七天，始能开板堰一次，放水行船，但每次开堰，均一泄无余，消耗水量至巨，且堰之外，尚有石礁，非开水槽，行船不便，其槽口形态如蛇，放船异常危险，不能放船之处，须以人力搬滩过坳，因之运输异常迟缓，盐船由井下驶，需时三星期到达邓井关，空船由邓井关至自流井，需用人拉纤，多者需时四星期，来回共需七星期。每年除极枯水与洪水不能行船外，平均不过行船六次，运量不大，故为省时省费及增加运量计，有改造船闸之必要。即以每年运盐300万担计，在未建船闸以前，其运费按现在物价计算，约为3000万元，船闸完成之后可减为1500万元。

---

① 竺墨林：《食盐专卖歌》，《盐工导报》1942年第4期，第24页。

全程建船闸三座：一曰离堆闸，建于金子凼，将河身裁弯取直，省程七华里。一曰庸公闸，建于沿滩，配以崖堰以蓄水；又为避免上游水位过高，洪水时淹没农田，故于崖堰上复建活动堰一座，于洪水时，利用上游水之压力，自由开放，以减低上游水位，水落时自由关闭，提高上游河身水位。一为济运闸，建于邓关，配岩堰一座，闸堰完成以后，河身水位提高，沿河浅滩一律淹没水中，即在极枯水时间，三段之水，深度相若，每一段在从前为最浅之处，堰闸成后，其深度亦有 1.5 米，每闸可容船 8 至 10 只（因船有橹船、驳船两种），放闸一次消耗水量约为 8000 立方米，其运输时间往返只需 7 日，每年以 300 日计，最少可往返 40 次，较之从前全年只行 6 次，约可增加运量 7 倍；运费至少可减一半。建闸工程，始于民国三十年（1941 年）一月动工，民国三十一年（1942 年）五月底完成，历时 17个月，用费 1380 万元。

三、整治叙昆大道驮运

《四川省建设厅关于整治叙昆大道驮运布告（1939 年 4 月）》说：

> 照得战时运输，攸关军事至巨。本省位居西南，物资产销要区。值兹二期抗战，积极疏运是倚。叙昆大道驮运，已有攸（悠）久之基。惟查商营斯业，组织殊欠周密。马帮既乏训练，人夫散漫无纪。货少跌价抢运，货多抬价居奇。运价忽高忽低，发展运务难期。政府有鉴于斯，部令设所整理。承运官商货品，叙昆处站分立。实行驮运统筹，以冀排除积弊。商货缴费报运，不得私运违例。夫马皆须登记，实行新法管理。人夫待遇优异，运费力求减低。货物多方保管，减少损失不虞。人马各带（戴）徽号，可免兵役差使。施行划一统筹，绝无恶意威胁。上应国家需要，下裕人民生计。凡尔堆商马户，以及马哥夫子。毋得误会滋事，咸宜服从管制。慎勿自贻伊戚，希图偷运抗拒。倘有漠视政令，严惩决不姑息。莫谓言之不预，仰各凛遵此例。[①]

于此，谈盐运输的现代化，皆因四川省交通不便，盐运维艰，急需疏导与改善盐运交通条件，因此成为盐运方面统制的首要之选。其次则是统筹需

---

① 四川省档案局（馆）：《抗战时期的四川——档案史料汇编》下册，重庆：重庆出版社，2014 年，第 1533—1534 页。

给，一个机关负责统筹办理，以此则"庶生产无过余不足之患，而销售得简
捷利便之惠，故此机关颇富运销合作社之性能，惟宜由政府出而主持，免奸
商得乘机操纵渔利"①。王嘉谟所言之意却也同于景学铸的观点，景学铸甚至
更进一步提出：川盐因成本过高、商力薄弱等病症，"为对症下药计，惟有将
整个盐务，以合作方法组织之，节制多头资本，杜绝各种盘剥，成本自低，
产运连锁，信用合作，联合设备，集中经营，商力必厚，一面健全合作机构，
一面力图业务改进，以不营利方法减低盐价，以为社会服务精神，发展事业，
非如是不足以自力更生，而与他盐抗战也，是以川盐合作化，实为起死回生
惟一仙丹，良药苦口，勿以其味苦而舍之"②。他将川盐的产、运、销暨金融
四种应组之合作社，进行了细分，仅就运输合作社来看，就分了包装合作、
运具合作、仓栈合作、保险合作。

　　但是，应该清醒地认识到，盐专卖固有的症结是难以解决的。主要在：
一是"盐产虽是集中，而场区辽阔，运道纷歧，非有本身警力，不足以掌握
盐源，尤非赖军政各部门合作，不足以杜绝透漏"；二是盐的"大量生产，成
本轻，品质优，产量丰，利润厚，与独占经营，互为表里""欲期不蹈历来官
营覆辙，保持盐政固有精神，应采取现代科学方法……完成盐业建设，贯彻
国营目的"；三是盐专卖"运用资金浩巨，流通筹码亿兆，国库所投，为数有
限，余皆赖恃商资补助运用""惟官资配合，仍需量为充实，方期卷舒自如，
而免影响周转"；四是"战时物价，突飞猛涨，时会推移，今昔迥殊"③。不
仅如此，盐专卖的弊端也随之出现，集中在民制来说，各地的盐民，皆资力
微薄，设备简陋。盐产为求费用的经济，则需扩大经营规模；为求产量的增
加与盐质的精美，则需具有适当的设备，但这些都不是散漫贫苦的盐民所能
办到的。就商销来说，商人以牟利为目的，应让其获得合法的利润。但是，
商人的短秤、掺杂、抬价，甚至私贩私售、囤积居奇、垄断网利等弊端，难
以做到一概杜绝。那么，商人的利润来自食户，难免不增加人民购买的苦难，
甚至妨害人民身体的健康。于此之外，政府对盐的管控，相比之下对城市控

---

① 王嘉谟：《战时川盐统制问题之商榷》，《建设周刊》1940 年第 8 期，第 4 页。
② 景学铸：《川盐六化政策》，《新政治月刊》1939 年第 2 期，第 43—44 页。
③ 杨鸿杰：《民生主义盐政论》，《盐务月报》1943 年第 5 期，第 11 页。

制较易，而对广大乡村或偏僻区域，要想做到控制的绝对有效，事实上有很大困难。

四、构建现代民族国家之夙愿

中国自近代以来，构建现代民族国家的实践，实际是从鸦片战争开始的①，也就是说，自鸦片战争开始，中国传统王朝帝国以自我为中心的时空观被瓦解，诸蛮朝觐吾皇的规制与礼仪，被支离与颠覆，封闭的帝制被终结，随之被强制性地纳入世界发展序列中，成为西方强国的殖民地。正当国家主权、疆域边界等面临严峻挑战之时，随着封建帝制的崩溃，中国才正式开始建设现代民族国家历程。吉登斯所言及的民族国家"是拥有边界的权力集装器"，它"存在于由他民族—国家所组成的联合体之中，它是统治的一系列制度模式，它对业已划定边界或国界的领土实施行政垄断，它的统治靠法律以及对内外暴力工具的直接控制而得到维护"②。只有如此，"现代民族—国家的国家机器才能成功地实现垄断暴力工具的要求，而且也只有在现代民族—国家中，国家机器的行政控制范围才能与这种要求所需的领土边界直接对应起来"③。说明现代民族国家就是要通过法律和对内外的暴力工具来实现国家的统一、领土主权的完整以及疆域边界的稳定等终极目的。

针对中国近代社会状况，孙中山在《国民政府建国大纲》中，正式提出了民族主义的主张，即"对于国内之弱小民族，政府当扶植之，使之能自决自治；对国外之侵略强权，政府当抵御之。并同时修改各国条约，以恢复我国际平等、国家独立"④。孙中山提出的民族主义成了近代中国企图实现现代民族国家的理论先导。但是，之后建立的国民政府面临着一系列的问题，虽

---

① 孙岩：《从民族国家建构到民生国家建设——近代以来中国现代国家建设维度的嬗变》，《湖北社会科学》2011 年第 9 期，第 30 页。

② （英）安东尼·吉登斯著，胡宗泽等译：《民族—国家与暴力》，北京：生活·读书·新知三联书店，1998 年，第 147 页。

③ （英）安东尼·吉登斯著，胡宗泽等译：《民族—国家与暴力》，北京：生活·读书·新知三联书店，1998 年，第 20 页。

④ 孙中山：《国民政府建国大纲》，《知难》1928 年第 49 期。

然说国家政权已建立，但一直没有完全实现社会的整合和对各民族的统制。亦如吉尔伯特·罗兹曼指出："1927 年以后的南京 10 年期间，国民党直接控制的仅仅是山东、河南、安徽、浙江和江西的一部分以及江苏的全部。"①

于是，导致了国民政府对其他地方实力派控制省份，"只能是一种象征性的和形势上的统一"②。正因为如此，在建立现代民族国家的艰难道路上，尤其是面临抗战的需要，以及适应"重大的历史变动，一种权力的重新估价"③，国民政府想要对那些象征性和形式上的西南边疆地域社会实现统一，首选对其展开一系列调研，进而提出开发西南的政治主张，希望借此行为不仅能唤起边疆地区民众的"国之一统"的自觉意识，还在使"边疆各民族彻底明了信仰本党主义之好处，与内地同胞精诚团结之安全，以及建设边疆，对于内地人力财力上帮助之需要；而内地亦须深知边疆为内地之屏障，边民为国民之手足，互相捍卫，边围巩固，力量充实，则国家愈有发展，前途愈有光明"④。

不仅如此，"川之游……涉此风土，记其富藏"⑤，对西南边疆商业经济尤其是四川盐业产销状况的调研，希冀找到发展经济增加财政收入的良方，毕竟财政是国家统一的重要保障，甚至是"国家更是利赖经济得有其存在，在一个新兴的区域以内构成一个范围经济生活以扶持国防本位的统治政治机构，这将是边区开发以后必然需要的事实"⑥。亦如孙中山先生曾指出："世界开化，人智益蒸，物质发舒，百年锐于千载，经济问题继政治问题之后，则民生主义跃跃然动。二十世纪不得不为民生主义之擅场时代也。"⑦孙中山先生希望处于抗战后方的四川盐业经济振兴与发展，以促进地方社会的繁荣，进而解决民生问题，从而有裨于国家之物质建设，最终实现为国家政治服务这一目标。

但其根本就在于"边区经济建设的目的是在改善一般人民——农民的生

---

① （美）吉尔伯特·罗兹曼主编：《中国的现代化》，上海：上海人民出版社，1989 年，第 448 页。
② 崔之清：《国民党政治与社会结构之演变（1905—1949）》，北京：社会科学文献出版社，2007 年，第 911 页。
③ 丁亿非：《边区的开发问题》，《边政旬刊》1939 年第 4 期，第 4 页。
④ 黄慕松：《我国边政问题》，南京：西北导报社，1936 年，第 32 页。
⑤ 曹亚伯：《游川日记》，上海：中国旅行社，1929 年，第 1 页。
⑥ 丁亿非：《边区的开发问题》，《边政旬刊》1939 年第 4 期，第 49 页。
⑦ 孙中山：《孙中山选集》上卷，北京：人民出版社，1981 年，第 79 页。

活",那么,应该如何解决这种"边区经济建设中的不消化症",即改善农民生活呢?郭剑萍充分且巧妙地利用了范云端提到的"合作组织"概念,将其理解为"合作本身是一种运动,而在行政上之某种目的已相演用为一种合作政策。为的救济农村的目的,常利用合作的组织;为的农村金融的目的,常利用合作的团体;为的农业推广的目的,常利用合作的联系;为的农产品的输出贸易,也常利用合作的经营;为要达某种产业的统制,也常利用合作的联合,实行管理的方便"。[1]由此推知,合作对边区经济建设,尤其是改善农民的生活而言,其重要性不可忽视。

第二节 食盐公卖店:抗日战争时期国家统制的基层实践

盐是民众日常生活必需品,其重要性不亚于稻麦,然稻麦尚可以杂粮代用,而盐则无之,且尤为基本工业主要原料,其重要性更远过于米面。何况,在艰苦的抗日战争时期,川盐实为重要生命线,关系国税岁入、军民食用,意义至为重大。最终历经运输现代化之后的川盐,被源源不断地输入至湘、鄂、黔、滇、陕省之各销售区行销,且在盐道沿线或是各乡镇所属地域均设立了食盐公卖店。国民政府及盐务机关凭借这些地区的人口数和行销盐额数量,不仅掌控了各乡镇人口分布状况,更为重要的是,借助川盐的行销,为盐专卖的国家统制,以及建设现代民族国家,奠定了坚实的基础。

但是,也应看到在行销区域设立食盐公卖店,尤其是从点到线之外的城镇乡村,并非顺风顺水。这是因为受战争影响,导致了人口流动增加、交通不便、物价飞涨等,成为创办食盐公卖店的外在阻力。而内在的关键却是盐专卖制度存在的问题所致,随着食盐公卖店在行销区的不断推进,偏僻处之民食淡苦、盐价不够灵活、公卖店主违规等弊端有增无减。

一、设立食盐公卖店

民国三十一年(1942年),"本区现所推行之专卖,系本利用商资原则,

---

① 郭剑萍:《论边区经济建设》,《边政旬刊》1939年第7期,第101页。

就仓发卖：凡在场所产之盐，悉由官过渡官收，按成本发还场商，再按官定场价售予运商；对于运方面，委托商人代运，将盐运至集散地点，由官拟定牌价，售予公卖店或合作社……至各县公卖店，亦系委托商人办理，不过购盐数量及其售价，统由官厅核定"①。因有上述管理，场岸得以相安，于是实施了就仓专卖制度。

食盐专卖制度的原则是民产、官收、官运、商销，即在"统制经济"条件下，政府和盐务部门制定的国统区的盐政改制。之所以要设立食盐专卖店，据档案材料的记载来看，它不啻为"盐专卖最后之一环，而为销盐之基层机构"，也就是一改盐专卖以前的专商制，食盐销售事宜"照章由依法组织之食盐专卖店或合作社承办之，向集散地之官仓批领盐斤运回指定销区，直接零售于食户"②。由此来说，食盐公卖店属于商销的一种形式。"卅一年为创世时期，各区均依照专卖办法，划定配销区域，实行就仓趸售，督导商民设立食盐公卖店或合作社，发给销盐许可证和定期利润、售价，承办零销业务"③。

从当时的边地社会来看，在开设食盐专卖店之前，最先是为方便雷、马、屏、峨四县边民互市起见，四川省政府特订定《雷马屏峨四县设置边民商场办法（1940年3月1日）》，主要有雷、马、屏、峨四县政府，得于各该县边民互市场所，设置边民商场。边民商场内，设平价委员会，负责筹设及管理商场事宜。置委员五人至七人，均为无给职。除主任委员由县政府指定商场所在地之乡、镇长充任外，余由主任委员聘请当地公正士绅及商人与优秀边民充任，并呈报县政府备查。每次集市之前，应由平价委员会将银钱、米粮、油盐、布匹、土货等市价，或交换标准，先行议定，悬牌公告，以利交易。市场一切交易，以新制度量衡为标准，由平价委员会购置度量衡新器各若干，具以供使用，并不得收取任何手续费。凡边民请求介绍买卖物品者，平价委员会应即照办，并负责代付物价。其自由买卖者，亦不得加以限制，但应随时稽查，以杜欺诈操纵之弊。除此之外，还规定了平价委员会办公费，由县款开支。平价委员会各项章则，由县政府斟酌当地情形拟订施行。④1942年

---

① 曾仰丰：《川康盐务之演进》，《盐务月报》1943年第4期，第18页。
② 《井仁场署关于产运销事项提案及议决》（1945年），全宗号：4，目录号：1，案卷号：1545，乐山市五通桥区档案馆藏。
③ 财政部财政年鉴编纂处：《财政年鉴三编》第七编《盐政》，南京：中央印务局，1948年，第5页。
④ 四川省档案局（馆）：《抗战时期的四川——档案史料汇编》下册，重庆：重庆出版社，2014年，第1479页。

之后，食盐专卖店才在边地社会设立。

盐务机关对商人承办食盐公卖店有着严格规定：在正式开店营业前，其申请开店的相关手续颇多，凡是申请开设食盐公卖店者，应具有相当资本。商人须按规定程序填写申请书，根据承销盐量向相关机构缴纳一定的保证金，同时还需要一位有资质的担保人。当申请书呈经该管盐专卖机关审查合格后，发放销盐许可证和购盐折。譬如，雷波县黄琅乡申请人杨嘉文，向犍为场盐务分局的申请和担保人的证明材料，具体行文如下："今愿遵食盐公卖店管理规则，在雷波县黄琅乡开设食盐公卖店，谨依照规定缴具保证金三千元，具书申请敬祈核准颁发销盐许可证及购盐折，以便开业。"以及"犍为盐场公署杨嘉文，在雷波县黄琅乡遵章设立食盐公卖店，系正当商人，资本充足，并愿遵守一切盐务法规，按额领盐销售，不得有抬价转售及中途洒卖等情况，本人愿承担一切责任"①。在《关于在湄潭县永兴区马场乡，开设零食食盐公卖店的申请书》中，亦有申请开设公卖店的材料。申请书写的是："窃商民今集资四十万元，拟在湄潭县永兴区马场乡，开设零售食盐公卖店，按月认销马场乡食盐一百五十担，自当恪遵钧局一切规章，销售当地民众食盐，除请老凤祥银楼商号负责担任外，如有违法营私舞弊情事，愿受军法制裁，恳请鉴核俯准登记，俾资营业。谨呈贵州盐务管理局遵义分局。"保证书（老凤祥银楼商号王志龙）说："今愿保邱树荣在湄潭县永兴区马场乡，开设零售食盐公卖店，按月认销马场乡食盐一百五十担，自当恪遵钧局一切规章命令，销售当地民众食盐，如该邱树荣有违法营私舞弊情事，保证人愿负完全责任，并愿依法连坐，谨具保结为证。"②申请书和保证书送呈给了贵州盐务管理局遵义分局，最终获得了批准。

一些偏僻之地的民众仍不时有设立公卖店的诉求。譬如在《为地形偏僻山路崎岖，距各代销店过远，购用食盐维困，祈钧核先行派员，实地勘察，准予设立割麻垭食盐代销店，以济盐荒而利民困由》（民国三十三年六月七日）的档案资料中，就有遵义县白云乡第十保、第十四保暨办公处公民和排

---

① 《五通桥盐务分局、犍为盐场署关于雷马屏峨沐边区垦殖社食盐供应事项的呈、公函、训令、指令》（1943年），全宗号：4，目录号：3，案卷号：66，乐山市五通桥区档案馆藏。

② 《遵义盐务分局、綦遵分处、排军乡等关于调整盐额数，整编运盐力夫办法，设立公卖店等公函、申请书等》（1944年），全宗号：5，目录号：1，案卷号：228，遵义市档案馆藏。

军乡第三保暨办公处公民，呈文给遵义盐务分局："

> 白云乡属十保澄溪沟、十四保割麻垭、十五保礼智垭，排军乡第三保辔瀰等处，原有五百余住户，男女人口统计四千，居民月需食盐三十担，周围盐店如城区排军野葱坝等处，约在三十华里以上，购用极感困难，加以属保为产煤之区，每日贩煤及运煤，士兵络绎不绝，常在千人以上俱在当地。午饭仅以巴盐辣果佐餐，因附近无法购买，每感食盐昂贵之苦，而增煤价之成本。民等觉得食盐代销店未能普及乡间，他处盐店供过于求，每月销不足额，停滞之虞，而属保等四千余名，反以购用困难，有盐荒淡食之患，为适合供求计，恳祈钧局先行派员，实地勘察属实后，于普济民食，化整为零之原则下，划拨其他盐店销额不足之余额，核准月销巴盐三十担，成立割麻垭食盐代销店，敬谨公推彭安亨前来，依照钧局规定手续，取具补保承办。①

公卖店经上级盐务机关批准设立后，更不得随便停业。可以说，公卖店从开设到停业，都受到政府和盐务机关的严格管控，并不是商人能自由且随意经营的。

二、经营食盐公卖店面临的问题

国民政府在各地设立公卖店，其目的是满足军需民食和国税岁入。由于受到战时战局多变之社会环境的影响与制约，实施盐专卖以及设立公卖店，自然难免会有各种各样的问题接踵而来。

从四川境内的食盐公卖店的设置和分布情况来看，各地区之间的公卖店设立分布不均，部分地区的公卖店设立较集中，而其他地方又过少。尤其是川康区辖下的乐山、峨嵋、青神、峨边、彭山、眉山、越宁及雷、马、屏、峨等地，共设立公卖店45家。其中，乐山一处就有18家、峨嵋设有5家、青神和彭山各有6家、眉山设立7家，其余三地仅设有1家公卖店。②乐山虽为当时的交通要道，人数较多，但设店仍已超过该地食盐需求。该地18家

---

① 《遵义盐务分局、綦遵分处、排军乡等关于调整盐额数，整编运盐力夫办法，设立公卖店等公函、申请书等》（1944年），全宗号：5，目录号：1，案卷号：228，遵义市档案馆藏。
② 《四川省五通桥盐务管理分局关于井仁场等所各公卖店后订配额的报告、实销盐产数目表、运销概况并困难情形及改善意见》（1943—1944年），全宗号：8，目录号：12，，第4—58页，案卷号：89，乐山市五通桥区档案馆藏。

公卖店，每月共领盐 730 担，可计算出每一公卖店的领盐额约为 45.5 担。而在乐山以外，尤其是越宁地区，仅设有一家公卖店，每月领盐共有 1000 担。这一地区在公卖店数量上和乐山相差甚远，但承销盐量却超过乐山。由此推断出，其食盐需求大于乐山地区且食盐人数不在乐山之下。越宁地区地域辽阔，各乡镇之间距离较远，仅设有一家公卖店，确有不合理之处。宜宾因人口较多，有 13 县，设有公卖店 55 家，每月销额为 40 500 担。马边仅有 4 家公卖店，月销额为 300 担。

公卖店的设置数量，还体现在城乡之间的差异上。在乐山的 18 家公卖店中，有 10 家设于城区街道。各地的情况大致如此，设店地点多集中在城镇，偏远乡村地区店数较少。一般意义上，因为城镇人口多，交通条件较好且信息较畅通，势必会增加公卖店的数量，相比之下的乡村，路途遥远，运输成本增加，就会减少公卖店的设置。如此则导致了盐专卖制度实施效率降低，有些地方配盐过剩，而有些地方食盐供不应求。

在公卖店售盐初期，商人们对此表现并不积极，也使得公卖店设置的数量较少。青神县辖有乡镇 19 个，仅其中的城厢镇设有公卖店，其余 18 镇均未设置公卖店。事实上，该县大部分地区的公卖店设立情况堪忧，各店配销盐额与人数之比处于差额状态。商人们对于政府允许开办食盐公卖店的政策，还处于观望状态，不敢轻易涉足；较为烦琐的申请手续，导致商人望而却步；因专商引岸制度而产生的流弊，在短时间内无法清除，公卖店设置工作难以全面推进，如此均成为推进公卖店设置的主要阻碍。

公卖店的经营也面临诸多的困难。主要是战时社会物资匮乏且物价波动大，"像喜剧一般，物价激涨且昂贵，每一商店之开支非在万元以上不足维持"[①]。当米、油等生活必需品的价格增长时，盐价仍停留在原先的物价水平上，因为盐价由上级盐务机关核定，造成了公卖店的经理人在盐价过低时期，基于自身利益考虑而失去承办积极性，使得盐价更新不及时，直接影响民众的日常生活，也波及社会其他领域。在申请开设公卖店之时，商人曾按规定缴纳一部分保证金，但物价波动导致之前缴纳的保证金严重贬值。还有因南北盐价不一，导致盐价较低地区的不法商人囤积居奇而产生盐荒。

---

① 《井仁场署关于产运销事项提案及议决》（1945 年），全宗号：4，目录号：1，案卷号：1545，乐山市五通桥区档案馆藏。

公卖店承办商人的个人品行等良莠不齐，也直接影响了公卖店经营效率。最为明显的是，当盐价低于其他物价时，导致公卖店销售利润过低，甚至出现营业亏损，一部分商人选择停业，而耍滑头之商人则趁机哄抬盐价从中牟利，其结果势必会是公卖店停止营业，其配销区无盐可供，而商人抬价则会出现"盐贵食淡"的情形。还有一些公卖店在领盐后，屡次发生未运抵设店地点的情况，运盐人在途中将盐转卖或趁机囤积，地方保甲与其串通，任由其违规作乱。

总之，在川盐的各行销区域，店贩违章舞弊，商民抢购，操纵盐价，黑市日渐高涨，销情益见混乱。公卖店存在的弊端，确是因其设置、分布及经营的困境等外在因素导致，但是，归其要点，公卖店的根本性弊端，则是"违法舞弊，原非立法之不善，实由各岸地方机关协助不力使然。盐商勾结当地保甲人员，仍不能根绝弊端"，甚至"地方行政机关人员如县长、各乡镇长等，存隔岸观火之心"①，玩忽职守，也不监督公卖店销售，也就难以做到缉查奸商抬价、遁销之弊。

上述乃就川境食盐公卖店经营面临的大致问题而言的，但是川盐入黔之后的具体情状又是如何的呢？

为川盐运销事宜，由仁、綦、涪、永四岸负责办理，而由政府加以统制。在盐最高统制机构为财政部……又运销有运销之局，督运为督运分工之设置，皆为监督运销商地位，部署固相当严密，宜乎指臂功收，使运销畅通以务国课便民关，然而仍不免有下述情形：

> 人口之增加——迫抗日战争发生，同胞来躲避难者，日渐增多，散于每一角落……事实上供不应求，如何能济？运费之激增——盐商接受统制，但是不能自由增减运费，若自行加多，自属无法弥补……食盐因此输运迟滞，辄该无法避免。小贩之居奇——地广人稠，交通不便，对于运销食盐，不能遍设机构，其力量只能达到点与线上。点与线以外，城镇乡村，借由代销商与零贩担任……各小本销商根本无法过问。盐价之迭加——成本增加，则销商运销按照其售价，自可叠次增涨，民众需指食盐购买既难，价值又随时有加无减……若不急用办法辅政，恐其愈

---

① 《井仁场署关于产运销事项提案及议决》(1945年)，全宗号：4，目录号：1，案卷号：1545，乐山市五通桥区档案馆藏。

演愈烈矣。交通不便——食盐输送艰难，官方前恐遗缺贻误民食，爰有运销官盐，藉资补助之举……若商盐储有充实，接济民盐无虞，官方自不能将官盐与商盐争售，既惹争利之赚……现为抗战后方重地，其一千万左右之民众，可为抗战力量之可托资，若长此演成怀疑与恐慌现象，影响所及，伊作相应。此时，对应价额应如何增加？运费应如何调整？小贩应如何监督？机构应如何设立？盐价应如何平稳？以及对盐商应如何策励与利便，在盐务当局似应有妥稳办法，以善其后，并拭目以待，望者也。①

据上陈之黔省实情，可知盐务机关对摊贩、市民等购买食盐数量的限制，其他外县更有欲购买却无从获得者，导致民众由怀疑而恐慌，实际上造成了统制不当的局面，由此说，这是盐业统制后，出现的"悖论性"结局或者说是不当之社会现象。

三、加强统制下的公卖店及其无奈回撤

统制下的盐务机关，虽然存在上述销盐之弊端或不利之局面，却也开展和实施了一些力所能及且利于盐运的相关措施，主要表现在坚持召开全体公卖店大会，通过会议的形式，一再强调遍布于各乡镇的公卖店销售盐斤的重要性：

食盐一项为国家专营事业，其一切收益，悉为国库所有，几遇增税增价之时，均依政府法令办理。值兹国家多难之秋，国库支拙之际，吾人应竭力拥护，不得籍词推诿，从中取巧，避缴差价、税款等影响库收，须知国家至上为主旨，国民应尽义务为依归，先有国而后才有家，姑此次召开全体公卖店大会，主要问题为阐明国家专营及吾人服务之立场，与推行业务之效率，各部门以精确分条之详述印制分发，务仰我全体公卖商熟读，遵行办理，毋再玩忽，免负本主任推行业务之苦心与厚望，并希我全体公卖商共勉之。②

其中，列出了进一步规范与管理公卖店的条款。

---

① 稽祖佑：《食盐统制后之最近状况》（1944年3月11日），全宗号：043，目录号：01，案卷号：0325，川康盐务管理局档案。
② 《遵义盐务分局、綦遵分处、排军乡等关于调整盐额数，整编运盐力夫办法，设立公卖店等公函、申请书等》（1944年），全宗号：5，目录号：1，案卷号：228，遵义市档案馆藏。

首先，零售盐价的管控。查城区各公卖店在市区地方各机关严切督视之下，均能按照牌价出售。但乡区偏僻地点较远则鞭长莫及，兼顾难全，而遵守牌告价售者固多，唯擅自提高价售者，亦复不少，其鱼肉民食有违国法。盐务局已分派专员分别密查，一经发觉定予严惩，绝不宽贷。还有，贵州各区销盐，因仓价关系，盐价时有高低不一，唯间有不肖商人利用此机，将甲地之盐私自运至乙地销售，以图非法利益，殊属违法已极。对于此举，请查缉机关随时协办，一经发觉上述情事，严惩不贷。

其次，销售与仓储。各地合作社及公卖店，不论交逢场期，应逐日开始营业，以便人民购食，不得再有闭售情事。查乡民类多贫苦，每以零星购买食盐二元、三元不等，盐务局所颁牌告，乃以一斤为单位，对于统售零星盐斤，未予注明，恐有未尽明了之处，各商按照牌价折合每元若干，二元、三元、四元等各若干，列一简表，悬附牌告之侧，俾众周知，以明真相。已经核准之公卖商，其月额分批领销，此项资本最低限度，须有五分之三，方可周转，唯该项固定承销盐斤之资本，不得作其他动支，以免影响销额。各公卖商应在营业处所设置盐仓存储，不得甲地堆盐运至乙地售卖，致碍随时派员查核。

再次，开盐时间与手续管理。开盐时间，城区以上午请发护运单为宜，各县及乡区须于下午四时前办完开盐手续，以免称放盐斤过于拥挤，妨碍工作。各公卖商派夫来局开盐时，往往因款项不足，携带油米粮食等作变价开盐，在各该物品未经变卖得款以前，绝对不能预做现款，即先行申请开发护运单，于事后因粮食未售，款项不足，又来要求改期，紊乱公务，殊属不合。各公卖商开领盐斤有因途程过远，不能亲自前来办理者，或委托城区负责代开盐斤人事前，应将其姓名、住址，详细呈报，盐务局登记以便遇有公事，易于召集，避免推进业务上之阻碍。

然后，出盐及登记报表。各公卖商在仓出盐时，应指定地点排列，候盐斤出齐后，须经管仓员验讫后，始准起运，绝对不准随出随运，以免混乱。盐务局所颁发各种盐斤账表格式，各商应遵照规定登填，不得含糊，尤以盐斤日报单，应逐日寄陈来局，以凭查核，尚有故违不报，设遇盐斤增价时，本局以无根据查核，其增补差价应由各该商负责。

最后，运单管理。护运单之回证，应于盐斤运达销地后，即报告当地乡镇公所，验明无讹后，盖证明印钤鉴，以便核验。盐在起运途中，护运单与盐担，绝对不能分离，以免查缉人员难于辨别。

盐务机关为持续推动盐斤销售和加强管理，要求公卖店在正式运营时，需遵守盐务机关的各项规定，严格规范销售业务。主要规定有：应在核准地址开店营业；应将标明许可证、盐价牌告，挂显明处所；应以每日午前七时、午后六时为营业时间；营业时内店门应开好；经理或店员应随时有一人在店；购领盐斤，全部应门市零售；进出盐斤及收支盐价数目，应逐月翔实，记入规定账册；每月认领盐供销。严禁私运走漏、藏匿囤积、短秤掺杂、黑市抬价、私行转让、逾量整售、伪造保甲、无故停业、擅自迁移①，"公卖店的销售，以直接售给食户为原则，如兼办趸售，应呈请政府核准"②，且规定了盐务机关按各市县每月配售销盐额，但是如果有公卖店未能购领配给盐额，就"得暂加配于其他食盐公卖店购领，但连续三个月不能购足，计短三分之二以上，或满六个月短购应领盐额计三分之一者，即撤销其销盐许可证，另以备补或续招之食盐公卖店承销补充之"③。

盐务机关制定和实施食盐销售相关规定已经相当细致，但是，为取得明显改观，还进一步加强了公卖店的管理，即必须随时监督或调查。那么，怎样监督呢？由盐专卖机关派员直接监督和函请地方治安机关、各乡镇保甲或缉私机关间接监督。怎样调查呢？由盐务机关所派之管理人员，亲赴各该公卖店原呈请核定之地点进行直接调查，其中又分露面（现身询明供销情形）和不露面（购盐人之立场或化装）两种；询问当地保甲或其他机关或当地人民或公卖店之邻居，对公卖店有无违法或犯禁事项进行间接调查。具体来说，重点检查各公卖店盐斤、盐价、登记簿依法照登情况，每月配额经理人姓名、设店地点与登记地点，还要核对盖回证时的钤记印模，等等。对于查照不相符的公卖店，即予撤销惩办，没收保证金。同时，布告各乡镇人民，如有公卖店抬价短秤及非法洒卖者，准来署检举告发，以凭惩办。就此而言，盐务机关加大了对基层社会公卖店的监督和管理力度。

---

① 《井仁场署关于产运销事项提案及议决》（1945 年），全宗号：4，目录号：1，案卷号：1545，乐山市五通桥区档案馆藏。
② 董振平：《抗战时期国民政府盐务政策研究》，济南：齐鲁书社，2004 年，第 202—203 页。
③ 政协四川省自贡市委员会文史资料委员会：《自贡文史资料选辑》第十八辑，内部资料，1988 年，第 114 页。

政府和盐务机关尽可能地规范公卖店销盐行为，不断地促进了盐务系统的正常运转。食盐公卖店选由殷实商人承办，在近场市区设立示范公卖店，以此来规范其他店的盐价及销盐行为。同时，为杜绝黑市交易，对原有条款做了一些调整，即"保证金增加原数十倍，罚金酌量提高，每乡镇最少应有公卖店两家""公卖店利润增为整售百分之四，零售百分之八"①。公卖店的设店地点，按照人口多寡、供应盐斤多寡、地理位置是否易于盐源集散、是否便于公家管理等条件来确定。"分区专卖，划分配销区域，应视各该区盐斤来源，运输状况而定，如盐斤来源方便，运输力量充足，交通工具完备，专卖区域当然可以划得广一点。如果盐源困难，运输力量薄弱，交通工具无法调度，区域划得过广，则盐斤供应势必发生困难，故必须配合地方环境来划分专卖区域，此为首应注意之问题"②。政府严格控制一定区域内的公卖店数量，力求最大限度地发挥公卖店的作用。

应该说，政府统制下的公卖店，弄清了各乡镇盐额分配与人口数目，在一定层面上遏制了不合理价格购盐的恶行，有效地缓解了国统区民众食盐紧张问题，维护了社会稳定。尤其是盐专卖机关根据各地人数与盐额之比超差额，对其进行了调整。譬如，普兴乡已开设两家公卖店，但其盐额与人口数之比，处于超额状态（超28），于是将超额数补发给了佛兴乡。③因为佛兴乡暂无公卖店，且盐额与人口数之比处于差额状态（差94）。在无公卖店设置的乡镇，盐专卖机关根据该地人口与盐额与人口数之比，酌情考虑，招设一定数量的公卖店，缓解该地人民食盐紧张情况。以里龙乡为例，该乡有8497人，盐额与人口数之比差是84，缺盐情况严重。于是，盐务机关在该地招设了3家公卖店。如此种种情形，使得"全国各区的公卖店1942年有1.7万余家，1943年除少数地区，全国大体设立完毕，1943年底共计有4.3万余家，基本形成了一个遍及全国的公卖网"④，最终实现了"巴盐来自川省，向系商民运

① 《井仁场署关于产运销事项提案及议决》（1945年），全宗号：4，目录号：1，案卷号：1545。
② 杨兴勤：《中国战时盐务问题》绪论，南宁：国民出版社，1944年，第39—40页，乐山市五通桥区档案馆藏。
③ 《四川省五通桥盐务管理分局关于井仁场所各公卖店后订配额的报告、实销盐产数目表、运销概况并困难情形及改善意见》（1943—1944年），全宗号：8，目录号：12，案卷号：89，乐山市五通桥区档案馆藏。
④ 《抗日战争时期国民政府财政经济战略措施研究》课题组：《抗日战争时期国民政府财政经济战略措施研究，成都：西南财经大学出版社，1988年，第151页。

销，经营者众，便利实多，数年以来，统制政行，不特形成垄断"①。

虽说如此，各乡镇分布的公卖店还是不能从根本上解决面临的现实难题，就是"食盐运销向系各商办食盐公卖店暨各乡镇合作社承办，因输运时感困难，人民颇受淡食之苦"②。也就是说，运输成为最大的困难，也是各公卖店或合作社等极感无奈之事。同时，为当地民众所不容的是，各乡镇公卖店的代销人，"因图厚利，常违悖法令，弊窦百出，竟以登记之盐，转手他人，名曰私盐，倍高价卖，市场之上，私盐充斥，因而影响民间，缺乏民食，已非一次"③。

那么，如何解决这一问题呢？瓮安县政府临时参议会表达了一些关切，并向瓮安县政府提出了议案，即"建议政府筹组县联合社，接办全县食盐，以资机构划一，而便监销，以维民食。召开全县代表大会，正式组织成立瓮安县合作社联合社，并由全县民众筹集股金两千万元，统纳接办。该社组织规模宏大，资力充裕，并设有运输机构往来瓮遵段，专运本县食盐，今后对于运输困难，当可获合理解决，所有各承销商办食盐公卖店暨各乡镇合作社食盐公卖店，原有承销食盐业务，应即停止"④。从1945年4月9日瓮安县政府的公函来看，同意且支持了这一做法，声称"遵照合作社承销食盐办法大纲之规定，及本社代表大会之决议，承办全县食盐消费业务"，其中，当然会付之于一个冠冕堂皇的理由，即"为完成新县制之合作任务，加强生产、统制消费、便利运销起见"，该社"承销全县食盐实属需要"⑤。于是，呈送填具承销食盐申请书两份，核转贵州地区遵义盐务分局，同时，派该社经理持函前来贵局洽商，即希查照赐予登记，核发许可证，以便承销而裕民食。最终，得到了贵州地区遵义盐务分局的获批，也

① 《贵州盐务局及遵义分局等关于组织公卖店、合作社销售食盐的训令、指令、代电、函、呈》（1945年），全宗号：5，案卷号：29，遵义市档案馆藏。
② 《贵州盐务局及遵义分局、黄平和瓮安等县政府关于组织食盐运销的训令、指令、代电、函、呈》（1945年），全宗号5，案卷号28，遵义市档案馆藏。
③ 《贵州盐务局及遵义分局等关于组织公卖店、合作社销售食盐的训令、指令、代电、函、呈》（1945年），全宗号：5，案卷号：29，遵义市档案馆藏。
④ 《贵州盐务局及遵义分局等关于组织公卖店、合作社销售食盐的训令、指令、代电、函、呈》（1945年），全宗号：5，案卷号：29，遵义市档案馆藏。
⑤ 《贵州盐务局及遵义分局等关于组织公卖店、合作社销售食盐的训令、指令、代电、函、呈》（1945年），全宗号：5，案卷号：28，遵义市档案馆藏。

呈报了贵州省政府。

　　总之，公卖店的设立，其初衷是解决各地区或乡镇的民食，也借此使政府获取更大的盐税收入，这是显而易见且不容置疑的。但是，在应对盐运和销售中出现的困境和难题时，国民政府又显得力不从心，惯常以修修补补的方法，去仓促救急，导致收效甚微。公卖店也就在强势的统制之气势与威权的冲击下，以及改制的合理化推动下，只得从最初的乡镇的基层社区，一步步走向了县城的中间社区，甚至还通过电令的方式，要求各公卖店及承销食盐合作社，应饬一律加入遵义盐商业同业公会，为"严密整饬食盐销务起见""健全会务组织，俾利召集合行"[①]之目的。于此意义上说，其本质可谓是极欲实现真正意义上的县治之"统制"，但实际都是艰难时局下的一种被迫与无奈的选择。

---

① 《贵州盐务局及遵义分局等关于组织公卖店、合作社销售食盐的训令、指令、代电、函、呈》(1945年)，全宗号：5，案卷号：29，遵义市档案馆藏。

结　语

　　川盐古道是因盐而兴的货物通道，它同丝绸之路、茶马古道一样，不仅以货物运输促进了区域经济的流通，更是承载了不同文化要素的融合，加强了国家统摄，一定程度上实现了西南、两湖、陕甘等部分地区的社会整合。从这个意义上说，川盐古道亦是经贸流通之道、文化交融之道、政治统摄之道。

　　首先，在经济上，川盐古道促进了区域经济的流通。川盐流通区域主要在长江中上游地区，这一区域地形结构十分复杂，高山河谷，沟壑纵横，历来交通不便，四川省也素有"蜀道难，难于上青天"之称，但区域内水系较多，水运较为发达，急流险滩较多，再加上气候变化等因素，使得过去四川省与外界的联系相对困难。然而，由于区域资源的不均衡性，人们不得不扩大活动区域，以获取生活所需。川省盐产丰富，而周边的省份，如贵州、云南、湖北、湖南等地由于不产盐或产盐较少，不得不依靠外省供给，这就为川盐的外运提供了可能，由此川盐古道或巴盐古道逐渐形成。由于盐道的公共性，盐道上不仅运输着食盐，而且运输着其他物资，如粮食、布匹、药材、山货等，便利了货物的区域流动，加强了区域经济活动的往来，为地域经济的发展拓宽了市场范围，进而有利于地域经济的繁荣，促使以自给自足为主的小农经济向以商品交换为主的市场经济形态转变。

　　需要指出的是，盐道在促进区域经济流通过程中，盐夫（包括水路盐船上船户和陆路盐道上的背夫）扮演着十分重要的货物运载者的角色，他们将盐从产地通过艰辛的努力运到目的地后，又从目的地贩运当地的山货背回，从而实现了两地货物的双向流通。这种双向或多向的流通形式，加强了各区域之间的经济联系，由此形成了较为密切的经贸网络，促成了具有地域特征的经贸圈的产生。当然，这种以运道要塞或据点建立起来的经贸圈，以运道本身的兴盛为基础，当运道的重要程度有所减弱时，由此所产生的经贸圈的影响力亦会受到影响。譬如川盐入黔要道上的仁岸和永岸的兴盛，使黔北四镇"一打鼓、二永兴、三茅台、四鸭溪"骤然崛起。"镇上的酿酒业、客栈服务业、造船和航运业、农副产品生产、钱庄与借贷等产业蓬勃兴盛。但当盐运公路改道，主导激活商业因素丧失时，便一蹶不振，古镇慢慢在历史的哀叹中丧失其光亮的本色"①。事实上，的确也如此。过去曾以盐道繁忙而兴盛起来的古镇，大都因盐道的衰落而泯没在历史的尘埃中。尽管如此，也不可否认盐道曾在促进区域经济流通中的作用。

　　其次，川盐古道承载了不同文化要素的融合。川盐古道所经地方跨越地区、跨越河流，它将四川盆地、云贵高原、两湖平原等地的不同族群联结起来，在这些地方既生活着汉人，也生活着许多少数民族等，各自都有不同的文化习俗，有着不同的文化体系。很长时间以来，在这条盐道上，运夫日复一日、年复一年地输送不同物品，不仅进行着商品的交换，同时传播着不同文化的信息。伴随着各族群人之间经济往来的，是各族群间文化的交流和思想的碰撞，在这种文化碰撞、互通的过程中，各族群的人们将他们接触的"异文化"，带到他们的族群之中。这种不经意的传播，潜移默化的影响着各自的观念，从而有利于不同文化要素的融合。

　　赵逵曾有这样的论述："运盐之利有时远大于产盐之利，于是在盐运路上，水岸码头处逐渐形成一个个盐运集镇。一部分人专门从事盐业贸易，彻底脱离了农业生产，正是由于盐业引发的贸易，使川盐古道上的城镇逐渐发展起来。"②事实上，确实如此，川盐古道的形成也使一批村落与城镇因盐而兴。而这些因盐道而兴的村落与城镇，一定程度上也体现着不同文化要素的融合。在这些村落、城镇或者相邻的村落、城镇生活着不同民族的人们，他们有不同吃、穿、住、行习惯，也有着不同的语言和不同的信仰。在这种多民族杂居、不同信仰并存的环境中生活，自然需要彼此互相尊重和相互学习、相互借鉴，在这种相互影响的过程中，他们彼此原有的文化习俗也受到影响而发生变化，而这种变化就是不同文化要素融合的结果。我们知道，清代的

---

① 赵斌、田永国：《贵州明清盐运史考》，成都：西南财经大学出版社，2014年，第261页。
② 赵逵：《川盐古道上的传统聚落与建筑研究》，华中科技大学2007年博士学位论文，第46页。

"湖广填四川"的移民活动，由于四川较为封闭地理条件的限制，大批移民通过盐道进入四川，这些移民不仅充实了四川的人口，推动了四川经济的发展，而且也带来了大批移民文化，引起了巴蜀文化多方面的流变，诸如语言、风俗时尚、建筑风格、行为方式、衣物饮食、歌舞戏剧、婚丧嫁娶、祭祀礼仪等。以四川方言为例，由于清代"湖广填四川"中，湖广籍人最多，今天四川方言的形成，即以湖北话为基础，融合了原来四川话和入川移民尤其陕西等地移民的原籍方言——陕西方言，逐步形成了今天的四川方言①。

再次，川盐古道加强了国家统摄。食盐作为一种特殊的商品，它对人类生活来说是不可或缺的，由此，缺盐地区必然需要盐产丰富地区的供给，食盐流通，必定需要运道，盐道由此形成。正因食盐的这一特性，历代统治者对于食盐实行专卖政策，进而对食盐的生产、运输与销售进行管控。在传统社会，在一定意义上可以说，谁垄断了食盐的产销，便控制了一个区域重要的经济命脉，而这也象征着国家政治权力向经济领域的延伸。盐道的形成，一定程度上扮演着国家政治权力延伸的角色，即国家统摄向更宽阔的区域扩展。川盐销售区域，高山河谷，沟壑纵横，尽管这种不利的地形条件阻隔了不同地域之间的地理联系，但因盐道的开辟，以及人们经济交往的需要，又使不同族群的人们联系起来，这也使得国家权力由中心区域向边地延展。

川盐古道不仅串起了沿线大小村落和城镇，勾连起盐产地、沿线和销区的经济和社会文化，促进了土家族、苗族、彝族、仡佬族等少数民族地区与外界的交流，而且对维护民族、政治及边疆的稳定都曾起过重大作用②。首先，川盐古道便利了各区域的经济来往，加强了各地域间的经济联系。而这种经济联系有助各区域族群之间的相互了解，增进汉族与少数民族之间的感情，进而有助于减少各族之间的敌意，通过经济手段实现了国家权力由中心区域向边地的渗透。其次，川盐古道承载了不同文化要素的融合，同时也加速了中原文化向边地的传播。我们知道，文化交流也有一定的规律，先进文化总是向后进的文化扩展、辐射，后进的文化多习仿先进的文化，以弥补自身的文化差势，文化的传播或者交流也总是需要一定的渠道，其中盐道就是渠道

---

① 赖悦：《清代移民与四川经济文化的变迁》，《西南民族学院学报》（哲学社会科学版）2000 年第 5 期。
② 程龙刚、邓军：《川盐古道的路线分布、历史作用及遗产构成——基于 2014—2015 年的实地考察》，《扬州大学学报》（人文社会科学版）2016 年第 4 期。

之一。中原文化中大一统的思想，通过川盐古道的开辟与不断扩展，通过人们的活动，不断向边地传播，这在思想文化上促进了国家意识形态的传播，加强了中华民族的凝聚力，便于国家权力向边地的统摄。再次，川盐古道从实质上来说也是一条道路，而道路的作用不仅有助加强各地人们之间的物资流动、经济联系、文化交流，同时也方便了移民戍边及国家军队的输送，加强了边疆地区的社会稳定以及国家权力向边地的渗透和武力威慑。由于川盐古道所经地带是环境、资源、民族、经济及文化等各种要素的交汇区，故在政治和军事上，很早就为官方及地方民族政权所借重。如"川湘盐道"即为历代封建王朝治理湘西古"三苗"，推行统治政策的重要用兵通道①。

最后，随着科技的进步，社会的发展，交通条件日趋完善，食盐的供给再不像过去那样艰难，过去的盐道日渐失去往昔的喧嚣与功用，川盐古道也在大众视野中日渐消失，但它过去所留下来的物质的或者非物质的形态，仍旧会活跃在人们的视野中。

其一，川盐古道有着重要的旅游价值。首先，川盐在西南地区行销数千年来，特别是近代以来，"川盐济楚"进一步扩大了川盐的销售范围，川盐输送道路也进一步向两湖平原、丘陵地区延伸，由盐道而兴的古镇历史以及各具特色的地域文化，综合作用了川盐古道的文脉基础，显示出盐文化的多元性、开放性、包容性的特征，而盐文化脉络的传承和吸收，又成为川盐古道深厚的历史文化旅游资源条件。

其次，川盐古道沿线有着丰富的自然景观资源。川盐古道过去不少地方运道艰难，高山峻岭、绝壁峡谷，水急险多，盐夫冒着生命危险来回穿梭，无暇顾及身边的美景，但随着交通条件的改善和人们生活条件的提高，盐道沿线分布的原生态的高山、峡谷、河流等自然奇观亦可作为旅游资源进行开发。比如在川盐入黔的道路上，就分布有两处世界自然遗产，一处位于重庆武隆的喀斯特地貌；另一处位于贵州赤水的丹霞地貌，这些迥异的地貌特点有别于高山峡谷和平原丘陵，有着别样的观赏价值。再如川盐入鄂湘道路上的利川腾龙洞、沐抚大峡谷、咸丰黄金洞、张家界石林等，地形地貌都极为奇特，再加这些地方原生态的自然风光，使得这些地方成为驰名的旅游景点。

① 赵逵：《川盐古道的形成与线路分布》，《中国三峡》2014 年第 10 期。

当然，川盐古道沿线仍旧有许多未开发的旅游资源有待开发。

再次，川盐古道沿线的风土民居混合多元，特色鲜明。川盐古道跨区连接了多个民族聚居区，沿线范围内分布着大量的少数民族，这些区域的少数民族既保留了自己民族文化的特点，同时又吸收了汉文化。在建筑、服饰、技艺等方面，既有鲜明的民族特色，又有异域文化的痕迹。多民族的风土习俗、民族歌舞、民间工艺、庙宇寨乡等，交织形成了川盐古道上各具特色的民族文化景观长廊，再加由盐而兴的历史文化古镇、盐运遗址，串起盐道沿途的自然风光，各具风情的民居聚落，有助于建立起自然景观与人文景观共生的旅游资源。

其二，川盐古道沿线保留着大量盐运遗产。因川盐在过去尤其是近代销售范围广阔，持续时间较长，从而遗留下大量盐运遗产。这些盐运遗产，既包含物质遗产，又包含非物质遗产。盐运物质遗产既包括穿越崇山峻岭间的盐运山道，也包括纵横峻岭峡谷间的盐运水道，还包括悬挑临江绝壁之上的盐运栈道，其间还包括与盐运有关的盐号遗址、盐局遗址、税卡遗址、盐仓遗址、驿站、码头、堰闸、船槽、关隘、会馆、庙宇、祠堂、牌坊、碑刻、石刻、古桥、古村落、古镇及运盐器具等。盐运非物质遗产包括与盐运有关的音乐、风俗、饮食、传说等。盐运音乐方面有盐工号子、背盐歌、挑夫歌等，这些歌曲不仅反映了盐工们艰辛劳作的情景，又体现着团结协力相互打气的呼唤。

总之，这些盐运遗产，不仅是盐运历史发展和社会变迁的见证，更承载着与盐运有关的厚重、真实的历史信息，也反映着川盐运销的历史痕迹，因而具有极高的历史价值。同时，川盐古道沿线的盐运遗产厚重多样、纵横交错，物质遗产与非物质遗产相得益彰，使得川盐古道的盐运遗产呈现出内涵深、可观性强的特点。如在民族聚落、庙宇祠堂、江河渡口、驿站牌坊等物质遗产的基础上，又串联着各具民族风情的非物质遗产的歌舞、习俗、民族工艺、有关节日等。比如在自贡，曾有一个很重要的节日——放水节，该节日的形成就与盐运有较为密切的关系。"自贡釜溪河每年枯水期，大量堆积如山的食盐需要外运，自贡釜溪河上数以百计盐船待水而发，于是人们便在王爷庙坎下扎堰蓄水，以放盐船。每次开堰时都悬牌公告，以便盐船做好准备。久而久之，这种与利益息息相关的放水活动在人们心目中产生了神秘色彩，于是每次放水都要大肆庆祝，因而演化成为节日——‘放水节’”①。但不可否认的是，随着科技的发展、社会的进步、交通条件的改善以及运输工具更新，川盐已失去原有的区域优势和往昔的辉煌，曾经喧嚣繁忙的盐运古道也逐渐失去往昔的功用，失去往日的风采，背夫、盐运船户也随着盐道的衰败渐渐退出了人们的视野，随着他们的年迈或去世，这些曾经活跃在盐道上的群体以及背盐、运盐的场景已很难再现，并逐渐被人们所淡忘。而与盐运相伴相生的驿站、会馆等物质遗产也随着城市化的建设而被拆除或被遗弃，盐运相关的非物质遗产也因相关人在世的越来越少而面临着传承危机。

目前，川盐古道虽然逐渐淡出人们的视线，并湮没在历史的尘埃中，但这并不能否定川盐古道曾经发挥的历史功用，而且在当今社会经济条件下，川盐古道所呈现的社会功用并没消失，相反，它亦可作为重要的旅游资源以及历史文化遗产继续发挥作用。这些作用的发挥，既需要政府政策、经济上的支持，也需要学者的智力支持，还需要古道沿线民众等社会各界的配合，才能为当地经济的发展与地域文化的对外传播发挥新的历史功用。

---

① 赵逵：《川盐古道的形成与线路分布》，《中国三峡》2014 年第 10 期。

参考文献

一、档案类

犍为县政府档案馆藏:《民国五通桥区档案》。

开州区档案馆藏:《开县政府档案》。

四川省档案局(馆):《抗战时期的四川——档案史料汇编》,重庆:重庆出版社,2014年。

巫溪县档案馆藏:《大宁盐场公署档案》。

云阳县档案馆藏:《云阳盐场公署档案》。

忠县档案馆藏:《忠县盐场公署公文》。

自贡市档案馆藏:《伪川康盐务管理局产销科档案》。

二、专著

(英)安东尼·吉登斯著,胡宗泽、赵力涛译:《民族—国家与暴力》,北京:生活·读书·新
  知三联书店,1998年。

(法)埃米尔·涂尔干著、渠东译:《社会分工论》,北京:生活·读书·新知三联书店,
  2004年。

白九江:《巴盐与盐巴——三峡古代盐业》,重庆:重庆出版社,2007年。

毕节县文史资料研究委员会:《毕节文史资料选辑》第6辑《黔西北地区川盐运销史料》,
  内部资料,1988年。

曹亚伯:《游川日记》,上海:中国旅行社,1929年。

陈友琴:《川游漫记》,北京:中国青年出版社,2012年。

崔之清:《国民党政治与社会结构之演变(1905—1949)》,北京:社会科学文献出版社,
  2007年。

董振平:《抗战时期国民政府盐务政策研究》,济南:齐鲁书社,2004年。

（法）达尔尼·马尔图切利著、姜志辉译：《现代性社会学——20世纪的历程》，上海：译林出版社，2007年。

《涪陵地区盐业志》编纂委员会：《涪陵地区盐业志》，成都：四川人民出版社，1991年。

龚锐、胡洪成、田永红等：《乌江盐油古道文化研究》，北京：民族出版社，2014年。

贵州省地方志编纂委员会：《贵州省志·民族志（上）》，贵阳：贵州民族出版社，2002年。

贵州省民族事务委员会、贵州省民族研究所：《贵州"六山六水"民族调查资料选编·土家族卷》，贵阳：贵州民族出版社，2008年。

何仁仲主编：《贵州通史》第三卷，北京：当代中国出版社，2003年。

侯鸿鉴：《漫道南国真如铁——西南漫游记》，沈阳：辽宁教育出版社，2013年。

黄慕松：《我国边政问题》，南京：西北导报社，1936年。

吉成名：《宋代食盐产地研究》，成都：巴蜀书社，2009年。

（美）吉尔伯特·罗兹曼：《中国的现代化》，上海：上海人民出版社，1989年。

《抗日战争时期国民政府财政经济战略措施研究》课题组：《抗日战争时期国民政府财政经济战略措施研究》，成都：西南财经大学出版社，1988年。

（美）克利福德·吉尔兹著，王海龙、张家瑄译：《地方性知识——阐释人类学论文集》，北京：中央编译出版社，2004年。

孔祥熙：《专卖政策及其条例要旨》，重庆：中国财政学会，1941年。

蓝勇：《四川古代交通路线史》，重庆：西南师范大学出版社，1989年。

黎小龙、蓝勇、赵毅：《交通贸易与西南开发》，重庆：西南师范大学出版社，1994年。

林振翰：《川盐纪要》，上海：商务印书馆，1919年。

鲁子健主编：《清代四川财政史料》下卷，成都：四川省社会科学院出版社，1988年。

（英）马凌诺斯基著、梁永佳、李绍明译：《西太平洋的航海者》，北京：华夏出版社，2002年。

（法）马塞尔·莫斯著、汲喆译：《礼物——古式社会中交换的形式与理由》，上海：上海人民出版社，2005年。

（美）马歇尔·萨林斯著、赵丙祥译：《文化与实践理性》，上海：上海人民出版社，2002年。

（美）马歇尔·萨林斯著、张经纬、郑少雄、张帆译：《石器时代经济学》，北京：生活·读书·新知三联书店，2009年。

孟悦、罗钢：《物质文化读本》，北京：北京大学出版社，2008年。

钱能欣：《西南三千五百里》，上海：商务印书馆，1939年。

（日）清水盛光：《中国社会的研究——社会学考察》，大阪：岩波书店，1939年。

沈云龙主编：《近代中国史料丛刊》第八十四辑，台北：文海出版社，1966 年。

沈云龙主编：《近代中国史料丛刊》第七十四辑，台北：文海出版社，1966 年。

（美）施坚雅著，史建云、徐秀丽译：《中国农村的市场和社会结构》，北京：中国社会科
　　学出版社，1998 年。

石柱土家族自治县第三次全国文物普查领导小组、石柱土家族自治县人民政府：《石柱县
　　文物图志》，重庆：重庆大学出版社，2012 年。

石柱县志编纂委员会：《石柱县志》，成都：四川辞书出版社，1994 年。

四川省五通桥区志编纂委员会：《五通桥区志》，成都：巴蜀书社，1992 年。

宋良曦：《盐都故实》，成都：四川人民出版社，2014 年。

孙文学等：《中国财政史》，大连：东北财经大学出版社，2008 年。

孙中山：《孙中山选集》，北京：人民出版社，1981 年。

铁道部财务司调查科：《渝柳线川黔段经济调查总报告书》，1929 年。

王绍荃：《四川内河航运史（古、近代部分）》，成都：四川人民出版社，1989 年。

巫溪县志编纂委员会：《巫溪县志》，成都：四川辞书出版社，1993 年。

吴铎：《中国近代社会经济史论集》，香港：崇文书店，1971 年。

吴受彤：《四川盐政史》，1932 年。

项怀诚主编：《中国财政通史》，北京：中国财政经济出版社，2006 年。

薛建吾：《湘川道上》，上海：商务印书馆，1942 年。

薛子中等：《匹马苍山——黔滇川旅行记》，沈阳：辽宁教育出版社，2013 年。

杨兴勤：《中国战时盐务问题》，南宁：国民出版社，1944 年。

云阳县志编纂委员会：《云阳县志》，成都：四川人民出版社，1999 年。

（美）詹姆斯·C. 斯科特著，程立显、刘建等译：《农民的道义经济学——东南亚的反叛
　　与生存》，南京：译林出版社，2013 年。

曾仰丰：《中国盐政史》，上海：商务印书馆，1937 年。

（清）张惠言著、刘大钧校点：《周易虞氏义》，北京：北京大学出版社，2012 年。

张学君、冉光荣：《明清四川井盐史稿》，成都：四川人民出版社，1984 年。

赵斌、田永国：《贵州明清盐运史考》，成都：西南财经大学出版社，2014 年。

赵逵：《川盐古道：文化线路视野中的聚落与建筑》，南京：东南大学出版社，2008 年。

赵万民等：《龚滩古镇》，南京：东南大学出版社，2009 年。

中国人民政治协商会议甘孜藏族自治州委员会：《甘孜藏族自治州文史集萃》第 2 辑，内

部资料，2009 年。

忠县志编纂委员会：《忠县志》，成都：四川辞书出版社，1994 年。

周俊元：《宜渝道上》，武汉：华中图书公司，1930 年。

周立三、侯学焘、陈泗桥：《四川经济地图集说明》，重庆：中国地理研究所，1946 年。

朱偰：《漂泊西南天地间》，南京：凤凰出版社，2008 年。

自贡市盐业历史博物馆：《川盐文化圈图录——行走在川盐古道上》，北京：文物出版社，
　　2016 年。

三、论文

阿波：《清初自流井盐的市场开拓》，《盐业史研究》1992 年第 2 期。

才佳兴：《美国汉学研究中的施坚雅模式》，《赤峰学院学报》（汉文哲学社会科学版）2012
　　年第 12 期。

常建华：《日本八十年代以来的明清地域社会研究述评》，《中国社会经济史研究》1998 年
　　第 2 期。

程龙刚、邓军：《川盐古道的路线分布、历史作用及遗产构成——基于 2014—2015 年的实
　　地考察》，《扬州大学学报》（人文社会科学版）2016 年第 7 期。

邓军：《川盐古道文化遗产现状与保护研究》，《四川理工学院学报》（社会科学版）2015 年
　　第 5 期。

邓军：《川盐古道研究刍论——基于川盐古道的实地考察》，《盐业史研究》2015 年第 2 期。

邓军：《川盐古道自贡段的遗产构成及其保护利用》，《中华文化论坛》2017 年第 7 期。

邓军：《文化线路视野下的自贡井盐运输遗产研究》，曾凡英主编：《中国盐文化》第九辑，
　　北京：中国经济出版社，2017 年。

邓军：《文化线路视阈下川黔古盐道遗产体系与协同保护》，《长江师范学院学报》2016 年
　　第 6 期。

丁亿非：《边区的开发问题》，《边政旬刊》1939 年第 4 期。

杜靖：《超越村庄：汉人区域社会研究述评》，《民族研究》2012 年第 1 期。

符必春：《抗战时期川盐运销研究》，《长江师范大学学报》2015 年第 3 期。

郭剑萍：《论边区经济建设》，《边政旬刊》1939 年第 7 期。

何瑛、冯瑛：《龚滩古镇与巴文化的历史渊源及衰落原因初探》，《重庆师范大学学报》（哲
　　学社会科学版）2004 年第 4 期。

金普森、董振平：《论抗日战争时期国民政府盐专卖制度》，《浙江大学学报》（人文社会科

学版）2001 年第 4 期。

李德成：《抗战时期国民政府对盐务的管理》，《江西农业大学学报》（社会科学版）2003 年
　　第 3 期。

李俊甲：《川盐济楚和清末江苏北部的区域经济》，《四川理工学院学报》（社会科学版）
　　2013 年第 1 期。

李俊甲：《太平天国时期川盐在湖南湖北市场的进出与银流通》，《盐业史研究》2006 年第
　　1 期。

李旭：《西南古道的民间性及其经济、文化双重价值》，《中华文化论坛》2008 年第 6 期。

鲁子健：《抗日战争时期的四川盐业》，《盐业研究史》2008 第 4 期。

罗益章：《川盐济楚运道概略》，《盐业史研究》1992 年第 3 期。

马长寿：《十年来边疆研究的回顾与展望》，《边疆通讯》1947 年第 4 期。

满黎、杨亭：《消失的背夫：对巴盐古道盐运主体的考察》，《四川理工学院学报》（社会科
　　学版）2014 年第 4 期。

缪秋杰：《考察川盐行销黔岸情形报告书》，《盐务公报》1937 年第 1 期。

裴恒涛：《川盐入黔与赤水河流域的社会互动》，《四川理工学院学报》（社会科学版）2012
　　年第 3 期。

裴恒涛，谢东莉：《赤水河流域川盐入黔的历史变迁及其开发》，《西华大学学报》（哲学社
　　会科学版）2012 年第 6 期。

任放：《二十世纪明清市镇经济研究》，《历史研究》2001 年第 5 期。

盛晓明：《地方性知识的构造》，《哲学研究》2000 年第 12 期。

孙岩：《从民族国家建构到民生国家建设——近代以来中国现代国家建设维度的嬗变》，
　　《湖北社会科学》2011 年第 9 期。

万良华：《清代民国时期川盐外运路线初探》，西南大学 2007 年硕士学位论文。

王嘉谟：《战时川盐统制问题之商榷》，《建设周刊》1940 年第 8 期。

吴海波：《清代盐业史料述略》，《盐业史研究》2006 年第 3 期。

吴彤：《两种"地方性知识"——兼评吉尔兹和劳斯的观点》，《自然辩证法研究》2007 年
　　第 11 期。

徐泓：《明代中期以后食盐运销制度的变迁》，《台大历史学报》1975 年第 2 期。

徐凯希：《略论晚清川盐破岸行楚》，《江汉论坛》1992 年第 9 期。

许世融：《宋代川盐的生产管理运销及其对社会经济之影响》，中国文化大学 1992 年硕士

学位论文。

叶舒宪:《"地方性知识"》,《读书》2001 年第 5 期。

曾仰丰:《川康盐务之演进》,《盐务月报》1943 年第 4 期。

张鸿林:《清代私盐难禁之法律缘由考析——以四川为例》,《学术研究》2012 年第 2 期。

张青仁:《如何理解中国社会:从模式争论到立场反思——对杨庆堃和施坚雅集市研究的
    比较分析》,《云南民族大学学报》(哲学社会科学版)2015 年第 5 期。

张小军、王思琦:《咸与权:历史上自贡盐业的"市场"分析》,《清华大学学报》(哲学社
    会科学版)2009 年第 2 期。

张学君、张莉红:《南方丝绸之路上的食盐贸易(续篇)》,《盐业史研究》1997 年第 3 期。

赵岚:《"生态文化学"视域下的川盐文化体系研究》,《中华文化论坛》2013 第 1 期。

周宪:《旅行者的眼光与现代性体验——从近代游记文学看现代性体验的形成》,《社会科
    学战线》2000 年第 6 期。

佐伯富:《清代盐政之研究(续)》,《盐业史研究》1993 年第 3 期。

佐伯富:《清代盐政之研究(续)》,《盐业史研究》1993 年第 4 期。

佐伯富:《清代盐政之研究(续)》,《盐业史研究》1995 年第 1 期。

佐伯富:《清代盐政之研究(续)》,《盐业史研究》1996 年第 1 期。

佐伯富:《清代盐政之研究(续)》,《盐业史研究》1996 年第 3 期。

佐伯富:《清代盐政之研究》,《盐业史研究》1993 年第 2 期。

附录一　川康区运盐木船船户管理规则①

第一章　总则

第一条　本规则为管理运盐船户，增进运输效率，并参酌井渝、渝万、渝合各段航务情形，订定之。

第二条　本规则所称运盐木船，凡井邓段之橹船，邓泸段之发船，泸渝、渝万、渝合各段之木船，无论官有、商有，或临时招募船只，均属之。

第三条　本规则所称主管盐务机关，井邓段为自贡盐务分局，邓泸段为邓关盐务分局，泸渝段为泸县盐务分局，渝万、渝合段为重庆盐务分局。

第二章　登记及保证

第四条　凡运盐木船，除雇人已缴之官船另有规定外。所有向业运盐或新加入运盐之民、商船只，应觅具殷实铺保，或五家运盐船户联保之证书，附同航政局所发各项证书，填具承运食盐申请书，送呈运盐木船办事处查明。转送主管盐务机关派员会同勘验无讹，始准登记公布编号，烙印并发给登记证，订于船尾、头，明处所。

前项申请书，应将船户姓名、年籍、住址、船只种类、质量及坚固程度，详细申叙。至铺保应将牌名、地址、资本、金额、经理人姓名、保证责任、船户联保，则将联保之船只、种类、号码、队别、船户姓名、保证责任等项填具保证书，其保证责任为担负赔偿盐币损失等事项。前项应用之申请书、保证书、登记证明，均由主管盐务机关印制或委托运盐木船办事处印制填用，

———————————————
① 《议决船户管理规则》，全宗号：19，目录号：1，案卷号：139，宜宾市档案馆馆藏。

但得收最低限度之工本费。

第五条 船户所具铺保，如歇业或变更时，应另换铺保。其各船联保者，倘中有一船转卖或因故淘汰，并应另觅他船铺保。

第六条 运盐木船办事处，收船户所觅铺保或联保之船户，对于被保船户负有监察及规诫之责，倘被保船户意图盗卖所装盐币，或腾空放炮及掺集泥沙等项重大弊实，保证人得密切监视。如规诫不从，应向就近盐务机关密告。前项密告须于弊实发生前为之。盐务机关接获密告后，应立即派员密查，如属实在，得减轻或觅其保证责任。

第三章 查验及修补

第七条 运盐木船应遵照《长江区航政局四川木船大量检查登记暂行办法》申请长江区航政局大量检查登记其领船舶位证书、船舶登记证书、船舶检查证书。

第八条 运盐木船申请登记运盐时，应将航政局所发各项证书，呈由主管盐务机关验明外。凡当轮或派运时，均应先请保险部查验后，方准装盐。

第九条 运盐木船，经查验认为须修理或补充时，应勒令修补完固后，再书登记或当轮。

第十条 凡验明合格或无法修补之船只，应拒绝登记。并通知运盐木船办事处，不准派轮运盐。

第四章 编组

第十一条 运盐木船，应分别编队，并设置运盐木船办事处。秉承主管盐务机关命令，负调度及管理运盐船只之责任。编队方式分为大、中、小队，每大队辖若干中队，每中队辖若干小队，每小队辖盐船若干，按照各段运输情形及运支多寡，由主管盐务机关督促办理。

第十二条 运盐木船编队后，应速造册，呈由盐务机关转请船舶总队部，发给长期控制证明书。

第十三条 各级队长由运盐木船办事处遴选，报请主管盐务机关核准派究。

第五章　运盐次序及换轮手续

第十四条　运盐木船办妥登记手续编队，改由运盐木船办事处换次编号、造其轮册，分别呈送管理局及主管盐务机关，当地保渝公司及运商或其办事处，以资查放而便依轮雇运。

第十五条　盐务机关或运商，应将雇运之盐数目、木船号码、开单通知运盐木船办事处，如办事处认为轮次错误时，得申明理由商请更正。

第十六条　盐船应遵程限，运达指定地点。卸货后，并应迅速驶回原地，携同该船运盐执照或登记证明，向运盐木船办事处报到。验明执照或登记证相符，即按报到先后列入第二项轮册，并将报到船只数目，逐日报告主管盐务机关。前项轮册，应于每旬编造一次。

第十七条　按照程限应行编轮之合法船只，倘因特殊情形（如失修后正在修理及军队出现等），或卸运后而未回原地时，须报有关机关之证明。并由运盐木船办事处陈明主管盐务机关，始得予以编列。

第十八条　运盐木船，涂井邓段之橹船，邓泸段之船，渝合段之长江到运地点有合江、江津、重庆、涪陵、万县之各该销区，路线远近不同，水脚特殊，且佮额亦后，多寡互异，盐类及推销迅速，更有不同。故轮装办济，应分段挟轮，再以抽签方式定之，详订其手续如次：

一、分股。将全部船只平均分为三股：泸渝段以合江、江津为上段，重庆为下段；渝万段以涪陵为上段，万县为下段。

二、换轮。泸渝段盐佮，下段多于上段，装运船只后，应以上段一股、下段二股，轮流换装（第一股此次装运上段，则下次换装下段；而上段则归第二股换装，再次则第二段换装下段；而上段则归第三股换装）。渝万段盐佮，上段多于下段，装运船只，应以上段二股、下段一股分配，其轮装办法与上同。

三、抽签。同段船只装运同种盐，应由运盐木船办事处将商号、牌名、盐别、运输地点等项，注明竹签（每佮一签）。在主管盐务机关派员监视下，令当轮各船户自信抽签定之。如船户因故未到，则由运盐木船办事处职员代为抽定。

第十九条 凡当轮及抽签决定之船户，应速装俏后起运，不得推诿拖延。倘于抽定后因特别事故不能装运时，应立即详述理由，分报主管盐务机关及运盐木船办事处查明核准后，始得暂缓一轮或二轮。

第二十条 运盐运照或货运查验单，须随盐船同行，以便沿河盐务机关或缉私机关随时查验。

第二十一条 委托商运，盐俏照章规定。通知保险部查验船只外，承运人将盐装船后，须即持同运照，报请主管盐务机关及运商办事处，分别挂号登记。盐务机关于必要时，应派人抽检。运商办事处则应将登记之牌名数及运照号码牌公告，并通知运盐木船办事处，以示公开而便稽故。

第二十二条 本章规定轮次，如在抢运或赶运时期，应暂停止适用，以便有船即派藉完稽延。

第六章 运盐木船俏量

第二十三条 准俏俏量，自一百五十包至二百包者涂方不计外，余泊于三十为最低限度。二百包以上至二百五十包者，余均为七十其准。最大者以二百九十包为限，最小者以一百六十包起码。但邓泸段运盐发船最大者以一百三十五包为限，最小者以五十包起码，临时招募船只，则以三十包至八十包之小型船只为限，六十包至八十包之船，须余量二十五分。八十包至一百包之船，须余量三十五分为最低限度，其余量一百以上。六十包以下之船，则酌量增减之。单俏俏量涂方不计外，须余泊廿一尺为最低限度。

第二十四条 自贡花盐每包连皮毛重为二百盐，每包连皮毛重二百一十六斤，如包装重量更时，其运数应按以上规定比例增减。

第二十五条 盐船俏量照二十三条之规定，装后如尚有空余位可资利用。应准量船受俏堆，应以同样同类盐为限，并一律不准另搭其他货物。

第七章 船户手折及运行须知

第二十六条 运盐木船须各备手折，将起运及沿途停泊，即到达空地点之年月日随时注明。分别送由启运地、停靠地、到达地之盐务机关，盖章注明，以便稽放，沿途有无逗留及办理估算运费、核定奖惩等事。

上项手折，由主管盐务机关印制，于盐船放行时，填明发给船户收执。船只回至原地后，乃应缴回原发机关保存，下次当轮，再予填发，核项手备稽核之用。任何人不得加以扣押，或抵挡主管盐务机关制发船户手折，得酌收最低限度之工本费。

第二十七条　盐船运行日程及沿途或到停靠地段，均应按照向例办理不得延误或变更。但遇有特殊情形，经盐务机关或保险部指示时，应遵其指示。至运行时，应雇船之数目及泊岸时间、单船船工人数均按向例规定办理，不短少。

第二十八条　盐船在行进或停泊之际，船户及各船工对于水流、河沙、暗礁、滩槽、风暴、引水标识、上下航线来往船只，其它一切易生危险之事态，均有随时密切注意防范。所有逢危舵橹线索等项，尤应随时检查不得大意。

第二十九条　盐船如在中途碰撞或发生障碍，有沉没之可能时，应迅速报请将近盐务机关及保险部，立即修理或换船装运。

第三十条　盐船如果发生失告情事，应立即设计抢救方法，力求减少损失，并照本局《修正官盐自保水险暂行办法》第三十条及第三十一条办理。

第八章　船户水脚（即运费）

第三十一条　船户水脚阴干，路途远近，遵照盐务机关核定数目发给。但物价指数涨落相差过大时，得由运盐木船办事处转请，随时增减之。

第三十二条　盐船到岸时，起仓或转运为原则，如因停泊至六日以上者，得从第六日起，按规定核给固流或帮给船户伙食费（即船户帮项），但以长船为限。

第三十三条　船户所运之盐，如因特别事故临时变更岸口时，关于已经抽定之轮次，不得更换。水脚一项，若由近改远，自应照章补给。倘由远改近，则按照卸，迅速将长领费用酌量退回（例如，由合江改为津渝，或由涪陵改万县等岸，则照规定津渝及万县等岸数目补给。倘原由渝津或万县而改为江津、合川或涪陵时，自到达改岸时起，如在一星期内，按卸者应得所该地方之水脚外，所有长领费用，应由该船退回十分之七；在一星期外卸者，则退十分之六）。岸口由近改远之命令，如在盐船泊岸三日后始行奉到，致原有船之已经遣散，必须新雇工，因而多耗费用时，得由所在地盐务机关按实际多耗数目酌给津贴。

第三十四条 盐船失告超过五十包以外者，水脚应照实运包数算给（即扣还失告盐佾水脚）。倘失告数目未超过五十包时，则应算给全佾水脚。

第三十五条 失告盐佾，不能自运抵岸，若确实证明者，由船户自雇坚固船只装运余盐，并自行押运到岸交币。如转运费一时无力付给，由盐务机关、运商暂行垫付，于二次装运时全数扣清。

第三十六条 船户在抢运或赶运时期，运盐照规定发给水脚外，得由主管盐务机关酌核情况另给津贴。

第九章 船户交币

第三十七条 船户运到盐，无论转船起仓，或提售官运者，应由船户向到达地盐务机关交币外，其余均由商船两方过秤交币，过称时得由主管盐务机关派员监视，运商及船户均应随同划码。

第三十八条 船户运盐到岸后，应交重量及应在途流折，均应按照规定之数目，分别官运、商运，与到达地盐务机关或运商切实结算。

第三十九条 船户运到盐市，按照规定重量交足后，如有溢斤，经查明并无舞弊情事，其数量又在法定折耗范围内者，得照到运地当时会价付款收买。如溢斤数量超过法定折耗范围时，其超过部分一样通过承运人，不得要求任何报酬。经查明后，由船户掺沙、发水、在场夹利，或在生购买低价盐希圆溢交渔利，以及串贿秤手克扣秤斤，其溢斤不予给价，并照后列第五十一条罚办之。

第四十条 船户运到盐斤，如不足规定应交数量时，应即照沿途当时最高零售价赔偿，不得延迟。

第四十一条 船户应赔亏斤，延不照办，应由运商负责查催缴。倘敢逡延，准予据实，呈报盐务机关勒追其追债方法如下：

一、在该船户应得运费尾数及帮项，或津贴内扣除。

二、如运费尾数帮项不敷扣抵时，其不敷数目，应饬令该船户自保或联保之船户赔补。

三、如保人或联保赔补仍不足数，或发生其他故障时，应将本船或联保之船变卖抵债。

四、倘变卖船价仍不足时，应责成运盐木船办事处设法摊赔。

第十章　船户奖惩

第四十二条　船户奖惩除邓泸极枯水时期另章规定外均，按下列各条办理：

第四十三条　船户奖惩分下列三种：

一、发给奖金。

二、加浓轮次。

三、其他。

第四十四条　船户运盐到岸，如能按照规定数量交足盐斤，且未延误程限者，除自保欠水火之官盐，别有恰奖规定外，均得酌量情形发给奖金。

第四十五条　船户运盐，如能按规定重量交足，并能特别努力于规定程限而抵岸，连续呈三次者，应于提前加派一轮。

第四十六条　船户惩罚分下列四种：

一、记过。

二、停轮。

三、撤销承运权，送司法机关究办。

四、没收船后，送军法机关究办。

第四十七条　船户有下列情形之一者，处以一次以上、三次以下记过处分：

一、当轮或派运，延不接佾者。

二、抽签时无故不到，又不托他人代抽者。

三、抽签决定岸别后，无故批准者。

四、圆佾后无故逗留，至一日以上者。

五、当轮木请保险部查验，或楼佾时不要盐务机关报请秤吊者。

六、圆佾后，不将手习填明启行时刻，送请主管盐务机关盖章。而擅自放行或沿途停靠，及到达时刻，不填手习送请盖章者。

七、船未到岸而先行报到，希图蒙混领奖者。

八、沿途停靠不择安全地带或不照当空，地点致有危险之类者。

九、过滩或过堰时，不按次序行使，故意争先恐后，致本船或他船有发生危险之类者。

十、沿途或卸佚后，无故稽延，致逾规到达或返回值程限者。

十一、满佚后擅佚搭客，或搭乘客者。

十二、应行修整或漆补之蓬帆、舵桡、篙体、索体项，延不修整或修补者。

十三、应雇船只（如舵二、桡二、梢二、领江等类），不按数目雇佣者。

十四、泊岸期间，船只不按规定数目留用者。

十五、对于船工或缴船人，故意苛刻或虐待者。

十六、盐佚转船或起仓延售时，发现盐包或多或少者。

十七、装盐时行贿受贿，希图以溢斤名义，获取商价者。

十八、不遵守秤时间，起仓拾盐者。

十九、运行中船户不随船，经理又不报明由人代缴者。

二十、其他违背规章或无视官厅命令，情节轻微者，受第十二项之处分者，仍应勒令修整或漆补及船户。因连下列各项所受之记过处分，应由管理机关随时登记，以为故核必要时，得报请上级机关备查。

第四十八条 装盐行贿船户除照第四十六条处罚外，应按所行贿赂及行贿盐斤没收，其受贿人并按贪污法论罪。

第四十九条 船户有下列情形之一者，处停轮一次以上、三次以下处分：

一、抢运或赶运时期，运大批容货上市，以致延误船务者。

二、行使外河牟利，延误当轮者。

三、阻挠他人船只上下，或诱外河牟利者。

四、盐船自失告时起，至官厅勒令处理以前，船户对于食盐不尽守护责任，致被他人乘机盗盐者。

五、连犯第四十七条各项之同一事由，处罚至三次以上者。

第五十条 船户有下列情形之一者应予撤销其承运权：

一、误运至三次以上者。

二、阻挠他人船只运盐或诱外河牟利，屡戒不悔者。

三、卸佾后，延不结账或私行拉走者。

四、运行中途遭遇碰撞或发现障碍不为适当处置，致酿成大量淹消或沉没之事态者。

五、私受他方编制者。

六、依照第四十九条规定，受备轮处分达三次以上者。

第五十一条　船户如有偷窃盗卖所运盐斤，或在盐内掺入煤质，或发水及在场，或在运夹带私盐者，应送请司法机关依照现行盐法办理。

第五十二条　船户如将所运之盐腾空，放抢希图报损失者，除按前条规定罚办外，应撤销承运权。将其船只变卖赔补，并送司法机关后严究办。如船只雷巳板片无杆，或变价不敷赔补时，得责成其保证人先行。赔修必要时，得由运盐木船办事处或其船帮公会，予以摊赔。

第五十三条　船户有下列情形之一者应没收船只并送军法机关惩办：

一、受敌人或函件煽惑鼓动罢运风潮者。

二、在抢运或赶运时期鼓动罢运或破坏运务者。

第五十四条　船工如有损坏盐包、怠工、斗殴、罢工或其他违法情事，应按情节轻重移送司法机关或军法机关究办。

第五十五条　本章所列惩处条款，如遇抢运或赶运时期而生抵触时，得由当地监务机关按实际环境于不违背法律受权原则下酌予变更之，惟得报请上级机关备查。

第十一章　商船户遣章出卖船只处罚办法

第五十六条　商船户未经呈准当地监务机关，即将船只出卖者，除取消其轮位，允许参加监运外，并追保扣逐其最后一次运盐返空费及其运盐期中所欠盐公各款。

第五十七条　商船户须呈准当地盐务机关出卖船只，并取得证明者，限一个月内，返沪修船只后轮并呈验证明。大件逾限，即将原轮核销追保扣逐返空费，其运盐期中所欠盐公各款。

第五十八条　商船户未经呈准当地盐务机关，即将船只出卖，返沪另修新船换名。蒙请参加盐运，企图侵占返空费，所欠盐公各款者，一经察觉或被人检举，除将所有船只声请法院予以扣押，以修抵修上列各款，船户送请法院惩处。

第五十九条　商船运盐下放超过规定期间久不返泸，又未经岸局列表周知，该船动惩者，即以私责船只，应照第一条所定处罚办法办理。

第六十条　为鼓励检举者起见，嗣后无论何人如将某船户出卖船只情形密报本局因而扣留返空费者，得给酬劳金二十万元以资鼓励，对检举人详细住址应于来函内注明，以便汇寄酬劳金。

第十二章　淘汰及顶补

第六十一条　运盐木船失告后，不能修理或朽腐过甚无法修理者，应注销原有登记及轮次，但该船户如能按照规定另置新船时，经验明合格后，准其顶补。

第六十二条　应修木船如限满不修，应时得查明情形注销。其原有登记及轮次，另招适合船只顶补之。倘条领有修船只代金者，并应追缴代金。

第六十三条　因案撤销承运权或经变卖及没收木船之船户，虽经另置船只的不准其顶补，但变卖木船之原因，由于赔偿亏斤时，不在此限。

第十三章　邓泸段极枯水时期发船奖惩

第六十四条　邓关至泸县间运盐发船，在极枯水时期（假定为三月一日至五月卅，但盐务机关得视水位情形，临时公告提前或移后），至少须运盐四次。如有超过或不定时，应予洪水期向予以提前加轮或停轮之奖惩，其标准如次：

甲、奖励：

一、运盐至五次者，提前加派一轮。

二、运盐至六次者，提前加派两轮。

三、运盐至七次者，提前加派三轮。

乙、惩罚：

一、运盐仅一次者，停运三个月。

二、运盐仅两次者，停运两个月。

三、运盐仅三次者，停运一个月。

上项发船，如在承运期间发生业权转移，则其奖惩应由继承人承替。又，应行惩罚之发船，如确因船身损坏、上墩修理及船破对，产或其他特殊情形之延误，经取得保轮部或当地地方机关署名盖章之证明，得减轻或免除其惩罚。

第六十五条　极枯水时期，发船运盐到岸后，除由盐务机关派装公物或经特许装运货物外，如有搅装上佾情事，应按下列规定处罚：

一、每船所得搅佾运费在百元以上不满五百元者，按所得运费数目，处以十分之二至十分之三罚款。

二、每船所得搅佾运费在五百元以上者，按所得运费数目，处以十分之三至十分之五之罚款。

三、因搅佾容货上驶处罚至二次以上，或私驶外河牟利者，应照上列规定加倍处罚。因而减少轮次时，并按第五十八条乙项办理。

第六十六条　邓沪段发船因运量增多，原有船只不敷装运，得招募临时小型发船（如装三十包至八十包者）协同装运，其招募数目，由盐务机关查酌运道情形及实际需要，随时核定之。

第六十七条　临时运盐发船成绩优良者，得照第五十八条甲项，予以加运之奖励，并展运至七月底止。其运盐不足规定次数者，得予随时淘汰，不准续运。

第六十八条　包缴船只装运盐佾或公物时，应得运费数目，应由盐务机关照章规定办理，包缴人不得借故要挟。

附则

第六十九条　包缴官船除应遵照包缴契约办理外，本规则一并通用之。

第七十条　本规则如有未经规定事项，应由各地盐务机关按照以前原有办法或习惯办理，并呈报主管机关备案，必要时再于本规则被加以补充或修订。

第七十一条　本规则自呈奉财政部核准之日施行。

附录二　水陆驿运管理规则^①（行政院三十二年十二月三十日训令发）

———— ❧❦❧ ————

第一条　全国水陆驿运之管理法令，别有规定外，依本规则之规定。

第二条　本规则所称水陆驿运动力及工具之范围如下：

一、以营运为目的之各式人力、兽力车辆。

二、以营利为目的利用风帆、橹擢为主要动力之船筏。

三、以营运为目的之骡马、驴、牛及骆驼。

第三条　本规则所称驿运主管机关为驿运行政机关，或经委记办理驿运行政之驿运业务机关。

第四条　水陆驿运动力工具除依法令由航政机关主管者外，应一律向该管区域之驿运主管机关声请登记、检验。

第五条　凡经驿运主管机关登记、检验合格之水陆驿运动力及工具，均免费发给牌照。其牌照式样，另定之。

第六条　凡经驿运机关或航政机关登记检验合格，而领有证件之水陆驿运动力及工具，必要时得由各驿运主管机关按照事实需要与便利，编组成队。委派各级队长，并加以适当之训练。其编队办法，另定之。

第七条　凡经编组之水陆驿运动力及工具，得享受下列各款利益。

---

① 《四川省府、湖北航管处、九区专署关于水陆交通驿运、管制生产、分段维护与运输管理规则、办法等，万、开、奉、忠、石柱、两巫县府遵办呈文》，四川第九区专署，全宗号：J002，目录号：005，案卷号：148，开州区档案馆馆藏。

一、分配物资承运。

二、利用驿运机关运输上之各种设备。

三、收受规定运价。

四、贷款添置或修理工具。

五、享受驿运机关规定之福利。

第八条　凡经编组之水陆驿运动力工具，应遵守驿运法令，服从驿运机关之指挥调度。

第九条　水陆驿运动力及工具，到达目的地卸载后，应即向当地驿运主管机关报到。如无物资交运时，应即给准行证。俾得自行揽运，不得留难。准行证式样，另定之。

第十条　凡军、公商品物资机关或商号，需用水陆驿运动力或工具时，应向驿运主管机关声请雇用，不得运封扣其有自行雇用者，应向驿运机关登记。

第十一条　水陆驿运运价、力价，除应会商航政机关者外，由驿运主管机关拟定后，呈准公布施行。托运人及承人均应遵守，不得自行抬高或抑低。

第十二条　各物资机关自备水陆驿运工具，应将工具种类、数目，送由驿运主管机关备查。前项自备工具，限于运输自有物资，如兼营业时，应受驿运主管机关之管理。

第十三条　水陆驿运运输商行，如确实自备有水陆驿运动力或工具者，除依法令由航政机关主管者外，应向管区域之驿运主管机关声请登记、核发营业证后，始准营业。前项经核准营业之运输商行，应受驿运主管机关之监督管理。

第十四条　各驿运主管机关，就各地情形，订定施行细则，呈准施行。

第十五条　本规则自公布之日施行。

　　另外，交通部于民国三十三年（1944年）六月四日下发给四川省政府训令中称："条例未将肩挑背夫之运伕列入本部，以运伕为驿运主要力量之一，全国运伕数量庞大，运量甚巨，拟规定凡运行于驿线两个站间以上之运伕，应仍遵照水陆运输管理规则条款规定，受主管驿运机关管理。"

后　记

此书乃国家社科基金项目"川盐古道与社会整合、国家统制的关系研究"（项目编号：15XMZ031）、西南大学2019年度中央高校基本科研培育项目"赤水河流域民族文化遗产保护与乡村振兴的协同性研究"（项目编号：SWU1909209）的最终结项成果。

本书是在众人的帮助下，笔者经过一定时间的实地走访，埋头搜寻于史料文献和历史档案，最终汇成专集。综论内容，以四川省和渝东盐产地为经，以盐道的纵横走向为纬，纲举目张，举凡有关川盐产销之联系，尽可能纳入其间，虽不敢诩为完全详备，而大端悉具。据此得之结果，倘能为四川省盐业史之研究用供参考，则吾意足矣。

川盐，一向与民食，甚至与国家社会经济和政治相互系赖。而欲求清代至民国时期在国家统制与整合过程中，国家与社会、中心与边缘之间形成的权力渗透与利益博弈，该选题则成为较好的透视点。怀有此意，便请教恩师王本朝先生，欲将此作为自己的学术延伸，得到了先生的鼓励和支持。特别是项目申报之时，他都要字字斟酌、句句推敲，几经反复，让我真切地感受了恩师对学术研究"声发自心"的追求和严谨认真的态度。

因盐场的过往以及因盐生发的民族交往等历史文献简略或是短缺，导致研究着实不易。所幸有李文海、宋良曦等学者成果，以及开县温泉镇、长滩镇盐业简史，甘孜藏族自治州编制的文史集萃等地方知识的纳入，使得这一研究成为可能。同时，在此期间得到曾凡英、程龙刚、邓军、董清平等盐业史及盐运道路研究专家观点的启发和直接帮助。甚至是得到了乐山市五通桥区档案馆、自贡市档案馆、万州区档案馆、开州区档案馆、綦江区档案馆、遵义市档案馆、保靖县档案馆等单位和个人的鼎力相助。杨门弟子发挥各自所长，为本书的编纂工作出力不少，有满黎、陆邹、李郭、陈丽娜、李欢、蒲东族、龚琳锋等。还受爱尔兰都柏林大学的邀请，开展一年的访学，得到了合作导师张绮教授的极大帮助。凡此种种，皆为本书提供了强有力的研究基础。

本书的问世，得益于西南大学文学院学术文库的出版资助，还有科学出版社的信任与支持。

贤惠的妻子承担了家里所有杂务，既要工作又要照顾女儿，我无以为报，深感愧疚，只得以此书双手奉上于她，权且作为一个回报吧。

鲁迅在《这个与那个》一篇中论及的"虽然落后，却尽跑，尽跑"，对我而言甚为贴切。绝非聪慧且有些愚钝的我，在已有相当之研究的情况下，再毅然选择这一对象，诸多的不尽人意是显而易见的。但是，我愿意一点点地做下去，做这样的"尽跑"者，保有继续跑下去的动力和成为"不耻最后"的竞技者。

杨　亭

题于 2021 年秋